真珠湾を語る
歴史・記憶・教育
矢口祐人・森茂岳雄・中山京子［編］

東京大学出版会

Narrating Pearl Harbor: History, Memory, and Education
Yujin YAGUCHI, Takeo MORIMO, and Kyoko NAKAYAMA, Editors
University of Tokyo Press, 2011
ISBN 978–4–13–020300–5

目　次

1章──真珠湾の歴史・記憶・教育 ……………………………矢口祐人　1
1　はじめに　1
2　真珠湾教員ワークショップ　4
3　フィールドトリップ　5
4　講　義　6
5　教員ワークショップ主催者の意図　8
6　教員ワークショップの成果　10
7　本書の構成と狙い　13

I部　真珠湾を語ること，教えること

2章──真珠湾の記憶と歴史教育の壁 ……………………………油井大三郎　21
1　はじめに　21
2　日本史教科書における「真珠湾」記述の溝　23
3　太平洋戦争と歴史教育の課題　27
4　結びにかえて　30

3章──記念と教育 ……………………………ジェフリー・ホワイト　33
真珠湾教員ワークショップを振り返って　　　　　　　　　（高良育代／訳）
1　歴史と記憶，ミュージアムと記念碑，教育と記念　35
2　神聖な歴史　40
3　トランスナショナルな歴史の場としての教員ワークショップ　42
4　記念，サバイバー，悲劇の歴史　47
5　歴史の転換──和解の地としての記念碑　50
6　結　論　52

4章──「文化戦争」における記憶をめぐる争い ……………………米山リサ　57
トランス・パシフィックの視座から　　　　　　　　　　　（矢口祐人／訳）
1　はじめに　57
2　グローバルな視点から考える「文化戦争」　58

  3 「エノラ・ゲイ」論争とアメリカの「文化戦争」 62
  4 日本での記憶をめぐる争い 65
  5 結論 68

5章──大衆文化におけるアジア太平洋戦争 …テッサ・モーリス・スズキ 73
  特攻飛行兵を記憶する   （矢口祐人／訳）
  1 9.11と神風飛行兵 73
  2 映画，記憶，歴史への真摯さ 75
  3 「俺は，君のためにこそ死ににいく」における戦争の記憶 76
  4 ホタルと植民地の幽霊 82
  5 特攻伝説，第二幕「パッチギ Love and Peace」 87
  6 「記憶の番人」 90
  7 「狂信主義者」「愛国主義者」「世界主義者」を超えて 93

6章──マリアナ諸島で大戦を記念する日本人 ……キース・L・カマチョ 97
                  （畠山 望／訳）
  1 はじめに 97
  2 記念という文化 97
  3 歴史と忠誠 100
  4 観光，日本，グアムにおける戦争の記念活動 102
  5 北マリアナ諸島における日本帝国のノスタルジア 108
  6 記憶と追悼 115

7章──教材としての東京裁判 ……………………………戸谷由麻 121
  真珠湾とのつながりを中心に
  1 裁判の概観 123
  2 主な訴追内容と判決 127
  3 資料のアクセス状況 130

II部　真珠湾を教える：歴史理解の現場から

8章──「真珠湾」を授業する …………………………森茂岳雄 137
  多様な記憶・越境する歴史
  1 はじめに──戦争学習のジレンマ 137
  2 歴史教育における記憶と記念 138

3　多様な歴史認識の形成　140
　　4　真珠湾と現代をつなぐ視座　144
　　5　トランスナショナルな歴史意識の形成にむけて　146

9章──記憶と表象 ……………………………………………………151

　　1　広島における主体的な平和学習の取り組み …………神垣しおり　151
　　　　ヒロシマの記憶をどう記念するか
　　2　真珠湾攻撃から70年目を迎えて今もくすぶる問題 ………藤本文昭　159
　　　　「ニイハウ島事件」の記憶を通して複眼的視点を育てる
　　3　第二次世界大戦の戦没者追悼のあり方を考える …………松井克行　167
　　　　日本と関係諸国との比較学習を通して

　　［コメント］　記憶と表象 ……………………………………西村　明　175

10章──メディアの活用 ……………………………………………179

　　1　「真珠湾」以降の日系人の描写と戦後補償 ……………織田雪江　179
　　　　メディアリテラシーの育成と多文化社会を考える授業
　　2　第二次世界大戦中の日米兵士が聴いた音楽 …………居城勝彦　187
　　　　多角的視点を取り入れた中学校音楽科での実践
　　3　真珠湾攻撃をめぐる日米高校生の意見交換 ……………松澤　徹　195
　　　　テレ・コラボレーション実践の試み
　　4　真珠湾とヒロシマの記憶をめぐる日米共同実践 …………中山京子　203
　　　　オマハ，ロサンゼルス，京都をつなぐメールプロジェクト

　　［コメント］　メディア活用がもたらす効果 …………………豊田真穂　211

11章──参加・体験学習 ……………………………………………215

　　1　ディベートから作り上げる歴史観 ……………………荒川裕紀　215
　　　　真珠湾以降の日系人をとりまいた諸現象を主題として
　　2　アジア太平洋戦争を多角的に見る ……………………金山顕子　223
　　　　参加型学習で培う知識・技能・態度
　　3　もう一つのハワイ・体験的な学び ……………………金田修治　231
　　　　多角的な視点の獲得を目指して
　　4　高校世界史日本史における平和学習と真珠湾攻撃 ………簑口一哲　239
　　　　戦争体験者と現地取材の導入

　　［コメント］　歴史教育における参加・体験型学習に関する所感 …飯髙伸五　246

12章──訪問・交流活動 ……………………………………………249

　　1　太平洋戦争に関する合理的な理解の形成をめざして ………虫本隆一　249
　　　　ハワイ修学旅行を通じて

2　地球市民社会としてのハワイ……………………………大滝　修　257
　　　授業交流を通して「カマアイナ」の心を学ぶ
　3　真珠湾の記憶はグアムにもある……………………………中山京子　265
　　　先住民チャモロと日本人の教育交流活動
　［コメント］　同じ時間，同じ空間，異なる歴史認識の共有　………佃　陽子　273

あとがき　277
執筆者紹介　　281

1章——真珠湾の歴史・記憶・教育

矢口祐人

1　はじめに

日本時間の1941年12月8日朝，日本の帝国海軍はハワイの「真珠湾」（「パールハーバー」）を攻撃した。日本による宣戦布告前のこの攻撃により，不意を突かれたアメリカ軍は大きな損害を被った。その日，ハワイで命を落としたアメリカ人は一般市民を含め2403名にもなった。

真珠湾攻撃はアメリカ社会に大きな衝撃をもたらした。日本との戦争の可能性はそれ以前から意識されていたが，太平洋上のアメリカ領であるハワイが攻撃されると考えていた者はほとんどいなかった。フランクリン・D・ローズヴェルト大統領は，攻撃の日をアメリカにとっての「恥辱の日」と呼び，この日本による「侵略」に対して，「アメリカ国民はその正義の力をもって，強く完全な勝利を収めるまで戦う」と宣言した。

攻撃までは大半のアメリカ人にその名前すら知られていなかった真珠湾は，その後，エミリー・ローゼンバーグが指摘するように，アメリカの文化イコンとすらいわれるほど有名になった[1]。真珠湾を扱った歴史書は無数にあるし，小説，歌，映画などの題材としても繰り返し使われる[2]。ニュースの話題にも真珠湾は頻繁に登場する。日本の対米経済進出が盛んになった1980年代は，日本による「第二の真珠湾攻撃」という表現がみられたし，2001年9月11日の同時多発テロの際には，テロリストによる攻撃が真珠湾と盛んに比較された[3]。真珠湾攻撃の実際の内容や，その歴史的意義は知らなくとも，アメリカ人のほとんどは「リメンバー・パールハーバー」というフレーズだけは知っている。

今日の真珠湾には，日本軍による攻撃で爆破し，沈没した戦艦アリゾナの残骸が海中に残されており，その上をまたぐように白い記念碑がある。このアリゾナ記念碑（The USS Arizona Memorial）は，観光施設の多いハワイでも，年

間100万人以上が訪れる，もっとも集客力のある施設である。岸にあるビジターセンターには朝早くから観光客が並び，真珠湾攻撃を紹介するミュージアム展示や映画を見た後，アメリカ海軍の兵士が操縦する船に乗って沖合に浮かぶ記念碑を訪れる。記念碑の壁には，その日戦艦アリゾナで命を失った1177人の兵士の名が刻まれている。南国の日差しのもと，それまで明るく会話を楽しんでいた観光客たちも，厳粛な雰囲気の記念碑では無口になる。なかには涙を流す者もいる。本書の第3章でジェフリー・ホワイトが指摘するように，ここはアメリカ合衆国のために命を捧げたアメリカ人兵士が眠る「聖地」とされているのだ。

　この真珠湾をテーマにした，日米の教員ワークショップ「真珠湾——歴史・記憶・記念」(Pearl Harbor: History, Memory, Memorial) をホノルルで行う企画が2005年より始まった。毎年夏，日本とアメリカの主に中学校・高校の教員が集い，真珠湾攻撃とその記憶を多角的に考え，教育現場に還元しようとする試みであった。

　このワークショップは，真珠湾とアリゾナ記念碑を通して，歴史と記憶，さらに教育について考えることを主眼としていた。近年，「歴史」と「記憶」の関係は，歴史学をはじめ，様々な学術分野で重要なテーマとなっている。モーリス・アルブヴァクスやピエール・ノラなどによる初期の「記憶論」では，両者は明確に異なるものという前提があった。記憶，とりわけ集合的記憶は特定のコミュニティに根ざす主観的なものであるのに対し，歴史は学術的で客観的である。記憶は断片的であるのに対し，歴史は総合的である。記憶は大衆とともにある人間味豊かなものであるが，ときに暴走し，信頼性が低い。一方歴史は無味乾燥だが，冷静で信頼できる。両者はこのように差異化されてきたが，しかし，最近はその違いは厳密なものではないという指摘も多い。ポストコロニアリズムをはじめとする現代思想は，「真実」，「客観」，「学問」などの，社会における既存の概念領域の政治性を暴露した。歴史は「真実」で「客観的」であるという主張自体がイデオロギーに満ちたものであるという指摘がなされる今日，歴史と記憶の境界線は明確なものではない。どこまでが「記憶」で，どこからが「歴史」なのか。我々を取り巻く過去は「記憶」なのか，「歴史」なのか。「歴史」と「記憶」，それぞれの意義や両者の関係を改めて理解しようとす

アリゾナ記念碑（出典：USS Arizona Memorial Photographic Archives, National Park Service, Department of Interior）

る試みが今日まで活発に続けられている[4]。

　一方，「歴史」と「教育」に関する議論も各国で盛んに行われている。学校でどのような歴史を教えるべきなのか。この一見すると単純な問いに対する，明快な答えはない[5]。本書の第2章で油井大三郎が指摘しているように，日本では検定済みの教科書間ですらアジア太平洋戦争の記述に関する激しい温度差がみられ，さらにその影響は韓国や中国をはじめとする近隣諸国との外交関係にまで影響を及ぼしている。アメリカでも過去をどのように教えるか，様々な議論が続いている。たとえば政治や経済の動きを中心にした歴史では，必然的に取り上げられるのは裕福な白人男性が圧倒的に多くなる。女性，アメリカ先住民，アフリカ系アメリカ人，アジア系アメリカ人の歴史はどこにあるのか。限られたカリキュラムのなかで，学校教育は誰の，どのような過去を生徒たちに教えるべきなのだろうか。また，進化論を「科学的事実」と受け止めることを嫌うキリスト教保守派が多いアメリカでは，チャールズ・ダーウィンの功績や，あるいは進化論を学校で教える是非が問われた1925年のスコープス裁判を，どのように取り上げるべきか統一見解はない。「正しい」知識を生徒に授けることが求められる教育現場において，何が正しいか統一見解のない歴史的な題材はいかに扱うべきなのか。

　「歴史」と「記憶」，「歴史」と「教育」についての議論が進むのとは対照的

に,「記憶」と「教育」に関する話し合いはそれほど行われていない。主観的で曖昧という印象が強い「記憶」を,客観性や公平性が求められる「教育」の現場に持ち込むことはふさわしくないという前提があるのだろうか。しかし歴史と記憶の境界線が曖昧になるなか,学校でどのような歴史を教えるかという問題は,社会における集合的記憶を教育現場でいかに扱うかという問題と切り離すことはできない。「歴史」,「記憶」,「教育」という3つの軸が絡み合って初めて,いかなる過去が次代を担う子どもたちに提示されるのか,あるいはされるべきなのかを,考えることができる。

真珠湾の教員ワークショップは,以上のような問題意識にもとづいて行われた。参加者は真珠湾とアリゾナ記念碑を素材に,フィールドトリップ,講演,教員間のディスカッションに加え,教員が具体的に教材案を作ることを通して歴史,記憶,教育について考えた。

本書はこの教員ワークショップの成果をまとめたものである。第Ⅰ部は教員ワークショップで講演した研究者らによる論考が集められている。第Ⅱ部はワークショップに参加した日本の教員が,帰国後にその経験を学校教育で活かした事例が紹介されている。つまり,日米社会における真珠湾の歴史と記憶を巡る諸問題を研究者が理論的に考察する一方で,その歴史と記憶を初等中等教育の現場でどのように扱うかを教員が検討している。そうすることで,本書は真珠湾の歴史理解を深めるのみならず,戦争をいかに次世代へ教えていくかという,21世紀の社会における喫緊の課題に取り組んでいる。

2　真珠湾教員ワークショップ

ここで真珠湾の教員ワークショップについて,さらに詳しく説明をしたい[6]。このワークショップはホノルルの東西センター (East West Center) と太平洋歴史公園協会 (Pacific Historical Parks) が合同で主催したものである。太平洋歴史公園協会は,アリゾナ記念碑とそのビジターセンターを運営する国立公園局 (National Park Service) に協力する,同所における展示の拡充や戦争理解教育を促進する非営利団体である。ワークショップの予算は運営費の大半と,アメリカの教員の旅費と滞在費を全米人文科学基金 (National Endowment for the

Humanities）が，さらに日本の教員の旅費，滞在費等，必要な経費は太平洋歴史公園協会が提供した。

ワークショップではホノルルの東西センターの施設に，アメリカと日本の主に中高の教員が50名ほど（たいていはアメリカ側が8割，日本側が2割程度）1週間集い，真珠湾攻撃について学んだ（例外的に小学校教員の参加もあった）。教員の担当科目は歴史や地理などの社会科が大半であったが，英語（アメリカの場合は「文学」），国際理解，音楽などの担当者の参加もあった。日米ともに公募制で，応募の理由などを詳しく書いたうえで，審査され，合格した者のみが参加を許された。とはいえ，実際には全員がワークショップのテーマに関心があるわけではなく，記憶論や社会史よりも軍事史や戦争史に関心がある者や，アメリカ人参加者のなかには明らかにハワイ行きが主目的の人もいた。しかしワークショップ期間中は，全員が1週間，朝8時から夕方4時頃まで行動を共にし，真珠湾に関する様々なことを学んだ。そうするなかで，思いもかけず，自分の歴史観や教育観を再考する機会を得た教員も多かった。

3　フィールドトリップ

1週間の日程は主にフィールドトリップと講演，教員間のディスカッションに分けられた。フィールドトリップでは真珠湾攻撃が実際に起こった現場を訪れた。普段観光客が入ることのできないヒッカム空軍基地など，真珠湾の周囲にある軍事基地に特別に入れてもらい，いまだに日本軍の攻撃による銃弾が残されたままになっている建物などを見学し，1941年12月7日の様子を想像するのだ。

またアリゾナ記念碑をはじめとする，真珠湾一帯にある，攻撃を記憶するための様々な記念碑やミュージアムを訪れた。海軍が提供する船に乗り，一般人は立ち入り禁止の地域まで行き，アリゾナと同じく12月7日の攻撃で破壊された戦艦ユタやオクラホマの記念碑を見た。加えて潜水艦ボーフィン博物館，太平洋航空博物館，日本軍が1945年9月2日に無条件降伏を受け入れた戦艦ミズーリなど，第二次世界大戦にまつわる施設を訪れた。その後はホノルル市内にある戦没アメリカ兵の墓が並ぶパンチボールに向かい，第二次世界大戦の

ヨーロッパ戦線で命を落とした日系アメリカ人兵士の墓などを見学した。そして墓地の一部に設けられた日米退役軍人の友好の碑を前に，日米の参加者が手を握り合い，友情を確認するのだった。

フィールドトリップは参加者の連帯感を深め，真珠湾の臨場感を高めるのみならず，観光地ハワイの普段は知られざる側面に触れるという効果もあった。参加者は数々の軍事基地や戦争記念碑，ミュージアムを見ることで，「楽園」として知られるハワイの政治と経済が，実はアメリカの軍事力に依存しているという事実に加え，ハワイはまさにその軍事戦略的な意義ゆえにアメリカにとって重要であることを認識するのであった。また，教材としての戦争記念碑や戦争ミュージアムの意義を考える目的もあった。これらの施設が戦争をいかに記憶しているのか，教育の現場でどのように利用できるかなどを具体的に検討してもらうためにも，ワークショップではフィールドトリップが重視されたのである。

4　講　義

フィールドトリップのない日には，専門家による講義があった。攻撃に関する軍事史的な情報に加え，真珠湾攻撃を多角的に理解するために，より広い世界史的な文脈や，逆にハワイの社会史などが重視された。

具体的にはたとえばハワイ大学ハワイ研究学科の教員であるジョナサン・オソリオ博士による，ハワイ先住民にとっての真珠湾の意味を考える講義があった。ハワイ王国史の研究者で，ハワイ先住民独立運動にも深く関わってきたオソリオ氏は，真珠湾本来の意味を考えるよう参加者に促した。そこは決して「パールハーバー」ではなく，ハワイアンがハワイ語で「プウロア」(Puʻuloa)と呼んだ，漁業資源が豊かな地域であったこと，今や海軍施設の排水でひどく汚れてしまったことなどを指摘し，プウロアはアメリカのものでも，日本のものでもないことを彼は強調した。アメリカがハワイ王国の転覆に深く関与し，ハワイを不正に植民地化したことを説明し，ハワイが国として主権を回復する正当性を主張した。彼はハワイで人気のミュージシャンでもあるので，ギターの弾き語りをしながら，このような点を幾度も繰り返した[7]。

加えてスタンフォード大学国際異文化間教育センター（SPICE）のゲーリー・ムカイ・センター長が，日系アメリカ人にとっての真珠湾という視点を教育することの意義について講義をした。広く知られるように，攻撃直後，ハワイや西海岸の日系アメリカ人指導者は拘束され，西海岸では基本的に全員の日系人が強制収容されることになった。ハワイでは大半は収容を免れたものの，軍による戒厳令が布かれるなか，日系人は苦しい立場におかれた。そのような状況下，日系二世の多くがアメリカ軍に徴募し，ヨーロッパ戦線などで活躍した。またハワイに残された日系人は，アメリカへの忠誠心を示し，銃後の社会を守るため，あらゆる努力を惜しまなかった。しかし実際には子どもや兄弟姉妹が日本にいる例などもあり，日系移民の多くは「二つの祖国」に引き裂かれたのであった。

　日系人の強制収容や日系部隊の歴史は，アメリカ史のなかで広く知られているものの，それを真珠湾攻撃と絡めて学ぶという，ごく当たり前の発想は意外にアメリカの高校歴史教育にはない。日本の教員も日系アメリカ人史のことは充分に知らない。このワークショップではムカイ氏の講演などを通して，真珠湾攻撃を考える際に日系アメリカ人史を忘れてはならないことが強調された。

　ハワイ先住民や日系アメリカ人に加え，当時のハワイに住んでいた，子どもや女性を含む他の住民（ローカル）の視点から真珠湾が語られることもあった。さらに，当時の東アジア情勢と日本政府，東京裁判などの戦後処理，オーストラリアや太平洋島嶼地域から真珠湾を考える講演などが行われた。

　ワークショップのハイライトは，参加者と「サバイバー」と呼ばれる人びととの交流であった。1941年12月7日，真珠湾で日本軍の攻撃を体験し，生き残ったアメリカ人の話を直接聞く機会だ。大半が兵士として真珠湾を体験した退役兵であったが，軍事的な記憶が男性中心になる傾向が強いという反省をふまえ，民間人としてホノルル市内で爆撃を経験した女性が呼ばれることもあった。また，真珠湾攻撃後，日系人部隊に入りヨーロッパ戦線で活躍した日系アメリカ人の退役兵が招待されたこともある。すでに80半ばを過ぎた人が，攻撃の日とその後の人生を振り返るのを聞き，日米の教員は強烈な印象を受けたようだ。これを機に口述史を授業に取り入れたり，テレビ会議などを通してサバイバーに授業参加をしてもらったりする企画をたてる教員は少なくなかった。

日系アメリカ人退役兵と強制収容体験者へのインタビューに集まる日米の教師（撮影：中山京子）

　日米の高校教員はこのような講演とフィールドトリップでの体験をもとに，最終日には合同の授業案を作ることが要求された。5人一組程度のグループで，テーマや方法は自由に，共同授業を考えた。最後にそれぞれのグループが他の参加者に共同授業案のプレゼンテーションを行い，ワークショップは終わった。本書の第Ⅱ部にある教材案の多くは，これらの授業案を契機に作られたものである。

5　教員ワークショップ主催者の意図

　以上のようにこのワークショップは，多様な観点から真珠湾を考えるための工夫がなされていた。また，日米の教員が集うことで，教育そのものの多様性を意識してもらいたいという狙いもあった。
　実際，日米の教員が集い，交流することで，教育の方法，前提，目的など，様々な相違が明らかになった。教員たちはそれぞれの「常識」が，実は全く常識ではないことを，身をもって理解したのである。
　もっとも明白なのは言語の問題であった。ワークショップの言語は英語であるが，日本の初等中等教育の教員で，英語を使って1週間の内容をすべてこな

せる者は少ない。ある程度できても，理解力は限られており，発言力はさらに制限される。アメリカ人にはこの点への配慮が繰り返し求められたが，日本の教員がどこまでわからないのか，いかに話してよいのかがわからなかったようだ。ましてや日米で共同授業をするといっても，アメリカの高校生や教員と，日本の高校生が自由に英語で対話ができる可能性は低い。言語という，もっとも意識しづらい「常識」の「非常識」を意識することで，日米の差を参加者は感じたのである。

　日米では学期やカリキュラムも違う。日本は4月から，アメリカは9月から学期が始まるうえ，世界史を学ぶ年齢も違う。アメリカでは一学期全体を，第二次世界大戦に費やす授業などが存在するが，日本の世界史は人類の起源から21世紀までを1年間で概観することが建前となっており，真珠湾攻撃に何時間もかけることはとてもできない。日米で共同授業をするといっても，現実的には難しい。事実，残念ながら日米間で実際の授業に結実した例はごく少数であった。

　技術的な難しさに加え，日米の教員が抱く歴史意識の差異も明らかだった。そもそも真珠湾は12月7日（ハワイ／アメリカ時間）なのか，8日（日本時間）なのか，それすら当初は混乱がみられた。誰が加害者で，誰が被害者かという，一見すると明白な問いの答えもそうではなかった。真珠湾攻撃では日本軍が明らかな加害者ではあるものの，戦争全体の枠組みで，沖縄や広島，長崎の視点を取り入れると，今度は沖縄の人や日本人が被害者として語られる。原爆投下は「加害者」である日本人に対する正当な攻撃であると考えるアメリカ人教員もいるなか，日本からの教員が，ときに日本を「被害者」として語ることに対する違和感は小さくなかった。

　また日本の教員の大半は，戦争を取り上げることは平和教育の一環であると考える。アメリカの教員も平和に関心がないわけではないが，真珠湾を平和教育に利用するという発想は，ワークショップの前半にはほとんどみられなかった。アメリカにおいて，真珠湾は国家の防衛の重要さを認識する場であり，平和の意義を考えるところではない。ところが日本の教員には，平和の大切さを強調するため以外に戦争を語るという選択肢はほとんどない。「真珠湾を語るなら広島と長崎も，そして平和の大切さも」というのは，日本の教員にはごく自

然の連想であったが，アメリカ側の教員は真珠湾，広島・長崎，平和を並べて考えることに強い抵抗感を覚えた者もいた。

　軍隊に関する考えも同様であった。日本の教員の場合,「教え子を再び戦場に送らない」というのが常識的な理念となっているが，アメリカの教員は，教え子や兄弟姉妹，配偶者，子どもなどが兵士になっている例はいくらでもある。日本の教員はそのような実情を知り，往々にしてショックを受けるのであった。

　アメリカでは，第二次世界大戦のみならず，最近のイラクなどからの帰還兵士が学校に呼ばれ，英雄として讃えられることもある。ワークショップで話をする「サバイバー」もやはり英雄扱いである。退役兵が学校を訪れて，戦場の様子を語ることもある。しかもその際にはとりたてて「平和」を強調するわけではなく，兵士として国に奉仕することの意義を語るのである。このような，アメリカ人教員にとっての軍隊の身近さは，日本からの教員には理解するのがとても難しく，1週間程度ではこの溝は埋まらないことの方が多かった。

　一連の差異は，参加者の不満を生むこともあった。とりわけ人数も少なく，言語的にも不利な立場にある日本からの参加者は，参加態度が真摯なだけになおのこと不満を募らせることもあった。ただ，主催者側は，そのような差異の認識は望ましいという姿勢であった。歴史や国際理解を教える者が，自らの「常識」が別の国では必ずしも常識ではないということを理解するのは悪いことではない。ワークショップの趣旨は，真珠湾を複眼的に考えることであるが，そこに参加する個々の教員たちには，自らの立場をより相対的にとらえる努力をして欲しい。そのためには，教員としての前提や常識，あるいはアイデンティティまでもが，多少なりとも揺るがされるような体験があった方が望ましいと主催者は考えたのである。

6　教員ワークショップの成果

　私は日本に住む研究者として主催者に協力し，日本の中高教員の選考に関わった。また毎年，講演者として出席し，日本の教員たちと交流するなかで，かれらのワークショップに対する反応を観察する機会を得た。日本の参加者の反応は様々であったが，毎年の印象を大別すると，上に述べた主催者の趣旨は比較

的成功しているようであった。参加者の多くはこのワークショップが想像以上にハードであったと同時に、実り豊かなものであったと強調していた。とりわけ軍の存在を巡るアメリカの常識と、日本の教員には当たり前の平和教育の前提が、両国では必ずしも共有されていないことに対する驚きと戸惑いは繰り返し指摘された。たとえば、一参加者は以下のように述べている。

> 「戦争」というものをアメリカ政府・アメリカ軍がどのようにとらえているのかを知ることができた。（アリゾナ記念碑は）「軍」は生活の一部であり、アメリカは「正義・平和・自由」の為に戦っているのだということをアメリカ国民へ知らしめることを目的にした施設であった。また、退役軍人に対する敬意の表し方など、日本では見られない場面も興味深かった。「軍隊」という組織に対する意識の違いを実感できた。

その一方で、同じ教員として共有することも多いし、結局「教員として平和を大切にする心は同じ」であるという感覚を抱く者もいた。言語や前提の違いなどの問題は多いが、それでも日米の教員が対話を通して、意思疎通を図ることの大切さを多くの参加者は唱えていた。ある日本の教員は、ひとりのアメリカ人教員との交流を以下のように記した。

> 南部出身のアメリカ人教諭の変化は著しいものがあった。ほとんど話したことのない私にも最初は日本に対して敵意すら感じているのがわかった。また、「多角的な視点」にさして興味もなさそうだった。その彼が最後の発表で「ここにくる前には日本人側の主張などを授業で取り入れようと思ったこともなかったが、この1週間で様々なことを学び、新しいことを授業にこれから取り入れていこうと思う」といった。この発言と彼のなかの変化はこのワークショップの大きな成果であったといっても過言ではないだろう。

主催者としてはいささか自画自賛の感も否めないが、このようなコメントは、教員ワークショップが概ね好評に受け止められてきたことを示している。

とはいえワークショップのすべてが成功したとはいえないのも確かである。むしろ、歴史教育や国際理解の観点からは、このような試みが生み出す問題点も少なくない。

最大の問題は、この教員ワークショップの形式が、国による差異を自然化し、強調する効果を持つことであった。アメリカの教員と日本の教員が集まり、ア

メリカと日本の視点を交換し，相互の差異を認識し，交流を約束するのは，姿としては美しい。日本人として，いかに過去を考え，そして未来志向の対米関係を築いていくかを考えるのは悪いことではないだろう。文部科学省「高等学校学習指導要領」の世界史の「目標」である「近現代史を中心とする世界の歴史を，我が国の歴史と関連付けながら理解させ，人類の課題を多角的に考察させることによって，歴史的思考力を培い，国際社会に主体的に生きる日本人としての自覚と資質を養う」という精神にも合っているだろう。

しかし「日本人としての自覚と資質を養う」などという，「国民化」の装置としての歴史教育を批判的にとらえるならば，このワークショップは「日本人」「日本人の視点」「日本人の記憶」なるものを極めて安易に本質化することで，まさに国家が目論む「国民を生み出すための歴史観」に回収されてしまった面があるのは否めない。言語や教育制度の違いに加え，戦争記念碑やミュージアムなどを訪れることで，日米の差異が繰り返し確認された。それぞれの参加者がどちらに帰属するかは明白で，その属性を作りだす根拠は何であるか等は検討されなかった。日米が協力し，友好関係を築くべきであると強調されたものの，両者を分け隔てる境界線の維持と強化に，真珠湾攻撃をはじめとする歴史教育がいかに共犯関係にあるかという点については充分な注意は払われなかった。その結果，たとえばハワイ先住民の独立の可能性は論じられながらも，結局はハワイもハワイ先住民も「アメリカ」に帰属するとみなされてしまった。沖縄戦の悲劇への言及がなされながらも，それは「日本の被害」という枠組みに回収されてしまった。真珠湾を前に，日本とアメリカという存在は確固とした客観的実態として顕在化し，歴史教育はそれを強化しこそせよ，覆すような機能は果たせないままであった[8]。

つまり，日米史の重要な戦地に焦点を絞り，そこに多様な視座を取り込んで「歴史」や「記憶」と「教育」の関係を再考しようとするこの教員ワークショップは，結局は日米という国家の枠組みを超克するものではなかった。戦争を生み出した国家という意識そのもの，そしてその意識を自然に共有させる文化装置としての歴史教育，それを維持する集合的記憶，そのようなことを省みるところまでは行きつかなかった。むしろその前段階ともいえる，日米の差と距離を意識し，友好的に埋めようとするところで，終了してしまったのが現状であ

る。

　最終的にこのようなワークショップが目指すべきものは，日米の生徒たちが共有できる，国という枠組みに必ずしもとらわれない過去のナラティヴを複数創り上げることではなかったか。「日本」や「アメリカ」という，国にもとづいた歴史のあり方そのものを問いなおすためには，日米史としての真珠湾を考えるだけでは不十分である。国家単位で歴史を語ろうとする問題を，個々の教員に意識し，考えてもらうためにこそ，多様な視座が必要なのである。日米のみならず，多くの国の歴史教育でも当たり前のこととされている，国を中心に据えた歴史観を再考する努力をして初めて，新しい「歴史」，「記憶」，「教育」の関係が見えてくるのではないだろうか。しかしこの教員ワークショップは，そこまでは到達しなかった。

　むろんこのような目標は，「国家転覆的」とも見なされかねず，一研究者の夢に過ぎないのかもしれない。そんな授業を日米の中学校や高校で展開すれば，両国の政治家，教育委員会，親が黙っていないだろう。そもそも，国を中心に据えた歴史観を批判的に検討するには，真珠湾のような国単位の衝突が起こった現場を選択するのは賢明ではないという指摘もあるだろう。このワークショップが戦争を支えた国家中心的な認識論を超克できなかったのは，その狙いと素材のあいだに根本的な離齬があったからだともいえよう。しかしながら，まさに国が顕在化される戦争と，その追悼の現場を取り上げることで，この教員ワークショップは国家単位で過去を語ることの矛盾や問題点を真剣に考えるひとつの契機を参加者に提供したとも思いたい。

7　本書の構成と狙い

　本書は 2 部構成となっている。第 I 部の論考は，2005 年から続けられたホノルルの教員ワークショップ，あるいは 2010 年 10 月に東京で過去の教員ワークショップの参加者を集めて開催されたシンポジウムでの研究者による講演をもとにしている。ここでは真珠湾攻撃をはじめとする，戦争を記憶し，その歴史を書き，教育していくことに関する理論的な諸問題が分析されている。

　まず日本学術会議の地域研究委員会委員長である歴史家の油井大三郎は，「真

珠湾の記憶と歴史教育の壁」で「同時期的理解」と「通史的理解」を対比させ，両方の視点を教育の現場で統合させる必要性を説いている。さらに日本の学校教育で「歴史的思考力」を養う重要性を指摘している。続いて真珠湾教員ワークショップの主催者のひとりであり，長年，太平洋島嶼地域における戦争の記憶について研究を行ってきたハワイ大学の文化人類学者ジェフリー・ホワイトは，日米から教員を呼んでワークショップを開催するに至った経緯とその成果を論じる一方で，多角的な視座から真珠湾を考察しようと試みたことが生み出した諸問題を分析している。とりわけ教員ワークショップに対する保守派による反発の例を紹介し，戦争記念碑を通して「歴史的思考力」を養成しようとする際に生じる緊張関係について考察している。

広島の歴史と記憶をはじめ，日米における戦争の記憶に関する様々な研究を行ってきた米山リサは，今日の世界で広く見られる「文化戦争」における記憶の問題を，とくにアメリカで起こったエノラ・ゲイ展示に関する論争と，日本の歴史教科書問題を事例として考察している。ここでは冷戦後の世界における「歴史」と「記憶」を支える政治力学をグローバルな枠組みで分析する視点が提供されている。

さらに東アジアにおける歴史と記憶を長年にわたり研究してきたテッサ・モーリス・スズキと，北マリアナを中心とした太平洋島嶼地域の戦争の文化史を調査するキース・カマチョは，それぞれ具体的な事例を通して現代における戦争の記憶を巡る諸問題を考察している。モーリス・スズキは日本で公開された「特攻」をテーマにした映画を3本紹介，分析することで，記憶の力学に敏感な「真摯な歴史」を追及することの重要性を強調している。またそこにはモーリス・スズキ自身による，旧特攻兵へのインタビューから得た知見が織り交ぜられており，戦争の記憶は決して恣意的ではないものの，極めて複層的で可塑的であることも指摘されている。一方，カマチョはグアムと北マリアナ（サイパン，テニアン，ロタ）における，アジア太平洋戦争の記念の方法に焦点をあてて，地理的に近い両者がいかに異なる戦争の記憶を形成していったかを，日本帝国とアメリカ帝国との関係のなかで論じている。

そして東京裁判の研究者である戸谷由麻は，真珠湾を戦後処理から考える視座を提供している。真珠湾攻撃を題材にした授業では，往々にして1941年12

月の攻撃そのものか，あるいは日本による中国侵略やアメリカの石油禁輸政策など，そこに至るまでの歴史的文脈に焦点が偏向しがちである。しかし戸谷は真珠湾を「その後」から再検討すること，そのためには真珠湾をはじめとする日本軍による戦争行為を国際的に裁いた東京裁判を通して考えることが重要であると指摘している。

　以上のように，第Ⅰ部の論考は，真珠湾を中心に，一般的な歴史の語りが生み出す特定の過去イメージに，敢えて多様な視点を絡め，揺さぶりをかけることで，社会における記憶の型の背景にある，ときには解放的で，ときには暴力的なダイナミズムを明らかにしている。これに続く第Ⅱ部は，そのような問題や可能性を教育現場でいかにして生徒たちに伝えるかを考える教員たちによる，小中高での教育実践が紹介されている。限られた時間と資源のもと，教員たちによって様々な工夫がなされていることがわかるだろう。

　具体的には第Ⅱ部は「記憶と表象」，「メディアの活用」，「参加・体験学習」，「訪問・交流活動」に分けられる。他の教育現場でも応用可能な，種々の事例がここでは報告されている。また一連の報告に対し，2010年の大学教員ワークショップに参加した若手研究者が，大学での教育実践に関心を抱く教員という視点からコメントをしている。

　本書の特徴は，歴史と記憶の理論的な諸問題を考察する第Ⅰ部と，それを教育の現場に活かそうとする第Ⅱ部とのあいだにある「対話」である。これは研究者が講演を行い，教員たちがそれを教育現場に取り入れる努力をする一方で，両者のディスカッションを通して，大学の研究者も初等中等教育に従事する教員たちから学ぶという，毎年のワークショップのスタイルを踏襲したものである。

　歴史教育や国際理解教育は大学で開始されるべきものではない。本書で油井大三郎が指摘するように，大学以前の早い段階で，多角的な視点から過去を考察する「歴史的思考力」を培う努力が必要である。大学の4年ではなく中高を含めた10年，あるいは小学校を含む16年のスパンで，「考える歴史」を次世代に伝えていかねばならない。そのためには，今後，歴史教育や国際理解教育に関心を抱く教員が，組織の枠を超えて積極的に交流を続けていく必要がある。戦争の歴史と記憶を新しい形で教育現場に取り込む方法を模索するために，本

書はいささか趣の異なる研究論文と授業案を敢えて1冊の書にまとめた。小中高の教育に関心を抱く者から，国際関係や歴史の研究者まで，多くの読者の参考になれば幸いである。

＊本章は2010年11月13日に東京大学大学院総合文化研究科で行われたグローバル地域研究機構公開シンポジウム『歴史と和解――歴史教育の現在』での発表に，修正を加えたものである。

［1］ Emily Rosenberg, *A Date Which Will Live: Pearl Harbor in American Memory* (Durham: Duke University Press, 2003). エミリー・S・ローゼンバーグ『アメリカは忘れない――記憶のなかのパールハーバー』（飯倉章訳，法政大学出版局，2007年）．

［2］ 英文の書には数多くあるが，代表的な書としてローゼンバーグの著作に加え，以下が挙げられよう．Gordon Prange with Donald Goldstein and Katherine Dillon, *Pearl Harbor: The Verdict of History* (New York: McGraw Hill, 1986); Donald Goldstein, *At Dawn We Slept: The Untold Story of Pearl Harbor* (New York: Penguin, 1991); Akira Iriye, *Pearl Harbor and Coming of the Pacific War: A Brief History with Documents and Essays* (New York: Palgrave Macmillan, 1999); Kathy Ferguson and Phyllis Turnbull, *Oh Say, Can You See?: The Semiotics of the Military in Hawai'i* (Minneapolis: University of Minnesota Press, 1998); John Dower, *Cultures of War: Pearl Harbor / Hiroshima / 9–11 / Iraq* (New York: W. W. Norton, 2010). 日本語で刊行された書も多い．半藤一利『真珠湾の日』（文春文庫，2003年）；細谷千博・大芝亮透・入江昭『記憶としてのパールハーバー』（ミネルヴァ書房，2004年）；須藤眞志『真珠湾〈奇襲〉論争　陰謀説・通告遅延・開戦外交』（講談社，2004年）；廣部泉『グルー・真の日本の友人』（ミネルヴァ書房，2011年）．真珠湾関連の映画ではジョン・フォードが監督した「12月7日」（1943年），バート・ランカスターとデボラ・カー主演の「ここより永遠に」（1953年），鶴田浩二と岸恵子主演の「ハワイの夜」（1953年），日米合作の「トラ・トラ・トラ」（1970年），アクション映画として人気を呼んだ「パール・ハーバー」（2001年）などが知られている．歌ではドン・リードとサミー・ケイの作詞作曲による「リメンバー・パールハーバー」（1942年）が有名だ．

［3］ Geoffrey White, "Pearl Harbor and September 11: War Memory and American Patriotism in the 9–11 Era," in Laura Hein and Daizaburo Yui, eds. *Crossed Memories: Perspectives on 9/11 and American Power* (Tokyo: Center for Pacific and

American Studies, the University of Tokyo), 2–29.

[4]　Maurice Halbwachs, *The Collective Memory* (New York: Harper and Row, 1980); Pierre Nora, "Between Memory and History: Les Lieux de Mémoire," *Representations* 26, Spring 1989, 7–25; David Thelen "Memory and American History," *The Journal of American History* 75 (1989), 1117–1129; Edward Linenthal, *Sacred Ground: Americans and Their Battlefields.* 2nd ed. (Champaign: University of Illinois Press, 1993); Sanford Levinson, *Written in Stone: Public Monuments in Changing Societie*s, Dilip Parameshwar Gaonkar, Jane Kramer, Benjamin Lee, eds. (Durham: Duke University Press, 1998); Lisa Yoneyama, *Hiroshima Traces: Time, Space and the Dialectics of Memory* (Berkeley: University of California Press, 1999); Takashi Fujitani, Geoffrey White, Lisa Yoneyama, *Perilous Memories: The Asia Pacific War(s)* (Durham: Duke University Press, 2001); Tessa Morris-Suzuki, *The Past Within Us: Media, Memory, History* (London: Verso, 2005); Marc S. Gallicchio, *The Unpredictability of the Past: Memories of the Asia-Pacific War in U.S./East Asian Relations* (Durham: Duke University Press, 2007); Susan Rubin Suleiman, *Crises of Memory and the Second World War* (Cambridge: Harvard University Press, 2006); Sheila Miyoshi Jager and Rana Mitter, *Ruptured Histories: War, Memory, and the Post-Cold War in Asia* (Cambridge: Harvard University Press, 2007); Keith L. Camacho, *Cultures of Commemoration: The Politics of War, Memory, and History in the Mariana Islands* (Honolulu: University of Hawai'i Press, 2010).

[5]　この点は「新しい歴史教科書をつくる会」の主張や，それに反論する識者の意見を参照するとわかりやすい．小森陽一・安丸良夫・坂本義和編集『歴史教科書　何が問題か――徹底検証Ｑ＆Ａ』（岩波書店，2001 年）．

[6]　教員ワークショップのより詳しい考察については以下の拙稿を参照．矢口祐人「ミュージアムと教育――真珠湾教員ワークショップの事例から」川口幸也編『展示の政治学』（水声社，2009 年），153–166 頁．

[7]　この発表は 2010 年に以下の書に収められ，刊行された．Jon Kamakawiwoʻole Osorio, "Memorializing Puʻuloa and Remembering Pearl Harbor," in Keith L. Camacho and Setsu Shigematsu, eds., *Militarized Currents: Toward a Decolonized Future in Asia and the Pacific* (Minneapolis: University of Minnesota Press, 2010), 3–14.

[8]　このような問題意識に関しては近藤孝弘『国際歴史教科書対話――ヨーロッパにおける「過去」の再編』（中公新書，1998 年）を参照．

［Ⅰ］部——真珠湾を語ること，教えること

1941年12月7日（アメリカ時間），真珠湾　（出典：USS Arizona Memorial Photographic Archives, National Park Service, Department of Interior）

2章——真珠湾の記憶と歴史教育の壁

油井大三郎

1　はじめに

　近代社会の到来とともに始まる歴史教育は，元来，国民意識の育成を任務とされており，意識するとしないとにかかわらず，それぞれの国のナショナリズムを自明の前提として受け入れてきた。しかし，20世紀に入り，度重なる戦争の結果，国民国家が，徴兵制などを通じて多大の犠牲を国民に強いることが判明するにつれ，国際機関の設立や敵対国同士による「地域統合」によって戦争を回避しようとする動きも表面化してきた。その結果，歴史教育においても，「地域史」や「人類史」の観点が重視されるようになっていった。

　たとえば，西欧統合に対応して作成された『ヨーロッパ共通教科書』の中の第二次世界大戦の説明では次のような記述がある。「ヨーロッパは，まずヨーロッパが引き起こした暴力によって，次いで，ヨーロッパが被った暴力によって，深い傷を負ったのである。二つの大陸国家である米ソの国際舞台における登場は，2世紀以上にわたって世界を支配してきたヨーロッパの没落を反映するものであった。」[1]

　この説明には，米ソに対する対抗心もみられるが，同時に主語を「ヨーロッパ」としている点が注目される。かつてであれば，「ドイツが始めた戦争でフランスが傷ついた」などと記述したところを，ヨーロッパを主語として語るように転換した背景には明らかに西欧統合の進展に対応して，歴史教育の目標が各国の国民意識の育成よりも「ヨーロッパ人」意識の涵養に移行してきていることを物語っているのだろう。

　しかし，戦争では勝者にも，敗者にも膨大な犠牲者が発生し，その死者に対する「追悼の情」が歴史意識に大きな影響を及ぼすことが避けられないだけに，戦争の「記憶」を「トランスナショナル」に再構築するのは容易なことではな

い。近年，日本と韓国，日本と中国との間で歴史対話が進んでいるが，この場合は，戦争の記憶に植民地支配の記憶が過重されるだけに共通の歴史意識を構築することは容易ではない。現状ではまず相互の差異を認識し，違いの根拠を理解することから始めるべきであろう。一方で，日中，日韓とも経済的には関係を益々深めてゆくだけに粘り強く対話を続けてゆくことがのぞまれている。

それに対して日米の間では，第二次世界大戦後は日米安保条約を基軸として友好的な外交関係が続いてきたにもかかわらず，日米戦争をめぐる歴史対話は十分進んでこなかった。研究レベルでは太平洋戦争の共同研究が早くから蓄積されてきた[2]のに，歴史教育のレベルの対話は遅れてきた。それは，日米両政府が日米安保条約を軸とした日米同盟の維持を優先させたため，日米戦争の犠牲者に対する補償問題などが政治問題化しないようにしてきたためであろう。

たとえば，1988年にアメリカ政府が第二次世界大戦中に強制収容した約11万人強の日系アメリカ人に対する謝罪と補償を実施したことが刺激となり，日米戦争中に日本軍の捕虜となり，強制労働などに従事させられた元アメリカ兵が日本政府に対して謝罪と補償を要求する運動を始めた。これに対して，アメリカ政府は，議会などで補償要求を支持する決議などが提出されたにもかかわらず，戦後賠償は解決済みとしてこの運動を支援する姿勢は示さなかった。同様に，日本政府の側では戦後一貫して原爆や空襲被害者などへの謝罪や補償をアメリカ政府に求めようとはしなかった。

このように日米両政府のレベルでは日米戦争における相手国の戦争責任問題を問うことを，極東裁判の終了後には封印してきた傾向が強い。しかし，だからといって両国の国民レベルでは相互に相手の戦争責任を追及する世論が消えることはなかった。そのような底流を一挙に表面化させたのが，終戦50周年を記念して企画された首都ワシントンにあるスミソニアン協会の航空宇宙博物館における，広島に原爆を投下した戦略爆撃機「エノラ・ゲイ号」の展示をめぐる激しい論争であった。

この論争は，博物館側が，原爆投下を非戦闘員に対する無差別爆撃という戦時国際法に違反する側面があり，核戦争という人類絶滅の危機を先取りする悲劇として自省的に描こうとしたのに対して，空軍協会や在郷軍人会などが原爆投下は終戦を早め，アメリカ兵の犠牲を軽減するために行った「正当な行為」

とする立場から展示内容を激しく批判したことから発生したものであった。この論争には多くのマスコミや政治家が元軍人を支援する形で参入した結果，航空宇宙博物館の館長は辞任を迫られ，展示は機体の一部にごく短い説明を付けて済ませるという形で終わってしまった[3]。

つまり，アメリカでは，未だに第二次世界大戦をファシズム体制を打倒し，民主主義を擁護した「よい戦争」とみる見方が圧倒的であり，原爆投下もその文脈で正当化されていることが露骨にしめされたのであった。他方，日本ではイデオロギーの差を超えて，原爆投下を非人道的行為として批判するコンセンサスがあることを考えると，日米戦争をめぐる国民意識レベルの溝は依然として深いと言わざるをえないのである。その結果，日本側が「ヒロシマ・ナガサキ」を非難すると，アメリカ側では「パールハーバー」で反論するという歴史心理の壁がずっと持続してきたのである。

もちろん，わずかにせよ，日米の教育者レベルでの交流は始まっていた。たとえば，1993年8月にはマサチューセッツ州と北海道の歴史教育者がスミス・カレッジで日米の歴史教科書を比較するセミナーを開催した。翌94年夏には北海道教育大学に会場を移して第二回の交流が実施された。さらに，終戦50周年にあたる1995年3月にはアメリカの北東部地域社会科会議に日本人の歴史教育者が参加し，歴史教科書における日米戦争の記述に関する対話を試みている[4]。

本書の元となった「真珠湾」をめぐる日米交流も貴重な試みであり，このような対話の芽が今後も育ってゆくことが大切である。オバマ大統領が2009年4月にプラハで「核のない世界」の実現を訴えたのに呼応して，日本ではオバマ大統領の広島・長崎訪問を求める声が高まった。しかし，それを実現するにはまず日本の首相が真珠湾を訪問し，奇襲攻撃による犠牲者を追悼する行為が必要だろう。歴史心理のこじれは一つ一つの象徴的行為で解消してゆかなければならないのだから。

2　日本史教科書における「真珠湾」記述の溝

1　日本の歴史教科書における太平洋戦争の記述

日本においても太平洋戦争の評価をめぐる激しい対立は存在する。とくに，

1997年に「新しい歴史教科書をつくる会」が発足し，独自の教科書を発行してから論争は激しさを増してきた。ここでは，このグループの中心的指導者の一人である藤岡信勝ほかが編集した中学社会科の『新編新しい歴史教科書』(自由社，2010年，以下 A 書と略) と，石井進ほか編の高校日本史教科書『詳説日本史』(山川出版社，2007年，以下 B 書と略) の太平洋戦争に関する記述を比較して考えてみたい。中学校と高校の教科書というレベルの差があるので比較としては不十分な面があるが，歴史的事実の説明法に表れた歴史観の差を検討する目的からすればレベルの差は二次的といえるだろう。

まず開戦原因の記述について比較してみよう。

A 書では，「経済封鎖で追いつめられる日本」という小見出しの下で，インドネシアからの石油輸入を求めてオランダと交渉したが，断られたことを挙げて，「米・英・中・蘭の4国が日本を経済的に追いつめる状況が生まれた」とした上で，日本が南部仏印へ進駐したため，アメリカは「対日石油輸出の全面禁止で報復し」，「日米交渉は続けられていたが，進展はなかった。11月，アメリカは，日本が中国・インドシナから無条件で全面的に撤退することを求める強硬な提案 (ハル・ノート) をつきつけた。これを最後通告と受け止めた日本政府は，対米開戦を決意した」と説明している。次いで「真珠湾攻撃」という小見出しの下で，「日本は米英に宣戦布告し，この戦争は『自存自衛』のための戦争であると宣言し……『大東亜戦争』と命名した。」と説明している。

それに対してB書では，「太平洋戦争のはじまり」という小見出しの下で，日本が南部仏印進駐を実行したのに対して，アメリカは対日石油の輸出を禁止し，それにイギリス・オランダが同調した。「日本の軍部は『ABCD包囲陣』の圧迫をはね返すには戦争以外に道はないと主張した」と説明している。

つまり，A 書では，ABCD包囲陣が先にあって「追いつめられた日本」が南部仏印進駐をしたとし，当時の日本政府が「自存・自衛」の戦争と説明した点を指摘し，戦争の名称も当時「大東亜戦争」と呼ばれた点を紹介している。このようにA書では「自衛戦争」的ニュアンスが強調されているのに対して，B書では，日本の南部仏印進駐の結果，アメリカが石油禁輸を決定し，ABCD包囲陣が形成されたとしている。つまり，ABCD包囲陣の形成と南部仏印進駐の前後関係の記述が両書では異なっているのであり，B書では一方で日米交渉を

しながら，南部仏印進駐を強行した日本側の責任も考えさせる構図になっている。

次に戦争の展開過程についてであるが，A書では「アジアに広がる独立の希望」という小見出しの下で，「日本の緒戦の勝利は，東南アジアやインドの人々に独立への夢と勇気を育てた。」として「アジア解放戦争」的側面を強調している。同時に，日本の南方進出が「『アジアの解放』という名目をかかげながらも，自国のための資源の獲得を目的としたものだったが，のちに日本が敗戦で撤退したあと，これらの植民地は，ほぼ十数年の間に次々と自力で独立国となった。」とも記述している。つまり，「アジア解放」の名目的な側面も指摘しているが，「日本軍の将兵の中には，敗戦のあと現地に残り，これら植民地の独立勢力に加わった者もあった」として一部の日本人のレベルでは「アジア解放戦争」は実態であったニュアンスも強調している。

他方，B書では，「当初，日本はこの戦争をアメリカ・イギリスの脅威に対する自衛措置と規定していたが，しだいに欧米の植民地支配からのアジア解放・『大東亜共栄圏』の建設といったスローガンにしばられ，戦域は限りなく拡大していった」と記述している。また，「欧米列強にとってかわった日本の占領支配は，アジア解放の美名に反して，戦争遂行のための資材・労働力調達を最優先するものだったので，住民の反感・抵抗がしだいに高まった。」として，「解放戦争」が日本側の「美名」に過ぎない点も指摘している。

つまり，「新しい歴史教科書をつくる会」の教科書では，基本的なトーンとして，「大東亜戦争」が「自存・自衛」と「アジア解放」のための戦争だったという当時の政府の主張にそった形で記述されている。太平洋戦争ではアジア諸民族のみならず，日本人にも膨大な犠牲者が出たにもかかわらず，あの戦争を肯定的に教えようとする潮流が未だに発生するのは何故だろうか。この「新しい歴史教科書をつくる会」の前身は1995年に発足した「自由主義史観研究会」であったというが，戦前の軍部独裁的な体制下で強行された太平洋戦争と「自由主義」はどう共存できるのだろうか。

2 「自衛戦争・アジア解放戦争」史観の深層心理

教科書は検定の制約があるので，著者達の史観は垣間見える程度に止まるが，

個人の著書の場合はもっと直截に独自の歴史観が表面されている。たとえば，かつては「新しい歴史教科書をつくる会」の指導的メンバーの一人であった西尾幹二『国民の歴史』はその典型であり，次のように自らの史観を率直に語っている。

　日清・日露戦争までの日本人を肯定的に評価する司馬遼太郎の歴史観を批判した上で，「よいものやいやなものも，ともに自分の歴史ではないか。暗黒と失敗と愚劣と逸脱の昭和史も，自分の歴史以外のなにものでもあるまい。人は悲劇を後悔しても始まらない。悲劇に終わった歴史もまた自分のいとおしい肉体の一部なのである。」[5] と。

　この心情はまさに「民族主義史観」の典型であるが，多大の犠牲者を出した太平洋戦争という「失敗」を「後悔しても始まらない」と言い切るのは，果たして「民族主義史観」としても説得的であろうか。民族の発展を願う場合も，失敗や敗北から多くの教訓を学ぼうとするのが普通ではないか。司馬史観にも，「民族主義的なトーン」が感じられるが，明治を高く評価し，昭和を批判するのはそうした批判精神の発露だったのだろう。

　そうなると，類似の民族主義史観にたっていても，太平洋戦争を肯定する心情が出てくるのは，この戦争を本当に「自衛戦争」だったと信じているからなのだろう。つまり，戦争を遂行した指導者の心情にかなりの部分共感しているのであり，彼らの思いを「内在的に」理解しようとしている結果なのだろう。歴史学においては歴史的事件の当事者に「感情移入」したり，その体験を「追体験」したりする「同時期的理解」が大切であるが，しかし，同時に，国内外で膨大な犠牲者を出したという結果から再評価する「通史的理解」も不可欠である。

　そのような「通史的理解」に関連して，西尾は次のように語っている。「戦争に『正義』と『不正』を持ちこむのは自然法に反する，という考えを本書は一貫して取っている。戦時中に情報戦争に勝つためにアジア解放という『正義』をもっと利用した方が政治的に賢明かつ有利であっただろう，と私は書いたが，あの戦争は日米いずれにも『正義』の戦争ではなく，太平洋の覇権をめぐるエゴとエゴの衝突，東洋と西洋の間のパワーとパワーの必然の激突であったとみるのが本書の見地である。」[6]

つまり，西尾の「通史的理解」は一種の「権力政治史観」に立脚しているのであり，太平洋戦争を「帝国主義的覇権戦争」と把握している。そうなると，たまたま「敗北」したからといってその戦争を「不正義」の戦争と反省する必要はなくなるという見解なのだろう。しかし，問題は太平洋戦争を含む第二次世界大戦を単純な「帝国主義戦争」と把握することが「通史的理解」として正しいのかどうかにある。

太平洋戦争の開戦前夜の1941年8月，アメリカとイギリスは大西洋上で会談し，戦後世界構想として大西洋憲章を発表した。その中には領土不拡大，民族自決，貿易自由化，社会保障の充実，軍縮，国際機関の再建などが明記されていた。この諸原則の中には民族自決のように，連合国側の大国の意図に抗して旧植民地の諸民族が獲得した面もあるが，概ね第二次世界大戦後の世界で実現したものであった。

つまり，第二次世界大戦は，連合国側が領土不拡大や民族自決を約束した点で，軍事力による領土拡大を当然視していた古典的帝国主義の主張とは異なる面があった。それ故，第二次世界大戦には「反ファシズム戦争」という側面が追加されるのである。もちろん，イギリス・フランス・オランダなどが戦後にも植民地保有に固執して植民地独立戦争に直面した面もあるので，第二次世界大戦には「帝国主義戦争」的側面もあったことは事実であるが，それだけで規定するのは誤りであろう。このような「帝国主義戦争」批判の流れは，欧州に多大な被害を出した第一次世界大戦後から欧米では自覚され始め，国際連盟の創設や不戦条約の締結がなされていったわけであるが，第一次世界大戦で旧ドイツ領の獲得など領土拡大に成功した日本では軍事力による領土拡大を肯定する風潮がむしろ強まっており，その認識差が無謀な太平洋戦争への突入という結果を招いた面をむしろ「通史的理解」としては教育すべきではないだろうか。

3 太平洋戦争と歴史教育の課題

1 「同時期的理解」と「通史的理解」の間

太平洋戦争に関する最近の歴史書でベストセラーになったものに，加藤陽子『それでも，日本人は「戦争」を選んだ』が挙げられる。この本は，「今から考

えれば，日米の国力差からして不合理に見える」開戦決定を当時の日本人はなぜ選択したのかという，誰もが抱く疑問を，中学・高校生たちに分かりやすく語ったものを一冊にまとめたものであり，そうした「同時期的理解」がベストセラーになった理由でもあるのだろう。この本では，当時の政策決定者（軍部・天皇・官僚・政治家など）の言説に注目して分析している。そして，開戦決断の理由としては，日本の秘密裏の軍拡，中立時代のアメリカの軍拡の遅れ，親ファシズム的感情からくる自由主義への蔑視，奇襲による短期決戦なら勝機があるとの見方などが指摘されている[7]。

このような解釈は，開戦を決断した当時のエリートの認識を「内在的に」理解しようとしている点で「同時期的理解」の典型であり，確かに歴史研究の面白さはこの点にあるのは明らかだろう。しかし，その結果，国の内外に膨大な犠牲者が発生したことを考えると，その結果から「開戦動機」を見直す「通史的理解」も重要である。この理解によれば，開戦以外の選択肢はなかったのか，当時の政策決定者の中に開戦に反対する少数意見はなかったのか，また，何故この少数意見は採り上げられなかったのか，当時の政策決定過程にどのような問題点があったのか，などが問われることになるだろう。

つまり，歴史研究は，未来予測とは異なって，結果が出た後でその結果の原因を実証的に探るのであるから，「同時期的理解」と「通史的理解」の総合が必要になるのであり，どちらに偏っても歴史研究としては一面的になる点を自戒すべきではないだろうか。

2 「考える楽しみ」を感じられる歴史教育への転換

スミソニアン協会の原爆展示論争が一段落した後に，NHK が展示への賛成と反対の意見を寄せたアメリカ人にインタビューした「アメリカの中の原爆論争」（1995 年 6 月 11 日放映）というドキュメンタリー番組をみたことがある。そこでは，ベトナム戦争を体験した教師が，高校の歴史の授業で「原爆投下は正しかったのか」という問いを投げかけ，被爆者の映像などを見せた上で賛成と反対のグループに分けて調査し，討論をさせているシーンが登場していた。終戦を早め，アメリカ兵の犠牲を少なくさせたなどの理由で投下賛成論がでる一方，原爆よりソ連の参戦で日本は終戦に応じた等の反論が出され，賛否はほ

ぼ半々であった。

　この教室風景をみて，教科書に書いてある知識の詰め込み中心の日本の歴史教育と随分違うものだと感心した。このグループ学習・発表・討論中心の歴史教育はアメリカでは当たり前に行われているようである。アメリカの教育は地方自治の伝統が強く，日本のように文科省が教科書検定を行う制度はなく，民間の研究団体がゆるやかな全国基準を作成し，それを参照して作成された教科書を各地方ごとに採択するシステムが取られている。しかも，教科書では，歴史的知識の伝授と歴史的思考力の育成が車の両輪として重視されており，各章ごとに設問が設けられて，生徒に考える習慣を付けさせることを重視している。たとえば，『合衆国史全国基準』[8] の第二次世界大戦の頁をみると，教育の目標として，第二次世界大戦の国際的背景の理解を，次の諸側面の学習を通じて生徒が表現することとした上で，ファシズム，ナチズム，共産主義の台頭理由，ヴェルサイユ講和や国際連盟の失敗因，アメリカの孤立主義的感情の発生理由，日本との緊張激化の原因などが列挙されている。実際の教科書でもこれらに関する記述とともに，設問でこれらの諸点が質問されるようになっている。

　日本でも歴史的思考力の育成は重視されているが，それは数カ所の「主題学習」で促されているだけで，教科書本文では単一の解釈に則った記述が繰り返されているだけである。その結果，生徒は教科書に書いてある説明が唯一正しい解釈と受け止め，ひたすらそれを暗記して各種の試験で良い成績をとることに狂奔しているのだろう。他の教科には各章ごとに設問が設定されているケースが多くあるというから，知識詰め込み型教育は歴史の場合に特異なのかもしれない。しかし，グローバル化が否応なく進行する現在では，異文化と接触する機会が多く，相手の文化を深く理解するには相手の歴史について基本的な知識をもつとともに，その知識を活用して相手と討論し，粘り強く合意形成につとめるスキルを身に付けることが重要になってくる。

　日本でも藤岡信勝編『歴史ディベート「大東亜戦争は自衛戦争であった」』[9] のような試みがある。ここでは，教員たちが「自衛戦争」の肯定派と否定派に分かれて，調査をし，その結果を討論して，審判がどちらが勝利したか判定する形式が取られている。しかも，この場合は，ディベート技術の錬磨に重点が置かれすぎて，討論を通じて歴史的事実の多面的理解を促す姿勢が弱い印象が

ある。あくまで討論は歴史的事実を多面的に理解する手段として駆使されるべきもので，論争での勝利を最大の目的とするのは誤りだろう。いずれにせよ，日本でもアメリカで行われているような「考える楽しみ」を味わえる歴史教育への転換がはかられることが重要であろう。

4　結びにかえて

　以上，太平洋戦争のような論争的テーマの場合，様々な解釈が発生するのは避けられない。それ故，歴史教科書の記述において史実とともに多様な解釈を示し，生徒に考えさせる教授法の方が生徒の歴史的思考力を育成させるのではないだろうか。また，検定によって特定の解釈を押しつけるのではなく，多様な解釈を教えれば，むしろ加熱した歴史教科書論争も避けられるのではないだろうか。

　また，日米間にある太平洋戦争に関する歴史認識の溝についても，どちらが「正当」かを短兵急に求めるのではなく，まず相互の解釈の差を示し，生徒達に差異が発生する原因を考えさせたらどうであろうか。アメリカ人が第二次世界大戦を「よい戦争」とみる背景には戦争で独立を達成し，領土の拡大にも成功してきたアメリカ人独特の「正戦」意識が背景にあることを発見すれば，アメリカ文化のより深い理解にも繋がってゆくであろう[10]。結論を急ぎすぎず，歴史的事実を確定するためのプロセスを共有し，差異の相互確認から共通点の抽出をはかることで「トランスナショナルな歴史意識」を形成してゆく地道な努力が必要だろう。その意味で，本書の元になった真珠湾をめぐる日米の歴史教育者対話のような努力が今後も継続されることを願っている。

[1]　フレデリック・ドルーシュ編，花上克己訳『ヨーロッパの歴史——欧州共通教科書』（東京書籍，1994年）。
[2]　細谷千博ほか編『日米関係史』全4巻（東京大学出版会，1971–72年）に始まり，近年では細谷千博ほか編『記憶としてのパールハーバー』（ミネルヴァ書房，2004年）がある。
[3]　この論争については，拙著『なぜ戦争観は衝突するか』（岩波現代文庫，2007年），

第 5 章参照。
［4］ Laura Hein & Mark Selden eds., *Censuring History*, M. E. Sharpe, 2000, pp. 272–278.
［5］ 西尾幹二『国民の歴史』（産経新聞社，1999 年），p. 614。
［6］ 同上，p. 612。
［7］ 加藤陽子『それでも，日本人は「戦争」を選んだ』（朝日出版社，2009 年），第 5 章。
［8］ National History Standards Task Force, Charlotte A. Crabtree & Gary Nash eds., *National Standards for United States History: Exploring the American Experience*, National Center for History in the Schools, 1994.
［9］ 藤岡信勝編『歴史ディベート「大東亜戦争は自衛戦争であった」』（明治図書出版，1996 年）。
［10］ アメリカ人の独特な戦争観については，拙著『好戦の共和国アメリカ——戦争の記憶をたどる』（岩波新書，2008 年）参照。

3章——記念と教育
真珠湾教員ワークショップを振り返って

ジェフリー・ホワイト

　本章では，特に国民国家が維持する「記念の地」において戦争の歴史を教える際に生じる問題について考察したい[1]。戦争の歴史を記念の地で教えることは，歴史教育においては珍しいと思われるかもしれないが，私は戦争を教える教科書も，ミュージアムも，教室内での活動も，ある意味ではすべて過去を記念する場であると考えている。「記念」し，「記憶」することで過去に向き合うことは，「歴史」といかに異なるのだろうか。「記憶」が「歴史」と異なるひとつの重要な点は，「記憶」には個人的な，あるいは社会的な側面が含まれるということだ。つまり，一人，あるいはそれ以上の人間が「記憶」をしなければならない。それに対し，「歴史」では，過去はより客観的に切り離されて伝えられるといえよう。したがって記念碑などの記念の地において戦争の歴史を議論し教える際には，歴史を，文化的な意味や感情的な側面などを考慮した社会的な文脈で捉えなければならない。

　多くの人々にとって太平洋戦争は，家族や親戚の経験などを通し，いまだに彼らの胸に強く訴えかける世界戦争である。したがって，この非常に個人的で感情的な側面を伴う戦争を教える際は，学術的な関心からのみ考察し，実体とかけ離れた抽象的なトピックとして扱うことはできない。特にこの戦争の記憶がもたらす個人的かつ感情的な側面は，記念の地で最も顕著に現れる。というのも，記念の地とは死の地でもあり，埋葬地でもある。そこはある者にとっては個人的な喪失を意味し，またある者には国家に身を捧げて「犠牲」になることを意味する。国のために命を捧げることで，個は国家のイメージのなかに回収されていくのである。

　真珠湾のアリゾナ記念碑とその周辺の記念の地を訪れると，強力な感情が惹起される。ここは戦争世代とそのアメリカ人の子どもたちにとって，埋葬の地，記憶の地として定義づけられるまさに「神聖」な場所である。アメリカ人にとっ

て，真珠湾ほど戦争における死を象徴するものは他にない。そこは第二次世界大戦中に「アメリカ国内」（少なくとも准州というアメリカの領土）でアメリカ人が被った唯一の破壊と死の地なのである。

　真珠湾のシンボリズムは，これまでも長期にわたり変容を続けてきた（それは例えば，エミリー・ローゼンバーグの『アメリカは忘れない』に論じられている）が，本章で私が特に強調したいのは，政府機関（国立公園局）によって運営されるこの地が「記念碑」であるという点だ。アリゾナ記念碑は観光地でもあり，ミュージアムでもあり，海軍基地でもある。しかしここは何よりも墓地なのである。この事実こそが，この記念碑を訪れる人々の色々な思いや感情を生みだしている。例えばこの地を形容する際に，「公園」（「パーク」）という言葉が用いられることがあるが（それはここが公式には「ナショナルパーク」と呼ばれる「国立公園」だからである），退役兵のなかには記念碑やビジターセンターを「公園」と呼ぶことに反発する者もいる。「公園」という言葉は，一般的には娯楽やレクリエーションを意味するものであり，彼らにとって墓地であるこの記念碑を指すのには不適切であると考えるからである。しかしこの地を何と呼ぼうが，アリゾナ記念碑や真珠湾付近の史跡では，観光客，学生，軍人，その他の訪問者によって，歴史は社会的に共有され，日々書き換えられているのである。ここは世界中の人々が，世界各地で生活を激変させた真珠湾攻撃について学ぶ，歴史教育と文化学習の場なのである。

　全米人文科学基金（National Endowment for the Humanities, 以下 NEH）は，歴史教育を推進するにあたり，中高の教員をアメリカの史跡や記念碑に集めるというプログラムを開始した。その際に最初に選ばれたプログラムのひとつが，ホノルルの連邦機関である東西センターが主催する真珠湾に焦点を合わせたものであった。本章では，「真珠湾——歴史・記憶・記念」と題されたこの教育プログラムを中心に論じたい。このプログラムは，アメリカの中高教員をハワイ州ホノルルに招き，講義，資料館・記念碑訪問，歴史教材の開発などの内容を含む一週間の「ワークショップ」である。私はこのプログラムの開催を NEH に提案した一人として，第一回目に開催した2004年よりこのワークショップの運営を担ってきた。第二回目の2005年には，少人数の日本人教員も参加した。これが大きな成功を収めたため，2009年まで継続して日本からの参加者も

招聘された[2]。2010 年には，アジアや環太平洋地域の様々な国から集まった大学教員向けに「歴史と記念——太平洋戦争の遺産」という，前年度までと内容の異なるプログラムを開催した。

　本章では，これらのプログラムに関わってきた経験を踏まえ，戦争の歴史を教えるにあたり，教育と記念を混在させることの難しさと可能性について考えたい。歴史と個人の経験が重なる地点は，時に非常に私的で感情的なものになる（だからこそ「記念すること」(commemoration) なのである）。それこそが真珠湾の教育プログラムの目的であり，ひいては記念碑という場における教育に重要な課題なのである。

1　歴史と記憶，ミュージアムと記念碑，教育と記念

　歴史的記念碑には，記憶することと教えること，過去を大切にすることと分析することの両面が含まれるために，その意義は常に不安定である。第二次世界大戦を体験した世代がほとんどいなくなった今日，この大戦はもはや生きた歴史ではなくなりつつある。個人的な体験談と冷徹な歴史分析が混在するなか，戦争の表象には様々な緊張が伴う。記念と分析を両立させる際に生じる問題の一例は，言うまでもなく 1995 年にワシントン DC のスミソニアン国立航空宇宙博物館で起こった原爆展をめぐる大論争に見て取れる。当初予定されていた原爆展が中止され，館長が辞任を強いられたこの事件について，マーガレット・マクミランは「国立航空宇宙博物館は，原爆をめぐる議論を提示するためでなく，原爆投下飛行と空軍の栄光を記念するため，またアメリカの愛国心を強めるために存在したに過ぎない」と評している[3]。

　この原爆展は，広島への原爆投下機 B-29 にちなんでエノラ・ゲイ展と呼ばれたが，その諮問委員会の一人であり，宗教学の教授でアメリカの戦跡を研究するエドワード・リネンサルもまた，「ミュージアムは記憶と歴史のバランスを取ることができるのか」と，記念と歴史の間に起こる対立について考察している。最近では，「フリーダムセンター」と名付けられる予定であったワールドトレードセンターにミュージアムを創設しようとする企画が，犠牲者の家族らの反発にあい，企画が中止された例もある。

戦争を記念することは，生き残った者への敬意と尊敬の念を必要とする。一方，教育において戦争問題を扱う際には，批判的な問いや議論，そして新たな証拠の検証や解釈が不可欠である。このような形で得られる知識は，訪問者，研究者，一般市民，退役兵など，記念碑に関わるあらゆる者にとって意味を持つ。当然，私たちが主催した教員ワークショップでは，教育をすることと，記念することの関係を考察することが中心的な主題となった。記念碑を中心に据えた教育プログラムでは，「歴史と記憶」や「教育と記念」の間に生じる緊張関係について取り組まなければならない。私はこのワークショップを通し，過去を記憶することと，歴史を学ぶことのバランスについて様々な考察を行ってきた。両者の関係にはあらかじめ想定された問題もあったが，まったく予想もしないものもあった。

大学の教員を対象に2010年の7月から8月にかけて実施されたワークショップで起こった，歴史と記憶の関係を示す例を紹介しよう。ワークショップにはイリノイ州からペネロペ・ブレイクという教員が参加していた。彼女はワークショップの講演者の発言や，使われた文献資料の内容が，あまりに反米的で反軍隊的であると憤りを覚えた。とりわけ彼女が許し難かったのは，このワークショップにアメリカの政府機関であるNEHが資金を拠出していた点であった。彼女はNEHを批判する手紙を，地元選出の連邦下院議員やNEHの全国会議へ送った。手紙のなかで，彼女はこのワークショップが「自らの政治的な動機によって歴史を書き換えようと試みる学者たちによって仕組まれた，我々の軍隊と，我々の退役兵，さらに我々の歴史に対する執拗な攻撃である」と非難した[4]。さらに彼女は「私は30年の大学教授としてのキャリアで，これほど極端で，一方的な視点を押しつける修正主義的な会はみたことがない。議論は完全に一方的で，歴史的な文脈も何もなかった」と書いたのであった[5]。

連邦議会にこのような手紙が送られることは珍しくない。しかし，ブレイク教授の批判は次の二点において注目を集めた。まず，連邦政府からの予算で運営されるNEHや東西センターを名指しで批判したため，それら組織の上層部の者は，今後の予算に支障が出ないよう当局者を納得させるべく奔走しなければならなかった。次にブレイク教授はウェブサイトやブログでも批判を繰り返すことで，より大きな反響を引き起こしたのである。議論が大きくなることで，

彼女の批判は「リベラル派」対「保守派」が競り合う現存の政治対立を証明するものだとみなされるようになった。実際，2010年のアメリカ政治は，過熱したマスメディア報道に翻弄され，二つに分裂していた。そのような政治的背景の下，ブレイク教授の手紙を読んだ多くの人は，インターネットを通してその批判に賛同した。彼らは他の情報源をみることなく，手紙の内容を鵜呑みにしたのである。ブレイク教授以外の参加者は全員がこの教員ワークショップを高く評価していたにもかかわらず，彼女の批判は現状の政治的問題を論じるための便利な素材を批評家たちに提供することになったのである。もはやハワイで行われた実際のワークショップの詳細には目が向けられなかった。

　その批判は辛辣であったが(あるいは辛辣だからこそともいえるが)，このようなことは，現在のアメリカでは一般的にみられる政治的論争である。ただブレイク教授の批判が他と異なる点は，その焦点をアメリカ文化における戦争の歴史，兵役，退役兵に特に絞り込んだことだろう。ワークショップを「我々の軍，我々の退役兵」への攻撃であると批判することで，ブレイク教授は国民の強烈な感情的反応を引き出したのである。一般的にアメリカでは，9.11の事件以後，イラクやアフガニスタンでの戦いが長引くにつれ，多くの家族が軍隊と何らかの関わりを持つようになった。そのなかで，兵役に就く者を無条件で支持しようとする傾向が強い。このように，太平洋戦争の歴史をいかに議論し，アメリカ人がその戦争をどのように記憶するかは，現代の政治と戦争の文化に深く関わっており，様々な葛藤や感情と切り離して考えることはできない。したがってブレイク教授の言葉をそのまま受け入れ，それをもとに行動を起こしたアメリカ人が多かったという事実は驚くべきことではない。彼女の批判は，「修正主義者」と呼ばれるリベラル派の学者たちがアメリカの外交政策や軍の歴史を批判し，歪曲しているに違いないと考える人々の心に大きく響いたのである。

　ブレイク教授はこのワークショップを「我々の軍隊，我々の退役兵」に対する攻撃であると抗議したうえ，退役兵協会にもこの情報を渡した。協会員のなかには，そのことを自らのウェブサイトやリストサーブに載せる者もおり，批判はさらに広まった。そして2010年11月11日，アメリカの退役兵を讃える「ベテランズ・デイ」にブレイク教授がフォックス・ニュースの番組に出演する

ことで，退役兵のイメージをめぐる感情は最高潮に達した。彼女は全米最大規模の退役兵組織であるアメリカン・リージョンの会長と共に，保守派の批評家ショーン・ハニティの番組に出演し，インタビューを受けた。そこで彼女は，教員ワークショップへの反発を今度は直接テレビの視聴者に訴えたのである。そして今度はアメリカン・リージョンも NEH に説明を要求したため，問題はより大きくなり，NEH は正式な調査と回答を余儀なくされた。そして，NEH は原爆展を企画した際の国立航空宇宙博物館と似たような状況に追い込まれたのである。どちらの事例も，教育の現場で太平洋戦争をいかに教えるかをめぐる議論の中心に，退役兵の声に耳を傾け，軍隊の功績を記録することが据えられてしまったのである。

　アリゾナ記念碑のような記念の場では，ビジターセンターにミュージアムが設けられ，学校向けの教育プログラムも開催されている。教育者は批判的な姿勢を持ちながら，いかにして「記憶すること」と「教えること」の関係について考えるべきか。歴史教育と社会の記憶がそれぞれ別に存在していればことは容易である。しかし実際はそうではない。我々は両者がどのように相互に影響し合っているかを理解しなければならない。一般にはあまり意識されないことであるが，歴史資料が人々の過去や社会の出来事を記憶する手段になり得るのと同じように，記念碑も歴史理解を生みだすのである（つまり，記念碑も歴史「教育」の一種なのである）。

　真珠湾の記憶はすでに 70 年が経つにもかかわらず，9.11 の戦争から抜け出せないアメリカ社会では，それは相変わらず感情的かつ政治的な意義を持ち続けている。他の主要な歴史的な場所と同様に，アリゾナ記念碑はそれをアメリカ人の重要な歴史の地と捉える者の間で，様々な解釈と対立がみられる。実際，内務省の機関である国立公園局が管理する「国立公園」のなかでも，アリゾナ記念碑ほど多くの批判の手紙が送られる所はない。それでもアリゾナ記念碑は，1995 年に戦後 50 周年を記念するため原爆展を企画した，同じく政府機関である国立航空宇宙博物館が追い込まれたような問題をこれまで何とか回避している。

　なぜアリゾナ記念碑は，1995 年にスミソニアンに向けられたような厳しい批判を受けずにすんでいるのだろうか。皮肉にも，そのひとつの理由はこの地が

死者が眠る聖地であると常に意識されているからであろう。この記念碑が制定された背景や，ビジターセンターで放映される映画，ミュージアムなどの歴史解釈，学校向けの教育プログラムなど，すべてにおいてこの点は常に強調される。アリゾナ記念碑を聖地と認識することは，具体的には記念碑と真珠湾攻撃で生き残った「サバイバー」と呼ばれる，生存者との関係にみてとれる。サバイバーの多くは，記念碑のビジターセンターなどで定期的にボランティアとして働き，彼らが語り継ぐ話は大変貴重な史料とされる。東西センターが主催した夏の教員ワークショップに参加した教員のコメントによれば，サバイバーの存在は，第二次世界大戦の歴史をいかに教えるべきかという問いに様々なヒントを与えてくれるものなのだ（今やサバイバーは老齢を迎え，やがて我々は当事者の貴重な声を聞くことができなくなるだろう。彼らの声はビデオやDVD，ウェブサイト上などヴァーチャルにしか残らない）。

　サバイバーの話は，個人の語りが，国家の歴史と密接に繋がる力を持つことを示している。記念碑とは，人々が自らの経験を，より大きな集団の目的に結び付ける道筋を見つける場所である。そうすることによって，人々は現在に生きるためのアイデンティティを見出すのである。アリゾナ記念碑の例からもわかるように，記念碑とは国家のために作られる。しかし真珠湾のような大事件と直接関連する場合には，記念碑は国家のみならず，よりグローバルな歴史と記憶の世界とも関わってくる。教員ワークショップにおける最も興味深い側面のひとつは，個人的な話として語られる複数の国々の記憶が，それまでの偏狭な国内の議論から離れ，様々な立場や視点を持った国外の人々の声と交わることであった。

　2004年から始めた教員ワークショップでは，非常に多くの参加者が，身内の経験などの直接的なものや，この記念碑によって生みだされる自分の思いなど，極めて個人的で主観的な事柄を取り上げるのだった。教員の研究や教育プロジェクトをみる限り，このような個人的な結びつきは，生徒の関心を喚起させることにも役立つようだ。しかし，この歴史への個人的な結びつきは教育者の「好機」にもなれば「リスク」にもなり得る。「好機」とは，人々に「興味を起こさせる」という点であるが，「リスク」とは，「興味を起こすこと」がひとつの「正しい」視点を作り上げ，愛国的なドグマや政治的な正しさにとらわれてしまい，

批判的な視点を失ってしまうことである。

2　神聖な歴史

　ここで「神聖」(sacred) という言葉について少し考えたい。アリゾナ記念碑における最も重要な特徴は（他のミュージアムや歴史的な場所と比較して），ここが死者の埋葬地であり，彼らを崇める「神聖」な場所とされていることであろう（死者の名前は記念碑の壁に刻まれている）。多くの研究者が指摘してきたように，記念碑の運営者やその意義を伝える者にとって，この「神聖」な地とみなされることこそが，世界中から訪問者を迎えるアリゾナ記念碑の最も重要な特徴なのだ。「神聖」とは，精神的な空間を世俗的な空間から切り離す，物理世界と形而的な世界の境界線である。その特別で力強い空間を守ることを託された人々は，敬意の念に欠けた不適切な侵入者によって，純粋な場が汚されないように努める。

　アリゾナ記念碑を管理する国立公園局にとって，それはここを訪れる人々を，ハワイでバカンスを楽しむ観光客から，神聖な場所に目を向ける自省的な訪問者に変えることを意味する。しかし神聖な場所を純潔に保とうとする強い思いは，アメリカという国の歴史が，異なる価値観を抱く者によって問題視され，脅威にさらされ，改変されているのではないかという疑いを生み出すこともある。1980年代の日米貿易摩擦の時代から真珠湾攻撃50周年にあたる1991年にかけては，アリゾナ記念碑から他の国々，とりわけ日本の影響を排除しようとするアメリカ人の強い意識がみられた。記念碑を運営する国立公園局には日本の影響に対する数多くの批判が寄せられ，ビジターセンターにある日本語の看板等をすべて撤去せよとか，国立公園局で働く日系人の存在すらも不快であるという非難さえあった。

　このような反日的な姿勢は，ここ20年でかなり軽減された。しかしながら，2010年度のブレイク教授によるNEH教員ワークショップへの批判は，アメリカ中心の歴史観を阻もうとする者に対する不安を，いまだに強く持つアメリカ人がいることを示した。ブレイク教授が起こした議論の細かな分析や解釈に関心を抱く者はほとんどいないであろう。しかし，ワークショップが軍隊への敬

意を欠いていると指摘することで，彼女の批評（というよりは一方的な抗議であったが）は神聖な場所を守るための主張となったのである．私が特にこの真珠湾・アリゾナ記念碑の「神聖」さに関心を抱くのは，同様の事象が著名な他の歴史教育の現場や，歴史書を巡る議論でも表れているからだ．私たちアメリカ人にとってはごく当たり前に存在しているこれら「神聖」な地は，実は国家中心の知を絶え間なく生産し続けているのである．それは戦争の合理性と必要性を説いた 1930 年代から 40 年代にかけての知の生産と同種のものである[6]．

　我々は教育者として，自分が所属する機関や，そこでの教育が，生徒たちの知識の増大にいかに貢献し（あるいは貢献しないか），さらに過去の暴力的な対立に関する知識と理解をいかに深めていくべきかを考える．歴史の視点を刻む最も明らかな例は教科書であろう．教科書の記述をめぐる論争が絶えず繰り広げられるのは（これはアメリカにおいては「文化戦争」と呼ばれる），教科書というものが，特定の事象の意味を固定しようとするからである．ローラ・ハインとマーク・セルデンが『歴史を検閲する』で記しているように，教科書を巡る問題は特に中等教育において注目を集める．それは「直接的にも間接的にも，教科書は国家の承認を示すものだからである」[7]．したがって，ほぼすべての国の学校制度において，教科書の選択は厳しく政府によって監視されている．教科書は国家をどのように「語る」のか．我々は子どもたちにいかなる話を伝えるのか．あるいはどのような話が，国民のもの，国民のためのものとみなされるべきなのか．

　教科書はこの意味で，論争の的となるような事項については慎重に描写し，また最大限「事実」に沿って過去を記述しようとする．しかしもちろん，「事実」は常に特定のナラティヴのなかで語られ，解釈されるものである．すべての教科書は国家の神話作りを担っているのであり，このことは特段驚くべきことではない．例えばフランスの国会は 2005 年に，高校の歴史の授業でフランスの植民地史について肯定的に教えなければいけないという法律を可決した（後にこれは撤廃された）．一方，ある心理テストによると，ペレストロイカ以前のソヴィエト連邦や東ヨーロッパの社会主義体制下では，生徒たちはあらゆることに懐疑的になっており，教科書に記述されていることはすべてプロパガンダの一部と解釈していた[8]．

これらは極端な事例であるものの，一般的に愛国主義を打破しようとする教科書はほとんど存在しない。「トランスナショナル」，「トランスカルチャー」な教科書とはどのようなものなのだろうか。おそらくそれは，様々な国の語りを取り入れた共著でなければならない。しかしそのような，国を超えて共著された教科書プロジェクトは稀にしか存在しない。真珠湾攻撃と太平洋戦争の原因を巡る議論を発展させようした初期の試みのひとつは，1969年の日米会議から生まれた，『歴史としての真珠湾――1931年から41年の日米関係』（*Pearl Harbor as History: Japanese-American Relations 1931–1941*）という書であった。最近の例としては，日中韓3国共通歴史教材委員会編『未来をひらく歴史――東アジア3国の近現代史』（高文研，2005–2006年）という名の歴史教材がある。これは，異なる歴史解釈に問題関心を持つ中国・日本・韓国の研究者が，共同で出版したものである。

歴史教育が集団の自己肯定にのみ終始すれば（つまり歴史は自分たちとその子孫のためのものという解釈をすれば），他国における戦争の歴史の教え方に懐疑的になり，憤慨することがあっても珍しくないだろう。しかし『未来をひらく歴史』はこのような流れに逆らったプロジェクトであった。そのため，三か国の国民から賞賛も批判も受けた。最近，ハワイ大学のコリア研究センターで，このプロジェクトに関するシンポジウムが行われたが，そこではこの教材の著者が数人出席し，執筆にあたり直面した，学術的，そして政治的な困難をはじめとする様々な苦労について語った。私は彼らの献身的な努力に大いに感銘を受けた。個人的な脅迫を受けるなど，多くの問題に直面したにもかかわらず，彼らは共同執筆を完成させる努力を惜しまなかった。この教科書プロジェクトが今後いかに続けられるかは予測がつかないが，これは対立する歴史に関して，多国間で共同作業を行うことの難しさを示す具体的な例でもあるのだ。

3 トランスナショナルな歴史の場としての教員ワークショップ

さらに議論を進めるために，2004年から2010年まで，東西センターで行われた一週間の教員ワークショップの実践について概観したい。

まず我々主催者は当初から，日米の教員が集まり，太平洋戦争とその教育に

ついて直接意見交換をするにあたり，国家中心の考え，視点，教え，学びという既存の教育手法とは一線を画す必要があると考えていた。しかしそれは容易なことではなかった。ブレイク教授が連邦政府から資金を得ているNEHと東西センターを槍玉にあげて批判した例は，国家の機関で国際的なプログラムを行うことの困難さを如実に示している[9]。

　まず「なぜ国を超えて戦争の歴史や記憶を論じることがそれほど稀有なのか」という疑問から始めてみよう。私の知る限り，2005年に東西センターで行われた教員ワークショップは，真珠湾と太平洋戦争を教えることの意義を，日米の教師がひとつの公的な場で論じる史上初の試みであった。しかしなぜそのような共同作業を始めるのに，60年もの時間が必要であったのだろうか。

　この疑問に答えるため，我々が行った教員ワークショップを振り返ってみよう。ワークショップはまず2004年に「真珠湾——歴史・記憶・記念」という題で始められたが，この時の参加者は100名のアメリカの中高教員であり，日本人教員は一人として含まれず，アメリカ国外からの参加者は一切いなかった。東西センターは連邦政府から国際教育に対する援助を受けている唯一の機関であり，このプログラムはそこで開催されたにもかかわらず，これは完全にアメリカ国内を対象にしたイベントであった。なぜか。それは，東西センターがいくら国際教育を推進する機関であっても，連邦機関であるNEHから資金が賄われていたためである。NEHの予算はアメリカ国内の教育を支援し，改善するためだけに使われる。財政援助を受けられるのはアメリカ人か，アメリカ国内で教えている教員に限られるのだ。

　したがって，アメリカにおける中高教員や大学教員を支援する教育プログラムは，アメリカ市民のためのみに存在するということになる。言い換えれば，学びの機会は同じ国に所属する，同様の背景を持った人々による国内的な議論のなかに限られる。とはいえ，NEHのような連邦政府機関の支援による教育プログラムが，アメリカ国内のことを重視するのは当然のことであろう。他の国の教育プログラムと同様，教育における最大の価値や目的は，自国の子どもたちに「自分たち」の歴史と遺産を伝えることである。しかし国際的な対立を主題にした歴史には，いかなる教育と歴史的視座が効果的なのだろうか。過去の理解が常に現在に繋がっているのであれば，その歴史の意義を今日まで受け継

いできた様々な人との交流なしに，過去の対立をよりよく理解することなどできるのだろうか。

　我々は 2005 年から 2010 年にかけて，日本からの教員を呼ぶことで，この国内的な視点をある程度拡大することができた。東西センターは国際研究や国際教育を行う機関であることもあり，教育プロジェクトの国際性の重要さは当初から理解されており，さらに第一回の NEH ワークショップに参加した教員たちの感想も，ワークショップの国際化を後押しした。第一回目の参加者はアメリカ人教員のみであったものの，「真珠湾——歴史・記憶・記念」と題されたこのワークショップの講演内容は多彩であった。アメリカと日本の視点に加え，アメリカ国内の多様性にも焦点をあわせ，日系アメリカ人やハワイ先住民の観点から捉えた真珠湾が紹介された。参加者の多くはワークショップのこの点を高く評価した。例えば 2004 年に参加したある教員はこのように述べた。

> これはあらゆる点で優れたワークショップでした。真珠湾というテーマのみならず，ひとつの歴史的事件を多様な視点から捉えようとする教育論も興味深く，強い印象を受けました。今後，私の世界文化論という授業で扱う第二次世界大戦はこの多様な視点を取り入れたものになるでしょう。

　このような記述に刺激され，東西センターの教育プログラムの責任者ナムジ・スタインマンは，翌年の 2005 年には，アメリカ人教員と少数の日本人教員が一週間共に時を過ごす第二回目の教員ワークショップを企画した。米日財団や国際交流基金などと折衝し，日本人参加者を含むこのワークショップへの財政援助を求めた。これらの団体は，当初は関心を示してくれたものの，その企画はほとんど説明なしに却下された。企画の内容と方法が，半ば公的な予算を拠出するには「危険」なものであると判断されたためであろうか。こうしたなか，幸運にも，2004 年の第一回ワークショップでも一部予算補助をしてくれたアリゾナ記念碑協会（AMMA）（現太平洋歴史公園協会—PHP）が，第二回ワークショップに参加する 5 名の日本人教員の費用を負担することを申し出てくれた。その協力により，小規模ではあるが，歴史に残る一週間のワークショップが 2005 年に実現された。なお，この第二回のワークショップでは NEH からの資金提供はなかった（NEH は一回目のプログラム終了後，充分な評価を行うため

に，次年度の継続申請は認めず，一年待たなければ再申請はできない）。

　アメリカと日本からの教員が共に参加するワークショップが一度開催されると，もはやアメリカ人だけのものは考えられなかった。第二回目以降の参加者はおしなべて国を超えた対話を重んじるこの国際的教員ワークショップを熱烈に支持してくれた。例として以下に日本人の教員と意見交換をする重要性について述べたアメリカ人参加者の感想を紹介しよう。これは，オンラインで行った匿名のアンケートから得たものである（2007年度のワークショップより）。

　　問い：このプログラムの全体的な評価と，今後の教育に反映されると思われる効果について述べてください。

（回答者 #5315）
これは私が16年間教員をしてきたなかで最も有益なワークショップのひとつであった。このワークショップで得た最も重要な考え方は，真珠湾攻撃とそれに続いた戦争を多角的に検討し，教えなければならないということである。私は特に，戦争ではなく平和を強調していた日本人教員の真摯な態度に感激した。フィールドトリップの間に，私は何人かの日本人教員と有益な話をすることができた。そして，日本では港や空港に第二次世界大戦で使われた戦艦や航空機が展示されていないことを知った。彼らは過去を振り返り，戦争の詳細を教えるということはしない。むしろ，平和教育を通して平和の大切さを教えることが重要だと主張していた。

（回答者 #5322）
真珠湾のサバイバーから話を聞き，日本人教員と意見を交換した経験にはとても感銘を受けた。今後も日本人の教員や，その生徒達とビデオ会議を通して意見交換をしていきたい。日本人教員の「ハコ」さんは，今朝私のところにきて，両国の平和を象徴するために，彼女が作った折り鶴を私にくれた。とても感動した。

　この第二回目のワークショップの実現を支援してくれたPHPは，連邦政府の関連機関ではなく，独立した非営利団体である。アリゾナ記念碑を運営する国立公園局と親密な提携を持ちながらも，その予算は政府の方針に縛られない。しかし，だからといって，PHPがこのプロジェクトを当然のように毎回支援できたわけではない。2006年のプログラム開催費用の補助を検討する際には，理事会では日本人教員のために予算を使うことに疑問の声もあがった。例えばある理事は以下のように述べた。

このプログラムを日本へ拡大する理論的根拠はあるのか。（中略）我々の補助金は，アメリカ人教員やハワイ州のオアフ島以外から教員参加者を増やすために使われるべきではないか。（中略）アメリカ本土やハワイには，このプログラムにぜひ参加したいと願う教員が多数いる。そのなかで，敢えて日本人教員を招聘する理由は一体何であるのか[10]。

　理事がこのような疑問を抱くのは当然であろう。むしろ私が驚いたのは，真珠湾の記憶を守るためにアメリカ人によって組織されているこの非営利団体が，最終的に日本人の参加費用を負担することを決定したのみならず，以前にも増して熱心に取り組み始めたことである。PHPはその後（2007，2008，2009年）も日本からの教員数を増やし，通訳や翻訳の費用も捻出するため予算を拡大したのみならず，フリーマン財団を通してさらに資金を獲得してくれた。私がこの理事の疑問をここで紹介するのは，一般的にはある主題を「多角的な見地」を取り入れず，ひとつの国を中心に教え，学んだとしても，とりたてて無責任な行為とはみなされないし，むしろその方が望ましいとすら思われていることを指摘するためである。この点は歴史を研究する教員，研究者がより考えなければならない根本的な問題である。つまり，全く異なる文化や価値観，世界観を含んだ過去の暴力的な対立は，果たしていかに理解されるべきか。多角的な意味を持つ出来事の知識を，多角的な視点を取り入れずに，深めることは可能であろうか。

　過去を記念する場では，多角的な視点など不要であると主張する者は多い。そこでは，「記憶する」主体，つまりそこで記憶されるべき人や事件と密接に関わる子孫などが主人公である。それ以外は二次的な存在で，排除される。したがって，国が管理する軍人墓地をはじめとする「神聖」とみなされる地では，国家のアイデンティティが強化されるのは当然である。このような考えは，1991年の真珠湾攻撃50周年記念にあたり，国立公園局が主催した記念式典に対する批判によく表れている。当時，全米各地の新聞にコラムを連載していた保守派の論客トマス・ソウェルは，「バランスのとれた」（彼は「多角的な視点」のことをこのように呼んだ）歴史を書こうとする試みは，国家の聖地に対する冒瀆に等しいと主張した[11]。

　私はここで国家の「記念の地」をめぐるポリティクスを改めて詳述しようと

は思わない。それはすでに多くの研究者やジャーナリストが論じていることである。むしろ私はこのような状況が，記念の地において，いかに歴史を表象し，さらにそこでどのような教員ワークショップを実施するかという問題に影響を与えるかを考えたい。死者を埋葬し，崇拝する記念の地にはふさわしくない領域まで教育は踏み込むこともある。しかしどこまで可能なのだろうか。ブレイク教授の批判に対する世間の反応を見る限り，教育の実践現場でも，記念碑を巡るポリティクスや感情と同様のものが起こるのではないかと思われる。教科書は複雑な過去の出来事を偏って描くという批判があるが，記念の地や記念式典などを通して学ぶ歴史はどうであろうか。

　無数の人々に悲惨な結果をもたらした太平洋戦争のような争いについて，国際的対話を持つことは，明らかに重要である。しかしアメリカ国内の教育システムは，極めて内向きのままである（それはアメリカ国内で続く「文化戦争」を巡る議論の構造と似ている）。ブレイク教授の批判を通して，真珠湾の教員ワークショップはこの問題点を浮き彫りにしたのである。

　もうひとつ具体的な事例を紹介しよう。真珠湾の国立公園局所属の歴史家であるダニエル・マルチネス氏は，2010年秋に東京大学で行われたシンポジウムに出席の予定であった。そこでは過去のワークショップに参加した日本人の中高教員が一堂に会し，意見交換をすることになっていた。しかし連邦機関で働くマルチネス氏は連邦議会レベルの承認なしに海外公務に行くことはできない。その手続きがあまりに煩雑であったため，シンポジウム前に承認を得ることはできず，結局欠席することとなった。宗教，文化対立など世界規模で暴力的な紛争が続くなか，アメリカ国内では相変わらずあまりに狭隘な，国家中心的な政策が続いているのである。

4　記念，サバイバー，悲劇の歴史

　戦争の学術史，特にホロコースト表象に関心を持つ研究者は，当事者が歴史の執筆やその分析に関わることの力（と危険）について論じてきた。当事者の話によって生みだされる歴史理解は，口述史の分野で指摘される話者の偏向，史実の選択的知覚，記憶の歪曲などの問題とは異なる次元にある。また，サバイ

バー（生存者）の声を聞くことは，多様な証拠を援用し，長い時間を辿る歴史とも異なる。我々は一般的な歴史とは異なる，サバイバーの声に耳を傾けることで得られる新たな知の型について考える必要がある。ドミニック・ラカプラは，このようなものを「記念の歴史」と呼び，歴史の距離感に挑戦するものであると指摘している。

> （残酷でトラウマとなるような）過去を，とりわけ哀しみなどが表現される追悼式典などにおいて，「記念の歴史」として記憶することにより，「歴史の距離化」に挑むことができる。それは，過去を再び記憶し，蘇らせ，過去の人々と現在に生きる人々を融合し，ひとつの集合体にするのである。[12]

退役兵をはじめとするサバイバーの話に耳を傾けると，人間的な観点から歴史を考えられるようになる。それは個人の経験，心情，感情に基づくものであり，その人の話のなかで展開するドラマやその中心人物となって考えることができるのだ。教員ワークショップの参加者たちは，真珠湾を体験し生き残った者の，心が動かされる語りに耳を傾けることで，同様の経験をしているようである。このような過去は歴史のカリキュラムを自分とは関係のない，退屈なものとみなす生徒たちに，歴史が実は重要であり，自分たちにも関係深いものだと理解させることができる。また，前述したような，国家における教育プログラムの役割，教育とナショナリズムなどに関する議論のなかでは，戦争を体験した兵士の声はとりわけ重要な政治的な力を持つものでもある。

一方，このような個人による歴史の語りが，他の歴史とどのように関連するかも考えなければならない。多様な過去を認める必要があるなか，当事者の語りはどのように理解されなければならないのだろうか。エヴァ・ウィヴィロカは，ホロコーストの記憶（裁判記録，あるいは記念館や映画などによって記録されたもの）は口述史や証言を歴史表象の中心に据えることで，歴史を書くという行為を変容させたと主張する。彼女によると，この変化は戦後にホロコーストの「集合的記憶」を記録している過程で起こったものだという（この「集合的記憶」は実際には世界中にいる様々な人による記憶であり，当然ユダヤ教徒，あるいはイスラエルやイランなどに住む人のものが含まれる）[13]。

大半の教員は，当事者の証言を歴史教育に取り入れることは有益であると考

える。一方で，その問題点や限界についても考える必要がある。歴史教育に当事者の証言を組み入れた場合，起こった出来事に対する当事者の視点を重視するあまり，比較や対立の視点を含む，より長期的で広い視座の歴史観や分析を犠牲にしていないだろうか。アリゾナのような記念の地は，記憶することや証言することで歴史を伝えていくことを可能にすると考えられるが，果たしてそれはミュージアムや教育の現場における他の歴史教育の理解とどのように関連するのだろうか。

　アリゾナ記念碑は，日本軍によって命を失った2403人のアメリカ人を記憶にとどめ，讃えるために存在している。死者の名は（55人の日本人を除き），記念碑の壁に刻まれている。「真珠湾サバイバー協会」という退役兵のグループによると，「サバイバー」とは1941年12月7日にハワイ・オアフ島でアメリカ軍に従軍し，生き残った者である。その定義によると，真珠湾で起きたことに関して証言できる者の大半はアメリカの退役兵に限られてしまう。アメリカの連邦議会が創立を発案してから今日に至るまで，アリゾナ記念碑はこのように定義されたサバイバーを念頭に運営されてきた。彼らの存在が重視されていることは，記念碑で現在も証言者として訪問者と交わるボランティアの退役兵の姿からも明らかだ。これらのサバイバーは，記念式典などが行われる際には必ず招待を受け，栄誉を称えられ，また記念碑のミュージアムの展示内容などについての助言を求められることもある。

　近年のアリゾナ記念碑では，サバイバーの定義を広げ，民間人や日本兵もその定義に含めようという重要な動きがみられる。どのような声であれ，当事者であるサバイバーの体験談を聞くことは，記念碑の歴史理解にとって重要である。国立公園局は，これまで口述史を記録してきたが，まずはアメリカ人退役兵の記録から始め，最近では民間人や日本人の記録も取っている。そして，これらサバイバーたちは，「歴史の証言者」というシリーズの主要ゲストとして電話会議に出席したり，オアフ島の学校を訪問したりすることで，アリゾナ記念碑で行われる教育の中心的な役割を担っている。

　その点で，教員ワークショップは，記念の地における「公」の声をとり入れ，議論のテーマを拡大していくことに貢献したといえよう。当初から，サバイバーが真珠湾の体験について教員と話し合うセッションは大変好評だった。オアフ

島にいたアメリカ兵を称えることに終始するのではなく、やがて一般市民の経験、日系アメリカ人の強制収容問題、そしてついには太平洋の先住民や原爆のサバイバーまでもが含まれるようになった。例えば、シンポジウムの講演者であったハワイ大学のジョナサン・オソリオ教授は、ハワイ先住民に「プウロア」と呼ばれた真珠湾の歴史を先住民の視点から論じることで、歴史の証言者の役割を果たした。[14]

　私は当初この論考を書き始めるにあたり、真珠湾の教員ワークショップは、これからも国際的な対話を促進することで、歴史記念碑、歴史博物館、退役兵をめぐる「記憶化」を批判的に分析していくことができるだろうと楽観的に考えていた。ワークショップで取り上げる主題に対して、多少のためらいや批判の声があっても、我々は常にそのようなことを目標として運営に取り組んできた。教員がサバイバーの声に耳を傾けるセッションはワークショップの目玉であり、それによって参加者の教員たちは当事者の語りを教育の現場に取り入れる方法などをお互いに議論するようになった。しかしブレイク教授の批判とその後の論争は、アメリカの過去が記憶され、聖地とされている場において、批判的な学術議論をすることのリスクを示している。ブレイク教授の批判に同調する他の参加者はほとんどいなかったのにもかかわらず、東西センターはその後、教員ワークショップを主催することを中止してしまったのである。対照的に、非営利団体のPHPは連邦政府の財政援助を受けておらず、議会審査の対象になることもないため、支援を続けている。

5　歴史の転換——和解の地としての記念碑

　アリゾナ記念碑は、退役兵をはじめ、人々がそれぞれの語りを共有するために集まる地であるが、単に固定されたひとつの過去が再現されるわけではない。そこは退役兵であるサバイバーを含む人々が、記憶を再形成し、過去の経験を再評価する新しい可能性を見つける場なのである。このような変化は、サバイバー自身にもみられる。彼らは記念碑でボランティアとして来館者に自分たちの経験を伝えるなかで、様々な人と出会い、自らの考えや態度を変容させていった。特筆すべきは、彼らと日本人退役兵やその家族との出会いである。日本人

3 章 記念と教育　51

との交流は，昔の敵に対する思いを変え，あるいは改めさせるのである。このような「記憶の歴史」は，記念碑で開催された重要な記念式典での出来事を振り返ることで理解できる。

　真珠湾攻撃50周年の1991年は，アメリカ大統領がハワイを訪れ，ホノルルで大規模な記念式典が行われた。この記念式典に真珠湾の国立公園局は日本人とアメリカ人退役兵の両方を招待し，シンポジウムを行った。はからずも，そこでの出会いは，その後何年も続く両者の友情を生みだし，さらなる和解の儀式へと続いていったのである。その4年後にはホノルルのパンチボール国立墓地で，戦後50周年を祝う際に，両者が記念のプレートを捧げる儀式を行った。2001年の60周年にも両者の交流がみられ，現在にまで続いている。

　このようなことは，戦争中の苦しみを癒すためのごく自然な心情の変化に思えるかもしれない。しかし実際には，感情的なしこりがいまだに残るなかで進められたものなのである。1995年にパンチボール墓地で行われた記念プレートを捧げる儀式は，終戦50周年を記念する公式行事がすべて終了した後でなければ許されなかった。国防総省と国務省で一連の行事を計画した部署が，日本人参加者の「問題」を考えなくてよいように，公式の式典には一切の外国人の代表者は招待しないという規則を打ち出していたからである。その結果，パンチボール墓地での儀式は公式行事の翌日に設定せざるを得なかった。また全国真珠湾サバイバー協会の会長もこの行事に反対し，そこに出席するサバイバーたちに，協会の公式の帽子やシャツを着用することを禁じたのである。

　かつての敵との「和解」に苦労したのは退役兵だけではない。我々が教員ワークショップの企画をNEHに提出し，さらに再び提案した際，和解というテーマに懐疑的な意見を持った審査委員が存在した。2004年に第一回目のワークショップを計画した私とナムジ・スタイナマンに対し（当時はまだ日本人教員が参加していなかったにもかかわらず），NEHの評価担当役員が長文のメールを送ってきた。それによると，「『和解』というテーマは，審査の過程で強い反対にあった。それというのも，おそらく和解という概念は，敵から国を守るという強い防衛政策の根底にある強固な自信と相容れない」からである。

　アリゾナ記念碑やそこで行われる記念式典が，退役兵自身の戦争に対する見方を変える機会であったように，教員ワークショップは教員に変化を生みだし

た。和解に興味を示す退役兵が疑いや抵抗に直面したのと同様に，教員ワークショップに日本人教員を参加させることは，自国を中心に据えるアメリカの国立機関の反対にあった。しかし毎年のように，ワークショップに参加した教員たちは国際的な対話の重要性を説き，「和解」について考える想像力に富む授業案を作った。彼らの教室で，戦争の歴史がいかに教えられるべきか，その考えに変化をもたらしたのである。さらに，日米の教員自身が，ほぼ自発的に和解の儀式を生みだした。歴史家ダニエル・マルチネス氏の歴史と和解への思いに心を動かされた2005年のワークショップの参加者たちは，フィールドトリップでパンチボール墓地を訪れた際に，1995年の戦後50周年の際に捧げられた日米退役兵の友好のプレートを挟んで互いに握手をした。このインフォーマルな握手会は，その後も2009年まで，毎年のように繰り返されたのである。

6 結論

本章では，教室で歴史を教える場において，記念の地を利用したり，サバイバーや証言者の声を取り入れたりする際に教育者が直面するいくつかの課題を考察してきた。ここでは教員ワークショップの成果を簡単にまとめ，本章の結びとしたい。

第一に，教員ワークショップでは，毎回，一週間を共に過ごした日米の教員が協力して教育案を考え，参加者の前でプレゼンテーションをした。なかには，ワークショップで参加者が共同で考案した独自のプロジェクトが，その後実際の教室で実践されるまでに発展したものもある。

第二に，2007年に出版された，日本語で書かれた重要な本について言及したい。これは，教員ワークショップの日本人教員のリクルートを担った矢口祐人，森茂岳雄，中山京子の三名の研究者によって出版された『入門　ハワイ・真珠湾の記憶――もうひとつのハワイガイド』である。短い本ではあるが，ワークショップの趣旨を実によく捉えている。アリゾナ記念碑を訪れた日本人の経験の研究に基づき，著者らは多角的な視点から真珠湾の経験を捉え，日本人訪問者のために短く読みやすい形にまとめた[15]。

かつてはアリゾナ記念碑の日本語表記にさえ不満を述べるアメリカ人訪問者

が存在した。しかし今では日本人訪問者に記念碑の意義をより理解してもらうために，この日本語で書かれた書が併設されたショップで販売されているという事実は，トランスナショナルな歴史を構築するための，新しい出発点となるのではないかと私は考えている。　　　　　　　　　　　　（髙良育代／訳）

謝　辞

　この論考は，2010年10月2日から3日に東京大学教養学部で行われた「教員ワークショップ同窓会シンポジウム」で行った講演をもとにしている。この会に私を招待してくださった矢口祐人氏に御礼を申し上げる。この会では，ここで言及したことを含め，多くの実りある議論を行うことができた。また，ワークショップに参加した日本人教員をサポートしてくださった森茂岳雄氏と中山京子氏にも感謝を申し上げる。三名の日本人研究者の協力なしに，日米両国の教員が歴史や文化の理解を深める機会を持つことはできなかった。

　人類学者である私がもともと真珠湾の記憶と教育プログラムへ興味を抱いたのは，戦争における国民の記憶に研究関心があるからである。最近私はPHPの教育担当理事を務めている。

[1]　本章は真珠湾とアジア太平洋戦争について考える一週間の教員ワークショップに参加したことのある日本人教員を集めて行われた東京のシンポジウムでの発表に基づいている。この教員ワークショップは，ホノルルの東西センター所属の研究者や教育関係者が主催し，また全米人文科学基金（NEH）から資金援助を受けていた。具体的にはLandmarks in American Historyと呼ばれるNEHの教育プログラムの企画の一部である。それはアメリカ人教員を歴史的に重要な地に派遣し，アメリカ史の新たな教育方法を議論することを目的としている。

[2]　「真珠湾」がアメリカ社会を結集させ，その後，アメリカでこの戦争が「良い戦争」と呼ばれるようになったことからも，アメリカの連邦機関が真珠湾攻撃に関する教育の推進に熱心になることは理解できるだろう。しかし日本からの教員を参加させることは，必然的にこの「良い戦争」という前提を揺るがすような対話を生みだしたのである。

[3]　MacMillan, M. (2008). *Dangerous Games: The Uses and Abuses of History*. New York: Random House, pp. 123–24.

[4]　Penelope Blake, letter to Professor Harvey Klehr as member of NEH National Council, September 12, 2010.

［5］　Penelope Blake, letter to Congressman Don Manzullo, Representative of the 16th Congressional District of Illinois, September 12, 2010.
［6］　アメリカの「戦争の文化」がいかに歴史的に継続してきたかを巧みに概観した書としては，以下を参照してほしい。Dower, J. H. (2010). *Cultures of War: Pearl Harbor, Hiroshima, 9–11, Iraq*. New York: W.W. Norton.
［7］　Hein and Selden, eds. (2000). *Censoring History: Citizenship and Memory in Japan, Germany and the United States*. Armonk, NY: M. E. Sharp, 4.
［8］　Wertsch, J. V. (2000). "Narratives as cultural tools in sociocultural analysis: official history in Soviet and post-Soviet Russia." *Ethos*, 28(4): 511–33.
［9］　White, G. M. (1997). "Museum, Memorial, Shrine: National Narrative in National Spaces." *Museum Anthropology, Special Issue on "Public History and National Narrative,"* 21(1): 8–27.
［10］　Email to the author, February 28, 2006.
［11］　Sowell, T. "Park Service Turns Its Back on Patriotism," *Honolulu Star-Bulletin*, December 11, 1991, p. A–16.
［12］　LaCapra, D. (2004). *History in Transit: Experience, Identity, Critical Theory*. Ithaca: Cornell UP., pp. 55–56.
［13］　Wieviorka, A. (2006). *The Era of the Witness*. Ithaca, NY: Cornell University Press.
［14］　Osorio, J. K. (2004). Memorializing Puʻuloa and Remembering Pearl Harbor. *History, Memory, Memorial: NEH Workshop for School Teachers*. East-West Center.
［15］　矢口祐人・森茂岳雄・中山京子『入門　ハワイ・真珠湾の記憶――もうひとつのハワイガイド』（明石書店，2007年）

参考文献

Borg, D. and Shumpei Okamoto with D.K.A. Finlayson (1973). *Pearl Harbor as History: Japanese-American Relations 1931–1949*. New York & London: Columbia University Press.

The China-Japan-Korea Common History Text Tri-National Committee (2010). *A History to Open the Future*. Soeul, Korea: Minimum.

Dower, J. H. (2010). *Cultures of War: Pearl Harbor, Hiroshima, 9–11, Iraq*. New York: W. W. Norton.

Linenthal, E. T. (1993). *Sacred Ground: Americans and Their Battlegrounds*. Rev.

ed., Urbana: University of Illinois Press.

Linenthal, E. T. (1995). "Can Museums Achieve a Balance Between Memory and History?" *Chronicle of Higher Education* (February 10): B1–2.

MacMillan, M. (2010). *Dangerous Games: The uses and abuses of history.* New York: Random House (originally published 2008).

Osorio, J. K. o. (2004). Memorializing Puʻuloa and Remembering Pearl Harbor. *History, Memory, Memorial: NEH Workshop for School Teachers*. East-West Center.

Rosenberg, E. S. (2004). *A Date Which Will Live: Pearl Harbor in American Memory*. Durham, NC: Duke University Press. エミリー・S・ローゼンバーグ『アメリカは忘れない――記憶のなかのパールハーバー』（飯倉章訳，法政大学出版局，2007年）

Wertsch, J. V. (2000). "Narratives as cultural tools in sociocultural analysis: official history in Soviet and post-Soviet Russia." *Ethos*, 28(4): 511–33.

White, G. M. (1997). "Museum, Memorial, Shrine: National Narrative in National Spaces." *Museum Anthropology, Special Issue on "Public History and National Narrative,"* 21(1): 8–27.

Yaguchi, Y. (2005). "War Memories Across the Pacific: Japanese Visitors at the Arizona Memorial." *Comparative American Studies*, 3(3): 345–360.

4章──「文化戦争」における記憶をめぐる争い
トランス・パシフィックの視座から

米山リサ

1　はじめに

　本章は国家の過去を想起すること，忘却することをめぐる論争について考察するものである。国の過去は，どのように，いかなる視点から，何を目的として，国家の真の歴史と見なされるのだろう。本章の目的は，歴史の記憶をめぐる論争を，冷戦後に世界的な規模で起こっている「文化戦争」の文脈で捉えることである。

　具体的には，20世紀末に起こった二つの歴史戦争（historikerstreit）を事例として取り上げる。ひとつはアメリカ合衆国のスミソニアン航空宇宙博物館における「エノラ・ゲイ」論争，もうひとつは日本の歴史修正主義者が試みている教科書の書き換えである。この二つの事例に関する社会的言説を検討することで，特に以下の点について考えようと思う。アメリカと日本の「ナショナル・ヒストリー」は，冷戦の認識論によっていかに形成されてきたのか。また，歴史をめぐる議論は，純粋で均一的な国家観や歴史観の維持にいかに関わっているのか，あるいは逆に，どのような視点に立てばそのような国家観や歴史観を批判的に検討する力を持ち得るのだろうか。国家の過去に関する激しい，ときには暴力的な議論は，「文化戦争」と呼ばれるものとどのように関係しているのだろうか。

　エノラ・ゲイと教科書という，記憶をめぐる二つの論争の場は，アメリカと日本という異なる国家的文脈において生まれたものであり，両国は文化的にも社会的にも対照的であると一般には考えられている。しかし両国には驚くほど多くの共通点があるのも事実だ。アメリカと日本における歴史と記憶の論争は，じつはトランス・パシフィックな関係のなかで相互に醸成されてきたのである。

2　グローバルな視点から考える「文化戦争」

　「文化戦争」とは何か。なぜ「戦争」という言葉が使われるのだろう。それと「文化」はどのように関係しているのだろう。「文化戦争」とはひとつの国家の境界線内のみで起きている議論なのだろうか。日本ではカルチュラル・スタディース系雑誌『インパクション』が，社会学者伊藤公雄をゲスト編集者として「日本における文化戦争」という特集を行って以降，「文化戦争」という言葉が知られるようになった[1]。同特集で，伊藤は文化戦争という言葉が生まれたアメリカの社会的文脈を日本の読者に紹介している。さらに1990年代以降の日本で議論されてきた問題にも「文化戦争」と捉えるべきものがあると指摘している。この特集号には著名なジャーナリスト斎藤貴男も登場し，インタビューに答えながら日本における「文化戦争」を広く考察している。

　日本とアメリカには，なぜこれほど多くの類似点があるのだろう。「文化戦争」とは「異文化間の戦争」と同義なのか。つまり「文化戦争」とは，サミュエル・ハンチントンが唱えた「文明の衝突」と似たもの，例えば西欧と非西欧文化の対立を指すのか。あるいはそのようなものとは異なる「文化」という概念に依拠したものか。「文化戦争」と知られる現象にみられる対立，不一致，異論は，実際にはどのようなものから成っているのだろう。

　「文化戦争」の概念は，一般的にKulturkampfというドイツ語に由来するとされている。それはプロイセンの宰相オットー・ビスマルクが，ドイツの国民文化に対するカトリック教会の影響力を抑えるために始めた戦いであった。1990年代以降のアメリカにおける文化戦争について詳述した社会学者ジェームズ・デイヴィソン・ハンターは，19世紀と20世紀後半の文化戦争の違いについて，以下のように述べている。

> 現代の文化戦争は事実上全てのアメリカ人に関わることである。（中略）文化戦争という言葉は，様々な場所で近年話題になっている。今日の状況と，19世紀末のドイツのkulturkampfを人々が省みるにつれ，その概念は広まるようになってきた。当時その言葉は異なるドイツの地域をひとつの国民国家にまとめようとするビスマルクの努力がもたらした政治対立を表現するものであった。表面上それは公共教育の内容と特質をめぐるプロテスタントとカトリックの対立であった。そのような問題は20世紀後半の

見地からは，実に無害なものに映るかもしれない。しかし教育はドイツの統一と国家的アイデンティティの象徴でもあった。ドイツのプロテスタントとカトリックは，次世代の国民に伝えられるべき，国家の<u>道徳的特性</u>について争っていたのである。

今日のアメリカの文化戦争は，根本的にそれとは異なるものである。教育は文化的対立のひとつに過ぎず，しかも最も根深い争いではない。もはやプロテスタントとカトリックの対立ではなく，本書でみるように，極めて異なる，歴史的には想定できなかった人々が主役となっている。しかし一世紀前のKulturkampfと同様，現在議論されている様々な事項は，むろんそれぞれ重要ではあるが，<u>より深遠で，より意義深いことに関するもの</u>なのである。[2]（強調は原文）

以下の議論で明らかになるように，「公共教育の内容と特質」に関する議論は，ハンターが述べるような「無害」なものでは決してない。アメリカの文化戦争の中心的位置を占めているのは歴史教育をはじめ，ジェンダーや芸術をいかに教えるかという議論に他ならない。しかし今日の文化戦争の底流に，より深い政治的無意識の構造があるというハンターの指摘は重要である。

アメリカでは「文化戦争」という語は，共和党員のジャーナリスト，パトリック・ブキャナンと強く連想される。ブキャナンは1990年代に，アメリカ人の魂や伝統など，彼が「核心的」と見なす価値観を守るためには「戦争」が必要だという主張を始めた[3]。彼はとくに当時のビル・クリントン大統領とその支持者が擁護した一連の政策に「文化戦争」を宣言したのだった。クリントン政権は，例えば，中絶をはじめとする女性の生殖に関する権利を認め，環境保護を唱え，ゲイやレズビアンの権利を擁護し，女性が戦闘要員として軍に入隊できるようにすべきだとした。ブキャナンはこのような政策に反対したが，その主張の基にあった社会観と歴史観は，冷戦の終結と1980年代以降のグローバリゼーションがもたらした様々な変化に対する，保守派全般の思いに呼応するものであった。その変化とは，具体的には，アメリカ経済を支えるのに必要な労働力を確保するためにこれまで以上に国境を開放すること，人種などの多様性を取り込むためのアファーマティヴ・アクション（積極的差別是正措置）と呼ばれる政策を進めること，さらにジェンダー，セクシュアリティ，家族の形態の変容などが挙げられる。

換言すれば，20世紀後半から21世紀初めにかけてのアメリカの「文化戦争」

とは，アメリカは多文化的，多人種的に構成されるものだという意識への反動として登場した。より根本的には，家族，人種，ジェンダーなどのアイデンティティが多様化し，揺るぐことへの反動である。冷戦期の理想の家族像は，男女の安定的な婚姻関係に基づく，白人中産階級の男性中心義的な核家族であった。しかしアメリカの家族の現実は，このような型から離れている。「文化戦争」は誰が国へ帰属すべきか，正しい文化や生活スタイルとは何かなど，国家の規範的な価値をめぐる対立である。この点についてはさらに後述するが，国家の歴史に関する論争，つまりどのような歴史が国民に共有されるものとして語られ，記憶されていくべきかという問題も，同じ意味で「文化戦争」の一部を形作っているのである。

「文化戦争」は，現代のアメリカに限られたものではない。冷戦終結後，世界的な規模でナショナルな規範をめぐる熾烈な争いが起こっている。「文化戦争」，あるいはそれと同様の現象は，日本，フランス，オーストラリアなど，他の自由主義の産業国でもみられる。

1990年代半ば以降，フランスでは，公立校でヒジャブの着用を禁止しようとする動きが起きている。フランスの政教分離政策であるライシテの伝統が，「文化戦争」を引き起こしているのである。ライシテ政策は，役所や議会などの公共の場から宗教的なシンボルを一切排除するが，2003年にライシテが公教育の現場でも適用されることになると，フランスの様々な集団のあいだで激しい議論を生みだした。大半のフランス人たちは，この政策を中等教育に適用することを支持した。フェミニストたちは，ヴェールで顔を隠すのは女性の従属化を示すものだと論じた。一方，ムスリム指導者たちは，ヒジャブはフランスの主流社会によって常に脅威にさらされ，矮小化されている彼らの宗教的アイデンティティを掲げるために必要だと主張した[4]。皮肉なことに，ライシテ政策はもともと19世紀に教会から政府への干渉を抑え，カトリックをフランスの国教にしようとする保守派の影響力を限定するために始まったものであった。しかし，国の真の伝統は普遍主義的な自由主義であるとする20世紀後半のフランスでは，特定の宗教（イスラム），人種（非白人），出身（北アフリカ）の人々が排除される結果を招いている。このことはエティエンヌ・バリバールらが指摘する，新しい人種差別の登場に通じる問題である。つまり，普遍的で共通の

価値観と見なされるものが，道徳的により優れ，規範となるべきと見なされることにより，特殊でより限定的と見なされるものが差別され，排除される結果を招いてしまうのである[5]。

オーストラリアでも，移民やグローバリゼーションに対して，ブキャナンのような直接的な「文化戦争」が仕掛けられている。1996年にポリーン・ハンソンが議会で行った演説は「オーストラリア版文化戦争」とでもいうべきものの発端となった。そこでハンソンは以下のように述べたといわれている。

> 私をはじめとする大半のオーストラリア人は，移民政策の抜本的な見直しと，多文化主義の廃絶を求めている。我々はアジア人によって凌駕される危険にある。彼らは独自の文化，宗教を持っており，集団で生活し，同化しない。自宅に誰を招待するかを自分たちで決められるように，私の国に誰が来るべきかについても決める権利を与えられるべきである。[6]

ここでも「文化戦争」は，オーストラリアが多文化で多人種になるに伴い，国に「ふさわしい」とされるようになった思想や現実への反動として生まれた。国家にとって，真の文化や規範とは何かをめぐる戦いである。また，ブキャナンやハンソンと同様に，日本の政治家石原慎太郎も，国の行く末が不確かななか，不安定な日常を送る人々の恐れや懸念に加え，東京という大都市全体を覆う不安感を利用することで，人気を得ている[7]。

以上のように，「文化戦争」は，ハンチントン的な「文明の衝突」という概念で捉えられるものではない。「文明の衝突」の考え方によると，文化や文明は内的に一貫し，統一されたものであり，他のものに対して排他的である。植民地研究やポストコロニアル研究は，帝国主義的な権力が植民地の支配や管理をするにあたり，細分化された文化概念を使ってきたことを指摘している。アメリカ，イギリス，フランス，日本などの植民地主義国家は，明確な境界をもつ文化の概念を用いることで，被支配者のエスニシティ，人種，国民性などを個別化し，自分たちとは異質な，支配すべき対象としてきたのである[8]。しかし現代の「文化戦争」は，ネオリベラルな政治経済体制で新たに権利を失った者の不満と不安に根ざしている。そしてその不満と不安の感情が，異質で規範から逸脱すると見なされる存在に投影されるのである。

3 「エノラ・ゲイ」論争とアメリカの「文化戦争」

　文化戦争はそれぞれの国で様々な論争を巻き起こしているが，各国の議論は実際にはグローバルでトランスナショナルな力によって生みだされている。国家の歴史をめぐる議論，そして国が行った戦争や，関わった虐殺に関する激烈な論争は，単に歴史の記憶が「文化戦争」と不可分にあることを示すだけではない。それは同時に，国の記憶をめぐる争いが常にトランスナショナルに作られることを現わしている。

　「エノラ・ゲイ」論争として知られるアメリカでの議論は，第二次世界大戦終結50周年を記念するために行われたスミソニアンの航空宇宙博物館の展示をめぐるものであった。それは一見するとアメリカ国内の議論に過ぎないが，実はトランスナショナルな，太平洋を挟む日米両国の関係のなかで形作られたものであった[9]。エノラ・ゲイは戦争末期に広島に原子爆弾を投下した爆撃機の名前である。スミソニアンの学芸員らの手による記念展示の企画書が公になると，激しい議論が巻き起こった。世界で初めて核兵器が戦争で使用されたことの意義を理解するために，初期段階の企画では，広島の爆撃前と爆撃後を含む歴史的文脈が提供されていた。例えば，日本が中国に侵略した1930年代以降の15年にわたる軍事衝突，日本軍による（当時アメリカの植民地であった）ハワイの真珠湾攻撃とそれ以後のアジアや太平洋における壮絶な戦い，アメリカの参戦，投下直後の地上における原子爆弾の効果，長期間に及ぶ放射線の影響，そしてエノラ・ゲイ作戦がその幕開けとなったいわゆる「核の時代」における核兵器の開発競争などが，初期の企画案に含まれていた。しかし一年にわたる議論を経て，博物館が当初計画していた包括的な歴史展示は大幅に変更されることになった。最終的な展示では，政治家，研究者，軍の指導者による核兵器の使用に関する詳細な議論，アジアや太平洋への日本の軍事侵略と日本軍の残虐さを示す大量の写真や描写，広島と長崎の光景とその人々の原爆被害を映した写真，そしてエノラ・ゲイ以後に始まった核兵器の開発と拡散などの記述がすべて削除された。

　「エノラ・ゲイ」論争はしばしば「アメリカ」と「日本」の歴史の記憶の衝突として表現され，実際にそう理解されてきた。アメリカ合衆国の退役軍人の多

くにとって，エノラ・ゲイによる軍事作戦が地上でどのような苦しみをもたらしたかなどといった事実に対して思いを馳せ同情の念を抱くのは，「日本の視点」に立つことであり，許し難いものであった。同様に，日本では「日本人とアメリカ人の原爆に関する感覚の違い」といった表現が繰り返され，あたかも見解の相違は国の違いに基づくものであるかのような説明がなされた。そのような国家の視点に基づいた語りにより，あたかもすべてのアメリカ人が広島への核兵器の使用を歴史の勝利として喜ぶ一方で，すべての日本人はそれを一般市民の虐殺として非難するといった理解を生んだのである。

歴史的事件の解釈の相違を国民的な態度や思考に帰し，「アメリカ流」対「日本人の考え方」などという対立軸を持ちだすのはたやすい。しかし反核運動の歴史を少しでも振り返れば，そのような国の相違に根ざした説明や理解は必ずしも正しくないことは明らかである。アメリカでは確かに核兵器の使用を歴史的な偉業と捉えるのが主流であるが，その一方で，アメリカには核兵器の使用を強く批判する声が，一般市民のあいだに強く存在している。同様に広島や長崎の被爆者をはじめ，日本人の多くは何十年ものあいだ，アメリカによる核兵器の使用を非難してきたが，日本政府が国際舞台においてそのような批判を公式に行ったことは極めて稀である。また，広島と長崎の原爆投下直後に命を失った人の25％は朝鮮半島出身者であった。原子爆弾は国民の集合的体験であり，それに関する理解と感情は一枚岩であると捉えられがちであるが，実際には多様であり，矛盾を孕んでおり，さらにそれはトランスナショナルな関係のなかで生みだされているのである[10]。

何よりエノラ・ゲイ論争は，国家の歴史と記憶が国境の外にある様々な要因によって形作られていることの必然を示したといえる。エノラ・ゲイ論争のさい，博物館が日本の視点に与していると非難した者でさえも，自己の立場の正当性を主張するために，太平洋の反対側の日本で起こっている議論に言及したのであった[11]。彼らは日本が他のアジア諸国への侵略や戦中の残虐行為を謝罪するには，まずアメリカ人自らが国の過去を正しく記憶しなければならないと主張した。チャールズ・スウィーニー前少将は，上院の公聴会で，日本軍従軍慰安婦や連合軍捕虜への人体実験に関する日本の歴史論争に言及しながら，「エノラ・ゲイ」論争のトランスナショナルな側面に言及した。「我々は自分たちの

歴史を忘れることで,日本における過去の記憶の喪失にも手を貸している。それはどちらの国にとっても,損失である。」[12] このように,国の過去を純粋に,混ざり物のないものとして記憶しようとする努力すらも,実は国境の外側にある要因に浸潤されていたのである。

　「日本」対「アメリカ」という異なる国の記憶と文化に根ざしたものとする二項対立的な理解ではなく,より適切で生産的な視点でこの論争を捉えるには何をどのように考えるべきであろうか。その鍵は,当時の航空宇宙博物館の館長であり,エノラ・ゲイ論争で辞任を余儀なくされたマーティン・ハーウィットの言葉にある。議論のさなか,ハーウィットは博物館の持つ歴史的視点は「事実の受けとめ方に対して批判的で,分析的で,歴史的文脈にも配慮する」ものだと指摘した[13]。確かに最初の企画では,エノラ・ゲイの歴史が第二次世界大戦前後の広い歴史的文脈のなかで論じられることになっていた。歴史的事件の意味を多義的に捉えようとしていたのである。アメリカ合衆国の正統な歴史においては,広島と長崎への原爆投下は唯一の不変の意味しか持たない。つまり,戦争終結を早め,アメリカ人をはじめとする何百万人もの命を救ったというものである。歴史の解釈を多様化し,複雑化しようとするまさにその努力が,一部の者の反発を招いたのだといえる。

　空軍協会の会員などの退役軍人や保守派の政治家と知識人は,アメリカを勝利に導いたこの重要な軍事作戦を称える記念展示を望んでいた。日本との戦争は彼らにとって「聖なる戦い」であった。そこで命を落とした仲間の「殉教者」を追悼し,原子爆弾を戦後の冷戦構造のなかでアメリカによる世界支配を可能にしたものとして理解することを望んだ。一方,博物館の最初の企画案は,何百万人もの戦争の犠牲者を記憶しようと試みるものであった。そこにはエノラ・ゲイの作戦より以前に殺された人々,原爆によって命を落とした人々,その後の放射能の影響で苦しんだ人々,さらに将来そのような核の惨事で被害を受けるかもしれない人々までが含まれていた。換言すれば,エノラ・ゲイ論争は歴史の意味をめぐる対立であった。企画に反対した人々は,国の過去がどのような視点から,いかに,何の目的を持って記憶されるべきかについて,従来のなされ方から逸脱することに強く抵抗したのである。

　エノラ・ゲイ論争は,国の過去についての解釈を変えることに対する不安が,

もはや無視し得ない新しいもの，異質なもの，見慣れないものへの恐怖と深く関わっていることを示していた。スウィーニーはこの点を以下のような言葉で述べていた。アメリカの原爆投下の被害者として日本人を記憶することは「我々の言語と歴史への攻撃である。それは，我々の持つ正確で，事実に基づく言葉を否定するものである。(中略) 50 年前は，脅威は明らかで，誰が敵であるかは明白だった」[14]。歴史の理解が変化することに対する不安は，国のイメージが変化し，「自己」と「他者」，我々と彼ら，国家と敵のあいだにある境界線が曖昧になりつつあることと不可避的に関係していた。だからこそ，広島を軍事的な成功としてではなく，虐殺として記念することに強く反対した人々の大半は，反移民政策，アファーマティヴ・アクションの廃止，同性婚の禁止を求めようとしてきた政治層と重複するのである。複雑で，多様で，多面的な家族，ジェンダー，セクシュアリティ，人種，市民権の概念は，従来の単純な二項対立的な捉え方では理解できない。新しく，複雑な歴史解釈への恐怖と不安は，これら一連の概念が変化することへの抵抗感と深く関係しているのである。

当初の企画は，アメリカという国の過去や，当たり前とされる様々な社会的アイデンティティを再考する機会を提供し得るものであった。しかしそれに対する激烈な批判は，展示が提供し得た批判的な思考力を養う機会を最終的に奪ってしまった。スミソニアンの論争は，二国間の記憶の衝突といった単純なものではなかった。それはアメリカにおける「文化戦争」の一部だったのである。

4　日本での記憶をめぐる争い

日本においても同様に，国家の歴史に関する論争は，ジェンダーとセクシュアリティの議論と不可分である。ここでは日本による軍事的，植民地的暴力を教科書から消し去ろうと積極的に活動している歴史家，批評家，政治家の主張を取り上げたい。なかでも「新しい歴史教科書を作る会」(以下，「作る会」)はとりわけ注目に値する。というのもその活動は，歴史的正義をめぐる論争が，クィア・フェミニストの政治に対する激しい憎悪と関連しており，それこそが現代の文化戦争の最前線にあることを示しているのである。

「作る会」とその支持者 (例えば「日本の前途と歴史教科書を考える若手議員

の会」）たちは，戦争中の日本軍による残虐行為を歴史教科書に含めることに強く反対してきた[15]。日本の植民地史や軍事史を抹消しようとする一方で，彼らは国際的にはクィア・フェミニストの政治を非難し，従軍慰安婦問題への公的謝罪と国家補償を日本政府に求めるトランスナショナルな運動に対し，反フェミニスト的な攻撃を繰り返している。より最近ではこの活動をしている議員の一部が自民党を離党し，「たちあがれ日本」という政党を作った。このような議員らによる活動は，2000年に東京で行われた，戦時中の日本軍性奴隷制を裁いた女性国際戦犯法廷を報じるNHKの番組への介入にも発展した。法廷を主催した「戦争と女性への暴力」日本ネットワークによるその後の調査と訴訟の過程で，「作る会」の支持者と「日本の前途と歴史教科書を考える若手議員の会」のメンバーが，当初の番組内容に改変を加えるようNHKの上層部に圧力をかけていたことが判明した。そこには安部晋三と麻生太郎という二人の前首相，及び外務大臣であった中川昭一などの政治家も関与していた。その詳細な記述と分析は『番組はなぜ改ざんされたか』という書に刊行されている。この問題に深い関心を抱く研究者や市民によって編纂されたこの書は3部構成となっており，まず実際の番組に何が起きたのかという証言，そしてそのような検閲を可能にする社会構造の分析，そしてこの事例から何を学ぶべきか，現代日本にとってこれが何を意味するのかについて検討を加えている。なお筆者もこのNHK番組に関わっていた[16]。

　「作る会」は，近年，注目される以下のようなジェンダーをめぐる問題にも強く反対してきた。例えば日本の女性が公的領域に平等に参加し，扱われることを推進する男女共同参画などの行政上のアファーマティヴ・アクション。規範的なジェンダー概念を押しつけることで，女性にも男性にも不利益やトラウマをもたらすことのないようにする「ジェンダー・フリー」の教育カリキュラム。あるいは性交渉で感染する病気や，欲しない妊娠，性的暴力などを防止するための「セックス教育」のカリキュラム。「作る会」とその支持者たちは，この三つの違いにはそれほど注意を払わないし，それぞれの目的自体には関心はない。むしろジェンダーやセクシュアリティに関する様々な公的議論や政策一般を，愛国主義を弱め，日本人としての誇りを喪失させるものとして否定するのである。「作る会」は国家の歴史に関する諸問題を，現代日本におけるジェンダーと

セクシュアリティの問題とこのようなかたちで関連付けるのである。

　「作る会」によれば，日本の軍事的暴力や植民地主義を教える教科書と，ジェンダーやセクシュアリティについて教えるカリキュラムは，ともに自虐的なナショナル・アイデンティティを生みだすことで，日本人が国に誇りを持つことを妨げているのだとされる。では，表面的に無関係に見える事柄が，どうして「作る会」とその支持者には不可分に関係したものに見えるのだろうか。国家のイメージ，自己のイメージ，アイデンティティなどについて考えるにあたり，どのような論理が両者を密接に結びつけるのだろうか。私は別稿でナショナリズム，女性嫌い（ミソジニー），人種差別をつなげる心理歴史的コンプレックスについて論じたことがある[17]。「作る会」の家父長的なナショナリズムと女性嫌いは，戦争に敗北し，アメリカに占領されたことで起こった人種主義的な去勢のトラウマに原因を見出すことができるかもしれない。つまり敗北と占領というふたつの体験は，いわば男性性の心理的な喪失であり，それは国際紛争で軍事力を用いることを放棄した戦後の日本国憲法に象徴されていたといえる。「作る会」の反フェミニスト的言説は，したがってそのような日本の非軍事化の歴史から生じた，男性らしさから逸脱することに対する不安が投影されている。しかし，これは話の一面に過ぎない。「作る会」の活動を単に女性嫌いや女性蔑視に帰することはできない。事実，「作る会」の会員と支持者は必ずしも女性を糾弾するわけではない。むしろ彼らが恐れ，否定するのは，規範的で純潔なジェンダー・アイデンティティにそぐわない女性（と男性）なのである。

　自省的で自己批判的な歴史を批判し，同時に日本のクィア・フェミニストのポリティクスをも攻撃する「作る会」に代表される文化的な論理は「同一主義」（identitarianism）だといえる。それはジェンダー，人種，国家，歴史，個性，そして文化などを作り上げる諸カテゴリーが，純粋で，矛盾なく，統一的で，個々に独立したものだと見なす思考である。「作る会」と支持者たちはこの同一主義的なジェンダー観に従わない男女を攻撃しようとする。男性的なアイデンティティに基づく男性同士の絆を深めることに関心を抱かない男たちを批判すると同様に，母親や妻になろうとしない女性たちを批判する。彼らは理想的な日本女性像や女性らしさがなくなることで，安定した男性像が揺らぐことを懸念し，従来のジェンダーやアイデンティティの概念を再検討しようとするもの

を排撃する。

　スミソニアン博物館の最初の企画案に関わった，批判的な視点を持った学芸員らを攻撃したアメリカ人と同様に，「作る会」とその支持者は，国家とその歴史の純潔や同質性を脅かす要素に反対する。韓国，中国，日本の歴史家が集まり，異なる場所の異なる体験に配慮する多様な視点から構成される東アジア史を編む取り組みについて，「作る会」の中心メンバーであった西尾幹二はそのような努力を強く批判した。西尾によれば，他国と歴史意識を共有することは「あり得ない」とされる[18]。西尾が日本の国の歴史は純粋で，同質的で，一面的な視点から語られるべきだと主張するのは，広島の市民や歴史家と原爆観を共有しようとしたスミソニアンの学芸員の努力が非難されたことと相似しているのだといえる。

5　結　論

　大著『男たちの妄想』で知られるクラウス・テーヴェライトは，20世紀初期のドイツにおいて，反共産主義的ファシズムと全体主義的軍事主義を促した文化的想像力を分析した[19]。テーヴェライトによると，国家社会主義のもとで理想的な男性らしさと女性らしさが創出される過程で，曖昧，流動，融通，混沌，混淆，柔軟といった要素は否定され，周縁化された。そのような傾向は，女性に対してだけでなく，ヨーロッパのユダヤ系の男女を人種的に排斥する際にも利用された。同時に曖昧さや柔軟さへの恐怖は，社会から排除される他者に投影されたのみならず，自己のアイデンティティを構築するのに本来不可欠な，異質で，不可思議で，多様な内的な存在を否定することとも深く関わっている。

　本章を終えるにあたり，ハンターが述べた，今日の文化戦争の底流にある「より深遠で，より意義深い」ことについてこのような視点から立ち戻っておこう。上に展開した議論からも明らかなように，「文化戦争」とはハンチントン的な，二つあるいはそれ以上の別々の，かつ相互に排他的な社会文化的要素の衝突を指すものではない。むしろ「文化戦争」とは，純粋で一面的な自己，社会，国家を求めようとする態度と，多様で輻輳する社会的アイデンティティの流動や混在を望もうとする意識のあいだの緊張関係から生じるものなのである。

テーヴェライトの研究が的確に示したように，曖昧，逸脱，混沌，複雑を排除しようとする欲望は，抑圧的で全体主義的で自己憎悪的な意識，異質な者を排除するジェノサイド的な意識を助長する。文化や歴史を純粋で，他のものと明確に境界を持つ閉ざされたものと見なすのではなく，可変的で柔軟性のある対話と交渉に根ざしたものとして捉える姿勢が大切だといえよう。文化と社会を研究する誰もが，この仕掛けられた「文化戦争」に参加することを求められている。その抗いを通じ，私たちの誰もが，自己，アイデンティティ，歴史などの概念を理論化し，歴史を常に重複，逸脱，変容するトランスナショナルなものとして概念化する視座を獲得しなければならない。記憶をめぐる争いが明らかにするのは，そのことの重要性と緊急性に他ならない。

(矢口祐人／訳)

[1] 「特集　現代日本における文化戦争」『インパクション』147号（2005年）。
[2] James Davison Hunter, *Culture Wars: The Struggle to Define America* (New York: Basic Books, 1992), pp. xi–xii.
[3] 1992年の共和党大会でブキャナンが行った有名な演説については以下を参照。Roger Chapman, *Culture Wars: An Encyclopedia of Issues, Voices, and Viewpoints* (Armonk, NY: M. E. Sharpe, 2009), pp. 56–59.
[4] フランスの公領域におけるヒジャブをめぐる論争をまとめたものとしては以下を参照。Bronwyn Winter, *Hijab & The Republic: Uncovering the French Headscarf Debate* (Syracuse: Syracuse University Press, 2008).
[5] Etienne Balibar, "Is There a 'Neo-Racisim'?" In Etienne Balibar and Immanuel Wallerstein, *Race, Nation, Class: Ambiguous Identities*. Chris Turner, trans. (New York: Verso, 1991).
[6] 1996年9月10日のポリーン・ハンソンの演説は以下を参照。www.australian-news.com/au/maiden_speech.htm, Ien Ang, *On Not Speaking Chinese: Living between Asia and the West* (New York: Routledge, 2001) は，オーストラリアの政策である多文化主義におけるハンソン現象について，手短に批判的検討を加えている。
[7] 例えば上記の『インパクション』特集号を参照。
[8] 植民地主義と文化の概念については例えば以下を参照。Nicholas Dirks, "Introduction: Colonialism and Culture," in Nicholas Dirks, ed., *Colonialism and Culture* (Ann Arbor: University of Michigan Press, 1992). アメリカのトランスナショナル

的な文脈については以下を参照。Lisa Yoneyama, "Habits of Knowing Cultural Differences: *Chrysanthemum and the Sword* in the U.S. Liberal Multiculuturalism." *Topoi* 18 (1999): 71–80.

［9］　トランスナショナルな構成についてのより詳細な議論については以下を参照。Lisa Yoneyama, "Critical Warps: Facticity, Transformative Knowledge, and Postnationalist Criticism in the Smithsonian Enola Gay Controversy," *positions: east asia cultures critiques* 5:3 (Winter 1997): 779–809.

［10］　記念行為のトランスナショナルな側面については以下を参照。Geoffrey M. White, "Remembering Guadalcanal: National Identity and Transnational Memory-Making," *Public Culture* 7:3 (1995): 529–555. より最近のものとしては以下の研究がある。Christina Schwenkel, *The American War in Contemporary Vietnam: Transnational Remembering and Representation* (Bloomington: Indiana University Press, 2009).

［11］　例えば以下を参照。U.S. Committee on Rules and Administration, *Hearing: The Smithsonian Institution Management Guidelines for the Future*, 104th Cong., 1st sess, 11 and 18 May 1995, pp. 20–27.

［12］　U.S. Committee on Rules and Administration, *Hearing: The Smithsonian Institution Management Guidelines for the Future*, 104th Cong., 1st sess, 11 and 18 May 1995, p. 11.

［13］　Martin Harwit, "The Enola Gay: A Nation's and a Museum's Dilemma," *Washington Post* 7 August 1994.

［14］　U.S. Committee on Rules and Administration, *Hearing: The Smithsonian Institution Management Guidelines for the Future*, 104th Cong., 1st sess, 11 and 18 May 1995, p. 12.

［15］　日本の前途と歴史教科書を考える若手議員の会『歴史教科書への疑問　若手国会議員による歴史教科書問題の総括』（日本の前途と歴史教科書を考える若手議員の会・展転社，1997年）。「作る会」や若手議員の会の見解はもちろん一枚岩ではなく，分裂や意見対立を経て今日に至っている。

［16］　メディアの危機を訴える市民ネットワーク『番組はなぜ改ざんされた　NHK・ETV事件の真相』（一葉社，2006年）。

［17］　米山リサ「戦争の語り直しとポスト冷戦のマスキュリニティ」倉沢愛子，杉原達，成田龍一，テッサ・モーリス-スズキ，油井大三郎，吉田裕編『岩波講座　アジア・太平洋戦争1　なぜ，いまアジア・太平洋戦争か』（岩波書店，2005年），317–356。

［18］　www.tsukurukai.com/02_about_us/01_opinion.html
［19］　Klaus Theweleit, *Male Fantasies vol. 2 Male Bodies: Psychoanalyzing the White Terror*. Erica Carter and Chris Turner, trans.（Minneapolis: University of Minnesota Press, 1989）.

5章──大衆文化におけるアジア太平洋戦争
特攻飛行兵を記憶する

テッサ・モーリス・スズキ

1　9.11 と神風飛行兵

　2001年9月11日の爆破を論じるにあたり，その60年前の日本による真珠湾攻撃を関連付けようとしたアメリカ人コメンテーターたちをジョン・ダワーは近著『戦争の文化』で批判的に検討している。ジョージ・W・ブッシュ大統領は9月11日を「21世紀の真珠湾」と形容し，他の多くの政治家やジャーナリストも自爆について語るにあたり「恥辱」という言葉を使った。これはフランクリン・D・ローズヴェルト大統領が，真珠湾が攻撃された1941年12月7日を「恥辱の日として記憶される」と述べたことを想起させるものであった[1]。

　しかしながら9月11日には，アジア太平洋戦争を思い出させる，もうひとつの強い類似点があった。「殺すために死ぬ」[2] アルカイダの自爆者たちの忘れられない映像は，終戦間近にアメリカの戦艦を攻撃した日本の神風（特攻隊）の隊員たちによる自爆攻撃の強烈な記憶を呼び覚ますものでもあった。ダワー自身もその関係を引き合いに出している。彼によると，両者には重要な違いがあるものの，「日本とイスラムの殉教崇拝には類似点もあり，それらはなぜ人々が「西洋文明」に敵対的な動機のために命をも捧げることがあるのかを理解する手がかりとなる」のである[3]。他の評者も，両者の類似性を性急なまでに強調し，違いを矮小化してきた。ミア・ブルームはその自爆テロの研究において，このように述べている。「9月11日の作戦はテロリストが注意深く選んだ目標に航空機を墜落させ，地上で多大な損害を与えた初めての事例ではない。太平洋戦争を通して，敵の船には航空機が突っ込んでいった。アメリカの艦隊に飛行機を向けた日本の神風は，9月11日のテロリストと同じように，自分たちの指導者と国粋主義的な目標への盲目的な信仰を示したのである。」[4] テロリズムと対テロリズムに関する別の研究では，「神風の飛行兵たちは，国のために死ぬ

という栄誉，さらに天国で特別な地位が与えられるという展望を動機として，あのようなことをしたのである。世界貿易センタービルとペンタゴンに対する爆破は，昔の神風主義の現代的な事例である」とも述べられている[5]。

しかしこの類似に説得されない者もいる。特攻隊となった学生たちを研究した大貫恵美子は，彼らが「自爆者ではなかった」と強調している。彼らは帰還できないような飛行機で爆撃作戦に送り出されたものの，現代の自爆者のように自ら進んで行ったわけではなかった[6]。大貫によれば，特攻隊の飛行兵たちは「コスモポリタンなインテリ」であり，イスラムの自爆者というよりは，第一次世界大戦中に，ほぼ確実に塹壕のなかで死ぬことを理解しながら戦場へと送り出された若いイギリスの兵士たちに似ていた[7]。「隊員たちのほとんどが，実は天皇のために死んだのではなかったが，「忠実」の感覚は彼らの愛国心の感覚へ訴えかけるものであった。愛国心は元は若者たちの個人的選択であったが，社会の成員としての，社会即ち日本や人間一般への個人の責任という倫理に発展した。愛国心は，明治時代以降の日本人のインテリにとって重要な道徳的・哲学的課題でもある」と大貫は述べている[8]。つまり飛行兵の多くは個人的には軍国主義国家に対して極めて批判的であったものの，自己犠牲というロマンチックで美化されたイメージを受け入れることで，避けられない死に意味を与えたのである。そしてそれは枯れる前に散ってしまう桜という，象徴的なイメージに具現化されていた。

本章では特攻隊に関する異なる記憶を，近年に公開された三つの映画をもとに考察したい。それぞれの映画は，何らかの形でこのテーマに取り組むものだ。特攻隊を巡る物語が映画によっていかにイメージ化されているかを分析することで，私は植民地主義などを含む複雑な層を掘り起こし，現在起こっている歴史論争に長編映画が何を語りかけることができるかを考えたい。これらの映画が生みだす，相反するナラティヴは，「自爆者」というイメージも，「コスモポリタンな愛国者」というイメージも，特攻隊の歴史を充分に正しく伝えるものではないことを示唆している。しかし映画を論じる前に，まず歴史と，映画スクリーン上で歴史を表象することの関係について多少考察してみよう。

2　映画，記憶，歴史への真摯さ

　この考察を始めるにあたり，私が既に他で論じた「歴史への真摯さ」という語句を使いたい[9]。この表現を使うのは，歴史叙述の書き手として，そして大衆メディアにおいていかに歴史が描かれるかに深い関心を抱く者として，これまで直面してきたある種の問題について充分に検討するためである。私は一方では，すべての歴史はある意味で「作られたもの」であるという視点に強く影響されてきた。歴史の叙述が作為的で創作的であるということは，しばしばポストモダン理論と同一視されるが，実際にはより深い起源があり，ベネデット・クローチェからアレッサンドロ・マンゾーニのような，19世紀の著述家までさかのぼることができる。

　歴史には創造のプロセスがあるということを理解するには，昨日自分が何をしたかを描写するという，ごく簡単な課題をやってみるとわかりやすい。それを語るには，当然ながら大変多くの方法がある。朝起きて歯磨きをした時から，目を閉じて眠るまで，記憶していることすべてをとても詳細に語ると，非常に長く，恐らくとても退屈なものになるだろう。したがって，どうしてもひとつの物語を作らざるを得ない。些細なこと，明白なこと，プライベートなこと，恥ずかしいことなどは除き，相手が知りたいと思われることに焦点をあてる。このように，物語を作ることは，対話の一部である。誰に語りかけるか，その相手を自分がどのように理解しているかと関わっている。これは歴史がいかに書かれるかを，非常に基本的な意味で示している。

　しかし歴史を語ることは常に選択的で創作的であるとはいえ，その一方で（当然ながら）恣意的な行為でもない。自分の好き勝手に語ってよいわけではない。昨日したことを完全に記述することができないことからもわかるように，完璧な歴史的な真実はあり得ないのかもしれない。しかしまったくの作り話ででっちあげたり，隠しておきたい重要な行為を意識的に除外したりすることで，昨日自分がしたことについて嘘をつくことができるように，歴史的な虚構というものは存在する。したがって，大切なのは「真実」よりも，むしろ「真摯」であると私は主張したい。結果ではなく，過程が重要なのである。歴史のナラティヴを作り上げる様々な力をより良く，深く理解しようとする，過去との関係で

ある。歴史への真摯さを求めるにあたり，過去の叙述は，過去を語り，書き，あるいは他の手段で伝達しようとする者と，その叙述を聞き，読み，あるいは他の方法で消費しようとする者との間の複雑な関係のなかで考えなければならないという点を理解することが重要である。つまり歴史への真摯さとは，一連の関係性を明らかにし，そこにおける自らの位置を理解しようとするものである。

語る者と聞く者の間に存在する多層的なコミュニケーションにおいて，歴史への真摯さは，自省することで生みだされる。つまり自分が参加している一連のコミュニケーションについて，自省的に考えることである。情報はどこから来ているのか。資料が話をいかに作っているのか。自分と資料の関係が，その話の受け取り方，理解の仕方にどのような影響を及ぼすのだろうか。視覚の時代においては，これは単に言葉のみならず，イメージや音，さらに言葉とイメージと音の組み合わせがもたらす微妙なニュアンスにも注意を払わねばならない。また歴史の記述に対する知的な反応のみならず，感情的な反応にも配慮することも必要である。それは（私が別の論考で既に述べたように），"history as identification"（一体化としての歴史）と "history as interpretation"（解釈としての歴史）というふたつの面の関係を考えることでもある。

3 「俺は，君のためにこそ死ににいく」における戦争の記憶

本章では以上の点を，日本の戦時中の特攻飛行兵を巡るいくつかの物語を取り上げることでさらに論じたい。とくにここ10年の間に作られた3本の映画について考える。「俺は，君のためにこそ死ににいく」（新城卓監督，2007年），「ホタル」（降旗康男監督，2001年），そして「パッチギ Love and Peace」（井筒和幸監督，2007年）である。最初の2本は実在の人物の伝記をもとに，同じ原資料に依拠しているが，それを著しく異なった方法で用いている点が興味深い。一方，「パッチギ Love and Peace」の視点は特攻の話を皮肉るものだ。観客に特攻にまつわる話がいかに構築されていて，何が隠され，曖昧にされているかを考えさせるよう作られている。本章では，これらの映画における特攻の物語の記憶を検討した後，私自身が2008年に昔の陸軍特攻隊員の生存者をビデオインタビューした際の経験について論じる。そして映画のような歴史の創

作的表象が,「現実」(この場合はオーラル・ヒストリーの記録) をいかに利用すべきかについて示唆するかを検討し,本章を終わりたい。

ここで論じる3本の映画は,他のアジア太平洋戦争を描いた最近の数多くの映画と共通する特徴を有していることを指摘しておきたい。つまりそれは,観客が戦争のナラティヴにすぐに没頭してしまうことを避け,戦後の生存者の記憶や (Love and Peace の場合は) 次世代の者の目など,ある程度の距離をおいて戦争を捉えている。太平洋戦争を描いたクリント・イーストウッドの2本の映画「父親たちの星条旗」と「硫黄島からの手紙」のように,戦争で起こったことが,より最近の時代の場面に挿入されている。戦争を体験した者が過去の出来事を追憶したり,戦争を覚えているには若過ぎる世代が失われた話を発見したりするのである。その意味でこれらは「戦争の映画」ではなく,「戦争の記憶に関する映画」といえるだろう。実際,この3本の日本映画は,今日の日本で相変わらず激しく続いている,アジア太平洋戦争の記憶に対するかなり意識的なコメントである。それぞれが独特の方法で,記憶の本質そのものに影響を与えようとしている。したがってこれらの映画は,現代日本における異なる戦争の記憶と,視覚メディアにおける戦争の表象という問題を考察する興味深い契機を提供するのである。

「俺は,君のためにこそ死ににいく」はその出自のために,公開はるか以前から注目と (一部からは) 懸念を集めた。脚本を書き,エグゼクティヴ・プロデューサーをつとめたのは露骨なナショナリストである石原慎太郎東京都知事であった。石原はあからさまに自分の名を映画と関連付けた。映画のオープニングには石原が書き,署名をした文の一部が映し出される。そこで彼は特攻飛行兵の行為の美しさを称えるとともに,映画の主人公鳥濱トメとの出会いを描いている。

トメは (一般的には姓ではなく名で呼ばれている) 実在の人物で,その人生を主題にした書が何冊か刊行されている。南九州にある知覧飛行場のそばで,夫とともに富屋食堂という小さな店を経営していた彼女は,特攻伝説の原型ともいえる人物である。知覧から1000名を超える特攻飛行兵が,作戦遂行のために飛び立っていった[10]。食堂は死を前にした飛行兵たちが骨をやすめ,多少の癒しを得られる休憩所であった。トメは十代そこそこの若い飛行兵たちの悩み

を聞き，母親代わりとなったのであった。「俺は，君のためにこそ死ににいく」のストーリーは，戦時中の場面と，年老いたトメが戦争中に飛行兵たちとの出会いを回顧する場面が交互に続く。設定では暗黙のうちに石原知事にトメが思い出を語り，それが観客に伝えられることになっているが，石原が実際に彼女の口からどこまで聞いたかは明確ではない。映画の大部分は，トメの娘である赤羽礼子が出版した回顧録から取られている。

　1950年代に小説家として名をあげ，その後政治家に転身した石原慎太郎は，広く知られる強烈な日本ナショナリストである。エスニック・マイノリティに対するあからさまな差別発言でも悪名高い。なかでも最も知られているのは，東京の中国系コミュニティで起こったある暴力犯罪が，犯人の「民族的DNAを表示する」ものであると主張した例だ。したがって「俺は，君のためにこそ死ににいく」は，戦争中の日本を肯定的に描こうとする「修正主義」映画の範疇に入る。映画によると，日本は侵略行為を犯したのではなく，白人帝国主義者からアジアを解放しようとしたのである（この範疇に入る他の著名な映画としては1998年の「プライド・運命の瞬間」や2001年の「ムルデカ」があげられる）。石原がこの映画の製作に関わったことは広く知られており，観客のほとんどはこの映画が神風飛行兵の崇高さと自己犠牲を肯定的に描いていることをあらかじめ理解していたと思われる。

　このような映画だから，オープニングの後に続く場面をみても驚くことはないだろう。時は1944年，海軍の第一航空艦隊司令官大西瀧治郎が，前進を続けるアメリカに対し，最後の防御として自爆による攻撃をする決定をしたことを報告している。映画によるとこの決断は戦争の流れを変えるためではなく，敗北が確実な状況を前に，日本の誇りと栄誉を守るために下されたのである。日本支配下のフィリピンにいる軍の指導者によってなされたこの決断は，アジアの解放者としての日本を強調する会話のなかに織り交ぜられている。とはいえ英字新聞の映画批評によると，「俺は，君のためにこそ死ににいく」は全般的には外国の識者が予想していたほど執拗に軍国主義的ではなかったようだ。たとえば『ジャパンタイムズ』の評者マーク・シリングによれば，これはナショナリスティックな映画ではあるが，「飛行兵の恐怖心や悔いなど，その生き方に詳細な洞察を与えている。飛行兵たちは公園にあるような彫刻ではなく，過ち

を犯すこともある血の通った人間になっている」のであった[11]。

　この人間味を生みだす効果は，鳥濱トメが母親的な視点から物語を述べるという方法によりもたらされている。この神風物語の構成に，トメと彼女の食堂の存在は極めて重要である。というのも，それは飛行兵たちの若さと傷つきやすさを見せる役割を果たしているからだ。彼らはもうすぐ人を殺害する，あるいは殺害される軍人というよりは，合宿に参加する十代の少年たちのようだ。癒され，愛されることを欲する飛行兵たちは，トメの精神的な子どもたちなのである。彼らはまた童貞的な存在として描かれている。飛行兵とその婚約者のほんのわずかなセックス・シーンを除き，男たちと女性の関係は限定的である。トメと飛行兵の間にみられる母と息子のような関係，あるいは，トメの娘を含む健康的な女子学生が飛行兵たちと歌を歌ったり，彼女たちが飛行機にぶらさげるマスコットを作ったりする場面のみである。このような特徴は，後にみるような，神風ナラティヴの表面の奥に潜む重要な問題を示している（あるいは避けている）。

　富屋食堂を映画の中心に据えることで，石原と監督の新城は，飛行兵の人生の軍人的な側面ではなく，市民的な側面へと観客のまなざしを向ける。もちろん，飛行兵たちが訓練をしたり兵器を準備したりする様子もあるし，（この映画の主なターゲットであった若者たちが喜びそうな）飛行機がアメリカの戦艦に激突する際に血が飛び散るコックピットの様子が，映画の最終場面では技術を駆使して壮観に映し出される。しかし映画の大半は飛行兵たちが一緒にくつろいだり，トメに人生の悩みを打ち明けたりする，郷愁的で家庭的な場面が続くのである。

　映画に登場する飛行兵たちは（トメと同様に），トメの娘である赤羽礼子による回想『ホタル帰る』（石井宏との共著）に登場する実在の人物をもとにしている。この書は後に論じる降旗康男の映画「ホタル」のもとにもなっている。ふたつの映画にみられる異なる語りは，歴史の原資料が脚本家，監督，そして観客によっていかに作品化され，書きかえられていくかについて，非常に興味深い示唆を与えるものである。

　「俺は，君のためにこそ死ににいく」はトメと礼子による個人的な話を用いることで，飛行兵たちの多様性と「普通性」を強調している。この若者たちは確

かに日本社会のあらゆる部分から集められた「普通の人たち」のように映る。しかし同時に，脚本は映画の全体のテーマとメッセージに合うよう，彼らの話を微妙に調整している。たとえば，上原良司という実在の特攻隊員がもとになっている若い飛行兵は，日本は確実に敗北すると考えており，仲間に向かってこの事実を大声で告げる。隊長の中西が，そのような裏切り者のような考えは声に出すなと怒ってもやめようとしない。しかし実際の上原は大貫がその著書で論じた特攻飛行兵と非常に共通点の多い人生を送った人物であった。日本の著名な大学を卒業し，政治，社会哲学に精通していた。死にあたり，彼は戦時中の日本の運命を細かく分析した長い手紙を書いた。そこで彼は「権力主義全体主義的国家」は一時的に隆盛になるにせよ，ドイツとイタリアは長期的には自由主義に打ち勝つ能力はないと主張していたのである[12]。しかし石原によって書き換えられた話では，田端という名のこの飛行兵は，上原よりはるかにナイーブな人物とされている。田端は日本の敗北を予想するが，それは政治哲学ではなく感情に基づいているようだ。そして彼は訓練中に飛行機をわざと墜落させることで無駄死にしてしまう（実際の上原は1945年3月に特攻で死んでいる）[13]。

「俺は，君のためにこそ死ににいく」に幾度か登場するもう一人の人物は朝鮮人飛行兵の金山である。彼の存在は，日本陸軍に植民地の民も徴兵されていたこと，そして特攻命令で少なくとも16名の朝鮮人特攻兵が死亡したという事実を明らかにしている[14]。金山は実在の飛行兵であったタク・キョンヒョン（卓庚鉉）がもとになっている。1940年代の他の朝鮮人同様に，日本名を名乗らねばならなかったタクは，他の兵士には光山文博として知られていた。日本へ移住した朝鮮人の息子であったタクは，（赤羽礼子の記録によると）トメには自分が朝鮮人であることを告白していた。赤羽によると，死の作戦に出る直前，タクは悲しい別れの曲である朝鮮の歌「アリラン」をトメのために歌った。同時に仲間の特攻隊員とともに使命を与えられて出動することを誇りに思うと述べたという[15]。タクは映画「ホタル」でも同じ金山という名で登場するが，これらの点については後にさらに詳しく論じたい。

「俺は，君のためにこそ死ににいく」と「ホタル」の両方において，重要な存在として描かれているのは宮川三郎という人物である。両映画ともに実名が使

われている．最後の出撃を前に，宮川はトメに対して，死後ホタルとなって訪れると約束した．娘の礼子によると，彼が亡くなった夜，富屋食堂の窓に大きなホタルが飛んできた．宮川は約束を守り，死んで魂となって挨拶に来たのであった[16]．「俺は，君のためにこそ死ににいく」では，映画の最終場面でホタルのテーマが繰り返される．飛行兵のほとんどは作戦の結果死亡するのであるが，隊長の中西は撃墜されて生き残る．作戦に失敗したという思い，その責任，死んだ仲間の思い出に苛まれる中西は，老いたトメに慰められ，癒される．映画は靖国神社へと通じる長い桜並木を，中年になった中西が車椅子に座るトメを押して歩く場面で終わる．夕刻を迎え，暗くなるなか，中西とトメが神社に向かっていくと，ホタルの一群が路上に現れる．やがてホタルは中西が失った仲間の幽霊へと変貌していく．彼らはいつまでも若く，美しく，幸せなままである．死んだ飛行兵たちは黙って生存者たちに手を振り，再びホタルへと姿を変えるのである．

ここでも，映画全体を通して同様，強い政治的なメッセージを伝えるシンボリズムと美学が用いられている．戦死者（そこには戦犯者も含まれる）の霊を祭る靖国は，日本国内のみならず，近隣国家でも猛烈な議論の対象となってきた．その一因は日本の著名な政治家が公人として参拝してきたからである．神社を囲む桜は戦死者を象徴しており，すぐに特攻隊員の運命を示していることがわかる．

「俺は，君のためにこそ死ににいく」では「美しい」という言葉が何度も用いられる．映画では飛行兵の死と靖国神社の存在は，単に政治や軍隊の論理からのみならず，美的に正当化される．特攻隊員の死は美しいものである．彼らが靖国に霊となって「戻ってくる」こと，さらにホタルと桜という自然のシンボルによってその美しさが称えられているのである．この意味で映画は大貫が述べる「危険なまでに欺瞞的な」レトリックを広めている．つまり「ある象徴を美学が無垢な文化空間から危険な政治空間へと移行させ，それを国家のイデオロギーに役立つように利用する」のである[17]．

「俺は，君のためにこそ死ににいく」では，「君」は天皇やトメや飛行兵の家族や愛する者ではなく，映画をみに行く，戦争を知らない現代の若者であることが暗示されている．映画は若い世代に対し，特攻隊員の死に共感するよう誘

う。それは飛行兵たちが何か軍事的な目標を達成したとか，天皇のために死ぬという目的に対し，自信をもって身を捧げたからではない。むしろこの映画では，飛行兵たちは（「あなたや私」と同じような）普通の若者として描かれている。彼らはこの作戦の目的に恐れや疑いを含め，実に様々な思いを抱いたのである。石原と新城が描く美しさとは，これらごく普通の，恐怖に震える若者たちが，最終的にはその恐れや疑念にもかかわらず死へ向かっていったことである。それはイヴァン・モリスが述べる「高貴なる敗北」を体現している[18]。彼らはその死をもって，敗北という日本の失敗と恥を贖い，（それは具体的には言及されていないものの）戦後日本の復興を可能にしたとされているのである。

4　ホタルと植民地の幽霊

　メディアが複雑に絡み合う現代世界では，映画は独立した存在ではなく，多様な視覚イメージの一部である。映画は明白に，あるいは暗黙のうちに，他の映画に言及している。イメージは他で目にした同様のイメージの記憶を伴う。映画音楽は特定の時間や場所を想起させる。降旗康雄の映画「ホタル」の六年後に制作された石原慎太郎と新城卓の「俺は，君のためにこそ死ににいく」は，「ホタル」と対話をしようとしている。石原らの映画は，「ホタル」と同じ登場人物を用いることで，明らかに降旗の神風解釈に反論しようとしているという面がある。

　両者の違いは単に歴史解釈だけではなく，その叙述のスタイルにもみられる。対照的なスタイルは映画のカメラワークに如実に表れている。「俺は，君のためにこそ死にに行く」では特攻隊の体験が概観される。つまり，様々な人生を送った飛行兵たちが次々とスクリーンに登場する。あまりに数が多いので，注意深くみていなければ，誰が誰かがわからなくなる。映画のほとんどはミディアム・ショットをワンテークで撮っている。映像の美しさと，そこに描かれる強烈な感情に比して，観る者に奇妙な距離を感じさせている。

　対照的に「ホタル」は3人の飛行兵に焦点を絞り込んでいる。山岡秀治と藤枝洋二という特攻隊の生き残りと，朝鮮人飛行兵の金山である。金山は「俺は，君のためにこそ死ににいく」よりはるかに中心的な役割を与えられている。「ホ

5章 大衆文化におけるアジア太平洋戦争　83

タル」ではこれら主要人物の顔を長時間カメラが捉えている。とりわけ山岡を演じる高倉健の表情豊かな顔が映し出される。特攻の出撃の様子は，遠方から撮影した記録映画の一部を用いているのみで，劇的な場面はない。にもかかわらず（あるいはだからこそ），「ホタル」は「俺は，君のためにこそ死ににいく」よりもはるかに感情移入できる作品である。またこれは，戦争の影響が今でも残っていることをより中心的に扱った映画でもある。ほとんどの話は戦後のものであり，戦争体験そのものは過去のものとして，時折思い出されるに過ぎない（しかもそれは白黒で撮影されており，映画全体の美しいカラーと対照的である）。

その一方で，「俺は，君のためにこそ死ににいく」と同様，「ホタル」もシンボリズムに満ちている。映画は非常に象徴的な日に始まる。1989年1月7日，昭和天皇裕仁が死去し，振り返りたくない最近の過去に日本が改めて対峙しなければならない瞬間である。天皇の死は長らく予想されていたことであったが，ついにその死が告知されると，ふたりの老いた特攻隊の生存者は自らの戦中の体験を振り返らずにはいられない。山岡と藤岡のふたりは，戦争と生存の経験に対する理解が，個人によっていかに異なるかを如実に示している。藤枝はいまだに知覧の特攻基地を自分の精神的な故郷とみなしている。彼は裕仁天皇の訃報を聞くと，まもなく雪に覆われた北日本の山へと向かい，二度と戻らない。遅まきながら，天皇のために命を捧げたのである。一方，山岡の反応はより複雑である。メディアから天皇の死に際して感じることを訊ねられた彼は，コメントを拒否する。やがて，観客は少しずつ彼の戦争体験とその後を理解していくのである。

「俺は，君のためにこそ死ににいく」と「ホタル」の歴史理解の違いは，鳥濱トメ（「ホタル」では鳥濱富子となっている）とタク・キョンヒョン（両映画ともに金山という名になっている）の扱い方に最も顕著に表れている。「俺は，君のためにこそ死ににいく」では，岸恵子が演じるトメは清らかに美しい女性として描かれている。彼女は特攻隊員たちのことを，「美しく」「素晴らしい」存在であったと，悲しみとともに誇りをもって回想している。一方，奈良岡朋子が演じる「ホタル」のトメは，物憂げで弱々しい女性だ。この映画の山場は，トメがレストランを去り，老人ホームへと移る際に開かれる送別会の場面だ。

トメのことや，彼女が世話をした特攻隊員を称える，陳腐な挨拶と返答が続く。しかし最後に，特攻隊員を彷彿させるボーイッシュな顔立ちの藤枝の孫娘を前にすると，トメは若い飛行兵たちを無駄死にさせたという深い悲しみと悔恨の情で泣き出してしまう。本当の母親であれば「わが子に『死ね』とはいわんでしょう。どんなことがあっても，自分の身を捨ててでも子どもを守るでしょう」と彼女は涙を流すのである。

「ホタル」に登場するトメ（富子）は，日本における戦争のもうひとつの記憶を示している。彼女の嘆きは，戦争直後に出された『聞けわだつみの声』のような書までさかのぼることのできる伝統である。1949年に初版が出たこの書は，戦争で命を失った若い学生の手紙や日記を集めたもので，基本的には哀悼の念を表現したものだ。つまりそれは，希望，理想，未来を抱えた若い命が失われたことを悔やむものだ。「俺は，君のためにこそ死ににいく」と同様，「ホタル」でも飛行兵は若くて無垢な存在として描かれている。しかしこの映画では，死は失敗の「高貴なる敗北」によって贖われるものではない。死は死であり，喪失は喪失である。仲間が生き残り，自分が生存したことに痛みを感じるかと訊ねるジャーナリストに対し，山岡秀治は死を正当化することを拒否する。死んだ者も，生きた者も，未来を見据えていたのであるとのみ答えるのだ。

また「ホタル」は，戦争体験の叙述を巡るさらに難しい問題に取り組んでいる。つまりそれは日本人を加害者ではなく被害者として扱おうとする視点を問題視しているのである。「俺は，君のためにこそ死ににいく」では，被害者としての日本という語りがとても強調されている。日本がアジアを侵略する場面はない一方，軍に動員された，か弱くて罪のない女生徒たちが働く知覧航空基地を，アメリカ軍が空爆する様子が生々しく描かれている。それに対して「ホタル」は朝鮮人飛行兵金山を通して，日本がアジアの近隣諸国を植民地化した問題を直視しようとする。

ここで朝鮮人特攻隊員を巡る四つの視点を取り上げ，それらが日本における異なる戦争の叙述をいかに示しているかについて考えたい。まずは赤羽礼子による，母トメとその食堂をひいきにした特攻隊員たちとの交流の回想がある。タク・キョンヒョンや他の神風飛行兵の話はノン・フィクションとされているものの，むろん創作された過去でもある。赤羽礼子はプロのライターの協力を

えてこの回想を書き上げており，そこにはいくつものドラマチックなエピソードが含まれている。その回想にはいくつもの会話が登場するが，当然，彼女が昔の会話を一言一句正確に記憶していたわけはない。礼子は人生の大半を母親と特攻隊員の記憶を保存するために尽くしたが，この回想も彼らを賞賛するために書かれたものなのだ。このような要因はすべて，礼子が朝鮮人飛行兵をいかに描写したかに影響を与えている。

　礼子の記録によると，朝鮮人飛行兵のタク・キョンヒョンはトメとその家族に温かく迎えられた。日本帝国における朝鮮人差別を息子が乗り越えられるようにと，苦労してタク・キョンヒョンを大学に行かせた母親は，彼が特攻隊に参加する直前に亡くなっていたことが後にわかっている。攻撃に出る前日，彼はトメに対してその心遣いに感謝し，「おれ，ここにいると朝鮮人ていうことを忘れそうになるんだ」と述べ，そして「でも，おれは朝鮮人なんだ」と付け加えたという。さらに彼は「おれの国の歌を歌うからな」と朝鮮の哀しみ曲であるアリランを歌った。トメは一緒に歌い，さらに攻撃に参加する飛行兵たちの心を癒すために贈っていたマスコットを彼にも与えた。タクは礼を述べ，「みんなと一緒に出撃して行けるなんて，こんなに嬉しいことはないよ」といった[19]。

　この話からはタクのアイデンティティの曖昧さを垣間見ることができる。しかし「俺は，君のためにこそ死ににいく」と「ホタル」ではこのような曖昧さは失われ，それぞれまったく異なる解釈がなされている。石原慎太郎はこの話を書き換えるにあたり，日本人であるトメが朝鮮人の金山にいかに優しくて親切であったかを強調する。トメが金山の大好きな卵うどんを作るために，なけなしの着物を売って卵を手に入れたという作り話まで挿入している。金山は「おれ，ここにいると朝鮮人ていうことを忘れそうになるんだ」と述べるが，赤羽礼子の回想でその後に続く「でも，おれは朝鮮人なんだ」という発言は石原の脚本からは除かれている。金山はトメとその娘たちとともにアリランを歌うが，目に涙を浮かべ，哀しみで胸一杯になっている。映画に登場する金山は，朝鮮の戦後を声に出して案ずる悲劇的な存在である。そこには，日本の指導下でなければ朝鮮は何もできないのだというニュアンスがある。

　対照的に「ホタル」では「でも，おれは朝鮮人なんだ」という発言は，タクのエスニック・アイデンティティの強い肯定になっている。戦時中の様子を描

写する劇的な場面で，金山は友人の山岡と藤枝を前に，作戦にあたり自分は死ぬ準備ができていると宣言する。しかしそれは日本帝国のための死ではない。むしろ朝鮮に住む家族のため，日本の婚約者トモのため，そして朝鮮民族のためである。彼は「トモさん，万歳」「朝鮮民族，万歳！」と叫ぶのである。

　この国民意識の表明は，朝鮮人飛行兵を描くことで，日本とその旧植民地の間に和解をもたらせようとする映画全体のストーリーと密接に関係している。「ホタル」のストーリーが進むにつれ，観客は山岡秀治の妻知子（彼女は末期の病に侵されている）が，もとは朝鮮人飛行兵の金山の婚約者であったことを知る。金山が別れを告げずに作戦へ向かってしまった後，知子は自殺を考えるほど絶望の淵に追いやられた。救われたのは，ひとえに山岡の献身的な助けのおかげであった。映画の最後の場面で山岡夫妻は，金山が富屋食堂に残して行った形見を届けるため，朝鮮半島へ向かいその家族を探す。神風の生き残りである山岡秀治と，朝鮮にいる金山の親戚との出会いは，最初は緊迫に満ちている。金山の甥は「なぜ朝鮮人である私の叔父が命を失い，日本人であるあなたは生き残ったのか」と山岡を強く非難する。しかしやがて知子の存在のおかげで，緊張が解け始め，両家族は死んだ飛行兵の思い出を共有する。金山の祖先が埋葬されている墓地を秀治と知子が歩くと，ホタルが飛んで来る。それはパイロットが戻って来たことを象徴しており，また，日本と朝鮮の和解をも暗示している。

　したがって「ホタル」は「俺は，君のために死ににいく」にみられる被害者的な語りを一方的に強調するものではない。しかし五十嵐惠邦がその優れた映画批評で指摘したように，「ホタル」における金山の人物描写と，日本と韓国の家族の和解という物語にも大きな問題がある。というのも，自分は「朝鮮のために」死ぬという金山の勇気ある言葉は，歴史的にはあり得ないと思われるし，根本的に矛盾している。その意味では，石原慎太郎が描く，不幸で混乱した金山像の方が，もっともらしいといえよう。「ホタル」に描かれる金山の家族に与えられた唯一の役割は，朝鮮半島の典型的な田舎の村に住み，日本から来た主人公を許すことである。その喪失感や悲しみには深みが感じられない。金山の霊は遅まきながらホタルとなって現れるが，それは彼を失った家族のためではなく，日本人の主人公である山岡秀治とその妻知子のためである。五十嵐が述

べるように,「ここでも再び自然が過去を忘却させる機能を果たしている。朝鮮半島とその植民地化の歴史は,この地方の風景とまったく同じように,秀治と知子が過去の重荷から自分たちを解放するために存在している。この映画にはポストコロニアル的な感性があるように思えるが,実際には日本の植民地史は日本のドラマ以外の何物でもないことを示したいという欲望を隠蔽しているに過ぎない」のである[20]。「ホタル」には「俺は,君のために死ににいく」のようなナショナリズムは感じられないものの,両映画とも,つまるところ植民者が以前植民化されていた者の口を通して,自分たちを悩ませてきた過去について語っているに過ぎない。

　もうひとつ,タク・キョンヒョンについて,ここで指摘しておきたい。2004年,ノンフィクションライターの山口隆はこの飛行兵について調査するために,彼の従兄弟や家族の友人をインタビューした。山口が強調するように,朝鮮人特攻隊員は,これまで朝鮮半島では強い疑いのまなざしを向けられてきた。飛行兵は植民者の軍事戦略に進んで協力した「親日派」とされるからだ。2008年には日本の女優黒田福美が,タクの故郷に記念碑を建てたものの,地元の団体の強い反対にあった。戦争中に犯した悪事について日本が適切に謝罪しない限り,そのような記念碑は不適切だとされ,公開二週間後にはこの記念碑は地元の当局によって片づけられてしまった[21]。山口はインタビューやタクを知る他の人々の証言をもとに,この飛行兵が特攻隊の一員であることを誇りに感じ,自ら進んで死を選んだ「協力者」であったというイメージに疑問を投げかけている。この調査では「ホタル」が示唆しているような,明らかな朝鮮愛国主義的な動機は見つからなかったものの,山口はタクが「日本のために死んだ」というよりは,朝鮮を植民地化し,差別した日本に対して憤りながら死んでいった可能性が高いと結論づけている[22]。

5　特攻伝説,第二幕「パッチギ Love and Peace」

　既に指摘したように,「ホタル」と「俺は,君のためにこそ死ににいく」は対話の一種とみなすことができる。「ホタル」は戦争の無意味さ,日本と近隣諸国との和解の必要性を強調し,神風体験を比較的「リベラル」な立場から解釈し

ている。しかし最終的には国家的な枠組みを乗り越えることはできない。それに対し，「俺は，君のためにこそ死ににいく」は，戦争における死の犠牲のもつ価値を改めて強調し，論争の的である靖国神社の価値を再確認することで，神風体験を国家的なナラティヴのなかで捉え直している。

　しかし「俺は，君のためにこそ死ににいく」の公開以前から，この対話には第三の声があった。「パッチギ！ Love and Peace」（以下「Love and Peace」）は「俺は，君のためにこそ死ににいく」と同年に公開された。しかし石原が映画を制作していることは公開前から広く知られていたこともあり，「Love and Peace」の制作者は石原の主張に対応することができたのである。「Love and Peace」の登場人物はフィクションであるが，一部は在日二世である映画プロデューサーの李鳳宇の個人的な体験を取り入れている。李は2004年に公開された前作「パッチギ」とこの映画で，エグゼクティヴ・プロデューサーも担当している。「パッチギ」は1960年代の日本における在日を巡る微妙な問題を，軽やかに，そして悲喜こもごもに描くことで多くの観客の共感を呼び，新境地を開いた映画であった。音楽を多用し，在日の若者と日本の高校生との喧嘩を劇的に演じるこの映画は，ウエスト・サイド・ストーリーを思い起こさせる面もあった。

　続編である「Love and Peace」は，1970年代の東京で，何とかして生計をたてようとしているふたりの在日二世，リ・アンソンとその妹リ・キョンジャの運命を主題としている。「Love and Peace」は植民地主義，歴史的記憶，民族差別など，前作「パッチギ」よりもさらに多くの政治的な問題を取り上げている。プロットが複雑であり，ときには説教臭い面もあるためか，前作ほど興行成績はよくなかった。本論との関係で興味深いのは，キョンジャが映画スターになろうとするストーリーである。

　「Love and Peace」の舞台とされている時代の日本では，在日の若者のキャリアは極めて限られていた。成功への唯一の道はスポーツと芸能界であった。映画の女性主人公キョンジャは，女優を目指し，「太平洋のサムライ」という映画の主役を射止めることに成功する。しかしそこにはひとつの条件があった。コメディアンのラサール石井が熱演する下劣なプロデューサーは，彼女が在日であることを公表してはいけないと主張する。キョンジャは最初それを拒否する

が，ある悲劇によって再考せざるを得なくなる。幼い甥が重病になり，家族が医療費を払えなくなるのである。金を稼ぐために，キョンジャはその役を引き受けることにする。日本名で登場するのみならず，この不快な監督と寝ることすら強要されてしまう。

「太平洋のサムライ」は新城と石原の「俺は，君のためにこそ死ににいく」を意識的にパロディ化したものであるようだ。この劇中劇で，キョンジャはハンサムな婚約者の特攻隊員が「自分は大東亜共栄圏，この祖国，そして愛するあなたを守るために死ぬのです」と宣言するのを前に，涙をこらえる日本人処女を演じている。キョンジャは愛する者が高貴な死へと向かうのを何とかしてあきらめさせようとするが，無駄である。「愛する人に『死んで来て』ということ」はとても不自然，と彼女は主張する。パロディが単純すぎるきらいもあるが，この劇中劇の手法により，井筒監督はいくつかの興味深い視覚的なアイロニーを生みだしている。映画をみている観客は思わず「太平洋のサムライ」のプロットに引き込まれる。たとえばカメラは，これから決戦に向かう主人公の顔を映し出す。しかしその次の瞬間に場面が変わると，この英雄であるはずの特攻隊員は，実はおべっかばかりを使うカメラクルーの前で格好をつけるだけのナルシストの人気男優である。観客はこのように映画作りの方法を見せられることで，戦争を巡る語りがいかに創られ，書き換えられていくかについて考えさせられるのである。

また，アジア太平洋戦争を巡る別の話を通して，監督の井筒は石原慎太郎の歴史観をさらに批判する。キョンジャはこの神風映画での役を演じながら，自分の父親の戦争体験を振り返る。「Love and Peace」ではそれがフラッシュバックとして観客に見せられている。日本軍への協力を強要されたキョンジャの父親と他の朝鮮兵たちは，漁船に乗って脱出を図る。そして，戦争の最後の戦いが繰り広げられている，ある太平洋の島へと漂着する。「太平洋のサムライ」では，汚れひとつない制服に身を包み，恐れを知らずに作戦を遂行しようとする特攻隊員の姿の場面の後に，朝鮮兵たちが直面する太平洋戦争の混乱と悲惨さを示す場面が続く。キョンジャが回想するその父親の体験は，司令部がもはや戦況を掌握できなくなり，混乱と恐怖に陥った兵士たちがお互いに，そして島の先住民に残虐な行為を繰り返す戦争だ。場面の背景には，アリランの歌がゆっ

くりと流れている。

　「Love and Peace」のクライマックスは，「太平洋のサムライ」の公開にあたり，キョンジャが映画の制作者や他の出演者とともに舞台に立つ場面だ。観客から喝さいを受けた彼女は，撮影の経験を振り返り，胸がいっぱいになり，自分が在日コリアンであることを宣言する。そして映画の内容を激しく非難し，観客を大混乱に陥れる。井筒和幸監督が描く戦争は，石原慎太郎のものと同様，当然「フィクション」である。しかし石原のものが，石原慎太郎に鳥濱トメが語った真実としてそのフィクション性を曖昧にする一方，井筒の映画は特攻体験を語るメディアの「支柱」とでもいうべきものに焦点をあてている。「ホタル」と「俺は，君のためにこそ死ににいく」は戦争の記憶に関する映画であるが，「Love and Peace」は日本の在日の話であると同時に，戦争映画そのものの意味を考える映画でもある。

6　「記憶の番人」

　ここで論じた特攻を巡る語りの様々な提示方法は，「歴史への真摯さ」について考察を進める契機となる。まず，様々な大衆メディアは異なる形で真実性を主張するのであり，我々観客はこれらのメディアが示す「真実の法則」とでもいうべきものを暗に（完璧にではないにしても）理解しておく必要がある。赤羽礼子の回想は「ノンフィクション」とされているから，読者はそこに述べられる事実は実際に本当に起こったことであるかと思うだろう。しかし本に登場する人物が繰り広げる数々の会話を見れば，大半の読者はそこに脚色がなされていることに気づくだろう。長編映画である「ホタル」と「俺は，君のためにこそ死ににいく」では，描かれる過去が真実であるかは曖昧である。両者ともに実在と架空の人物が登場する。観客の大半はこの映画にあるすべてが「真実」というわけではないのはわかっている。むしろ両映画ともに，アジア太平洋戦争に関するそれぞれの「真実」を伝えるために「現実」を作り変えている。そして両者のメッセージは大きく対立しているのである。一方「Love and Peace」は，そこに描かれる過去が文字通り正しいという主張はしない。むしろ，戦争の神話がいかに構築されるかを観客に伝えようとしているのだ。

私が特攻への関心を抱くようになった理由のひとつは，陸軍特攻兵であった在日コリアンをインタビューする機会に恵まれたことからきている。パク・インジョ（朴仁祚）というこの男性をインタビューしたのは2008年で，残念ながら彼は2009年に亡くなってしまった。ここで私は彼の話を詳細に述べることはしない。しかしその概要を紹介することで，ひとりの人物の回想が，上で論じた特攻を巡るフィクション，あるいは半ばフィクションの表象といかに関係するかについて考えてみたい。

　「俺は，君のためにこそ死ににいく」「ホタル」「Love and Peace」は創作された特攻隊員の体験であるのに対し，パクの体験は現実のものであると単純に考えることもできよう。しかし大衆メディアの語りを巡る議論は，すべての口述史においても同様の指摘があてはまる。つまり口述史とは（文書館にある歴史的文書と同様に）そのままの真実を伝えるものではない。実際の体験に基づいているとはいえ，それらもまたナラティヴなのである。

　パク・インジョは朝鮮半島南部で1927年に生まれ，五歳の時に母親と兄弟姉妹とともに，金沢市で働いていた父親のもとに移って来た。朝鮮半島から渡った他の移民同様に，かなり貧しい環境で育った彼は，学業に優れ，とくに数学と工業系の科目に秀でていた。卒業後には列車の運転士を志して，国鉄に入社した。しかし朝鮮人には切符回収などの雑用的な仕事しかなかった。その頃には，日本陸軍が朝鮮人を飛行兵として受け入れるようになっていたので，1943年に彼は士官兵として入隊し，訓練で満州に送られた。そして，1945年春に陸軍特攻隊に誘われた。多くの歴史資料が示しているように，特攻隊への参加は必ずしも自ら進んで行うことではなかった。公式にはすべての隊員が自ら決断したとされたが，実際には誘いを拒否すれば，圧力が加え続けられた。興味深いことに石原の「俺は，君のためにこそ死ににいく」の冒頭では，この点が取り上げられている。とはいえ，石原はそれでも飛行兵たちの犠牲を称えているのである。

　パク・インジョは驚異的な記憶力の持ち主であったこともあり，その話はとりわけ興味深い。私に会う前にも，金沢の郷土史家に話をしたことがあり，さらに友人らにも様々な話をしていたに違いない。また自分のなかでも，幾度も話を繰り返していたのであろう。加えて，戦中や戦後直後のメモなどを彼が保

存していたこともあり，彼は60年を経た後も信じられないほど詳細に，当時の場所や出来事などを説明することができた。また，パクの話は他の様々な要因によっても作られていた。彼は特攻隊員となった者が「協力者」というレッテルを貼られることのないよう懸念していた。実際，彼と日本，あるいは朝鮮との関係は，そのような単純な表現で済ますには，あまりに複雑なものであった。戦後，パクは著名な朝鮮ナショナリストであるユン・ボンギル（尹奉吉）の記憶を保存するために人生を捧げた。ユン・ボンギルは自分の身を捨てるつもりで1932年に上海で白川義則陸軍大将を暗殺し，同年に金沢市で日本軍によって処刑された人物である（それはパクが同市に渡って来たのと同じ年であった）[23]。

このようなことすべてが，パクの語りに影響を与えていた。同時に，彼の飛行兵としての体験談は，特攻を巡る語りを一層複雑化するものでもあり，上で論じた映画と同様，考察に値する。それは映画の正誤を見極めるためではなく，それらをより批判的に考察するためである。パクは自分の話をユーモアたっぷりに，またかなりシニカルに語った。彼によれば飛行兵になったのは，機械と飛ぶことが大好きだったからであり，日本帝国のためであろうが，他のためであろうが，死にたいという望みはかけらもなかった。特攻隊に入った後には，まず死の準備の儀式として朝鮮の先祖の墓を訪れたが，実際にはその後1945年8月まで，彼は何とかして飛行命令を避けるよう努力したのだった。自分が乗る飛行機をひそかに故障させたこともあった。特攻隊の飛行機は粗悪な状態のものが多いことで知られていたが[24]，パクによると飛行兵たちがわざとエンジンをいじって，作戦に飛べないようにしていたこともよくあった。

特攻兵時代のパクは，仲間の日本人飛行兵と概して良好な関係を築いていたし，日本の一般市民とも友人になり，助けてもらっていた。映画では明らかにされていないことで，彼がとくに強調していたのは，特攻の飛行兵たちが，どうせそのうち死ぬのだからと驚くほど自由な行動が許されていたということだ[25]。パクは知覧基地の外にある地元の友人宅でしょっちゅう外泊し，朝の点呼に間に合うよう急いで帰ったという。彼は「ホタル」と「俺は，君のためにこそ死ににいく」では敢えて言及されない男女関係についても話していた。「俺は，君のためにこそ死ににいく」に登場する女学生たちは挺身隊に入り，部屋

の掃除や歌を歌うなどを朗らかに行う。挺身隊は工場で働いたり，食堂で接客などをしていたりしたが，実際には他にも「慰安婦」として働かされた女性もいた。大半は植民地から連れてこられた女性たちで，軍隊という組織による強烈な性暴力の被害者であった。パク・インジョはその回想で，挺身隊の女性のなかには，パイロットと性的関係をもち，基地から追い出された者もいたと述べ，さらに富屋食堂からそれほど離れていないところに売春宿がふたつあり，知覧の男たちが通っていたと指摘した。彼はこのことを軍隊生活には当たり前のことであるかのごとく，とくに強調することもせずに語っていた。なお，赤羽礼子の回想には戦時中の売春宿への言及はないが，日本が敗戦した1945年の後に，占領軍の兵士のために軍事用売春宿が町に設けられたことが記されている。

　パク・インジョは自ら命を捧げようとする狂信的な思想の持ち主ではなかったし，不運な理想主義者でも，時代に翻弄された悲劇の被害者でもなかった。彼は信じられないほどの困難な状況のなかで，賢さと，強い決意と，生への執着を忘れなかった。戦後にユン・ボンギルの記憶を残すために奔走したことは，日本の軍隊に参加したという不名誉を拭うべく，愛国的朝鮮人としての資質を回復しようとしたとも解釈できる。しかし同時に，それは自分と同じように，植民地出身者として差別を受け，暴力的な死に直面し，命を落とすことで歴史に英雄として名を刻んだこの男性と自分を同一化しようとしていたのでもあろう。

7　「狂信主義者」「愛国主義者」「世界主義者」を超えて

　特攻の歴史はあまりに劇的であり，今日まで幾度も語り続けられてきた。圧倒的に優勢な敵を相手に，まったく望みのない戦いを挑んで死んでいった若者の経験は，理解と想像の域をほぼ超えたところにあり，説明が極めて難しい。この極端なまでの性質こそが，彼らの歴史を映画表象にふさわしい題材にしているのである。特攻体験がほぼ理解不能であるという面はまた，その意義をまったく異なって解釈することも可能にしている。飛行兵たちは狂信的な自爆者であったのか，献身的な愛国者であったのか，あるいは時代に翻弄された知識人であったのか。彼らの死は無意味であったのか。朝鮮人特攻飛行兵が，朝鮮半

島の未来のために身を捧げて死ぬことなどあり得たのであろうか。

　この論考はひとつの答えやひとつの解釈を提供することを目的にしたものではない。むしろ，特攻の歴史の複雑さをより深く理解するために，様々な異なる記述について考察しているのである。私は究極的には特攻飛行兵の体験を包括的に語れるひとつの説明などあり得ないと主張したい。飛行兵の死と生の背後には，自己犠牲から暴力的な強制に至るまで，無数の力学があったことを彼らの話は示している。この論考はまた，飛行兵たちにひとつのレッテルを貼ったり，その行動をひとつの動機に帰したりすることに疑いをさしはさむものである。テロリストでも殉教者でもなく，純粋な被害者でもなく，単純な加害者でもない。特攻の飛行兵たちは，戦争，暴力，植民地主義という風景のなかで，多様な道筋を見出した人間であった。　　　　　　　　　　（矢口祐人／訳）

[1] John Dower, *Cultures of War: Pearl Harbor/ Hiroshima/ 9–11/ Iraq* (New York: W. W. Norton, 2010), 特に pp. 3–4 を参照。
[2] See Mia Bloom, *Dying to Kill: The Allure of Suicide Terror* (New York: Columbia University Press, 2007).
[3] Dower, *Cultures of War*, op. cit., p. 296.
[4] Bloom, *Dying to Kill*, op. cit., p. 13.
[5] Dirk J. Barreveld, *Can America Win the War on Terrorism: A Look into the Root Causes on World Terrorism* (Lincoln NE: iUniverse, 2002), p. 35.
[6] Emiko Ohnuki-Tierney, *Kamikaze Diaries: Reflections of Japanese Student Soldiers* (Chicago: University of Chicago Press, 2006), pp. xvi–xvii.
[7] Ohnuki-Tierney, *Kamikaze Diaries*, op. cit., p. 36.
[8] 大貫恵美子『ねじ曲げられた桜——美意識と軍国主義』（岩波書店，2003 年），p. 450.
[9] テッサ・モーリス・スズキ『過去は死なない——メディア・記憶・歴史』（岩波書店，2004 年）。
[10] 特攻により命を落としたのは海軍で約 2500 名，陸軍で 1700 名であった。神風パイロットの歴史に関するより詳しい論考については，大貫，前掲書を参照。
[11] Mark Schilling, "An Ishihara Weepy for the Right", *Japan Times,* 25 May 2007.
[12] 赤羽礼子・石井宏『ホタル帰る——特攻隊員と母トメと娘礼子』（草思社，2001

年), pp. 114–126.
[13]　同上, pp. 91–94.
[14]　特攻で命を落としたコリアンのパイロットと, 特攻隊のメンバーであったコリアンの正確な数はわかっていない。ベ・ヨンミ・酒井裕美・野木香里「朝鮮人特攻隊に関する一考察」森村敏己編『視覚表象と集合的記憶――歴史・現在・戦争』(旬報社, 2006 年), pp. 255–288, とくに p. 256 を参照。
[15]　赤羽・石井, 前掲, pp. 130–139.
[16]　同上, pp. 160–167.
[17]　Ohnuki-Tierney, *Kamikaze Diaries*, op. cit., p. 31.
[18]　Ivan Morris, *The Nobility of Failure: Tragic Heroes in the History of Japan* (Tokyo: Holt, Charles E. Tuttle, 1973), (斎藤和明訳『高貴なる敗北――日本史の悲劇の英雄たち』中央公論社, 1981 年).
[19]　赤羽・石井, 前掲, pp. 133–136.
[20]　Yoshikuni Igarashi, "Kamikaze Today: The Search for National Heroes in Contemporary Japan", in Sheila Miyoshi Jager and Rana Mitter, eds., *Ruptured Histories: War, Memory and the Post-Cold War in Asia* (Harvard: Harvard University Press, 2007), pp. 99–121, p. 112 より引用。
[21]　山口隆『他者の特攻――朝鮮人特攻兵の記憶・言説・実像』(社会評論社, 2010 年), pp. 61–63.
[22]　同上, p. 56.
[23]　ユンは上海で日本軍と関係者を攻撃する際に自爆をしようとは考えていなかったが, その過程で殺害されるだろうということは充分に理解していた。金学俊・李琇恒編『評伝尹奉吉――その思想と足跡』(彩流社, 2010 年).
[24]　たとえば以下を参照。大貫, 前掲書, p. 161.
[25]　この点については以下も参照。Tessa Morris-Suzuki, *Showa: An Inside History of Hirohito's Japan* (London: Athlone, 1984), p. 137.

6章――マリアナ諸島で大戦を記念する日本人

キース・L・カマチョ

1　はじめに

　本章では，マリアナ諸島において日本人が第二次世界大戦を記念すること，そしてそれをめぐる対立について考察する。マリアナ諸島は，日本とアメリカ合衆国に植民地化された地として，独特の戦争の記憶が形成されてきた。長年にわたり，先住民族であるチャモロ，アメリカ人，日本人の記憶が絡み合いつつも，それぞれの記憶はその焦点も内容も根本的に異なっている。彼らが持つ集団の記憶は，実のところ「危険に満ちた」ものである。記憶は過去の出来事を祝したり，懐かしく思ったりする心情を生みだす一方，「アジア太平洋地域のさまざまな人間にとって危機感をもたらす」ものでもあり得る (Fujitani, White and Yoneyama, 2001, 3)。フジタニ，ホワイト，ヨネヤマは『危険な記憶――アジア太平洋戦争』で国家や市民の戦争の記憶が維持されることや，かき消されることについて考察したが，本章ではとくに，マリアナ諸島で日本人が第二次世界大戦を記念する活動が，第二次世界大戦のどのような記憶を生みだし，どのような記憶を抑圧したかについて論じたい。マリアナ諸島における日本人の記憶のなかでは何が大切なのか。第二次世界大戦の記憶のなかでは何が大切なのか。「アメリカのグアム」と「日本のサイパン」の記憶では何が強調されているのか。そして，チャモロと日本における帝国と反帝国の記憶においては何が重視されているのだろうか。

2　記念という文化

　記念という行為を研究すると，地域と国家のアイデンティティ，集団と個人の記憶，植民地と先住民の歴史が見えてくる。記念することは「公的記憶をそ

の場所に定着させる記憶の方法」として解釈することができ，また記念の研究を通して，戦争，記憶，歴史の理論的な概念を再検討することができる（Huttton 1988, 315）。本章ではジョン・ギリスにならい，記念を社会的，政治的なものと見なそう。記念という行為は「個と集団の記憶が調整されたもので，その結果は互いの合意に基づいたものに見えるかもしれない。しかしそれは実際には強烈な対立，闘争，ときには駆逐の産物なのである」（Gillis 1994, 5）。この記念の定義は，20世紀における記念の理解に由来している。ひとつの社会，地域，時代において単一で統一された記念活動が存在するわけでは決してないのである。

　記憶や歴史が多様であるのと同じように，記憶や歴史を表現する記念活動も多様である。たとえば，19世紀のヨーロッパにおいて記念は，フランスのような王政でみられたように，王位を奪われた君主や殉教した革命家のために行われた（Gillis 1994, 9）。記念という行為は聖職者や貴族の男性を対象にし，社会のエリート層のためのものであった。それ以降，軍人墓地，巡礼，記念碑などの記念活動や記念建造物がアメリカやヨーロッパでみられるようになった。記念活動は男性中心で既存の権力に依拠していたので，国家の形成や崩壊にあたり活躍したエリートの男性たちを中心に据えており，人々の生活はこのような指導者の存在があってこそ成立したのだという意識に基づいた歴史認識を強化した。したがって，個人や過去の事件の記念行事から女性は除外された立場におかれていた。女性の役割は「ほとんど寓意的なものであった。（中略）（たとえば）フランスとアメリカには国家のアイデンティティのシンボルとして自由の女神があったが，現実の女性の歴史は徹底的に忘れられていた」（Gillis 1994, 10），「ようやく国家の記念活動の在り方が変化し始めたのは第二次世界大戦が終わってからである」（Gillis 1994, 12）。戦争による著しい破壊と，世界の政治的，経済的な急激な変化が，記念活動の内容と様式に大な影響を与えたのであった。

　記念のスタイルとしては，急速にパレードが巡礼に取って代わるようになった。第一次世界大戦後にみられた追悼という記念活動のひとつの形態は第二次世界大戦にまで残り，個々の称号や肩書きは重視されず，集団全体を悼むことが好まれた（Winter 1995, 227）。そこでは，戦争を生き延びた退役兵の方が，

6章 マリアナ諸島で大戦を記念する日本人　99

一般兵士よりも称えられた。また，ギリスが指摘するように，戦死した民間人に敬意を表するために建設された公園やスポーツ競技場など，「生きた記念物」が数多くみられるようになった (Gillis 1994, 13)。これらの祝賀や追悼の形や，記念碑や記念建造物の建築技術の進化は記念活動の意味に変化をもたらした。記念活動は，やがてエリートの個人に焦点をあてたものから，文化集団，国家，宗教団体の記憶を残すものへと概して変化していったのである。

　このような戦争の記念の研究によって明らかになるのは，国家アイデンティティの形成，集団と個人の哀悼，そして戦争にまつわる家族のライフストーリーである。これらの研究は，個人や個々の集団組織が，戦争の記憶を規制するように，国家も，人々や団体がいかに戦争を記憶するかを規制しているのかを明らかにする。私がここで主張したいのは，組織や個人の記憶の政治学に注目すれば，公的記憶が作り上げられる土台となる，対立する歴史認識をより理解できるようになるということだ。戦争の記念や反戦に関する議論の政治的，国家的，個人的な表現がますます多様化し，このような活動の国際化が進むなか，戦争の記憶と記念に関する研究が重要になっている。第二次世界大戦の終了後に，さまざまな形で過去が記念されるようになった太平洋地域における記念活動の研究もさらに展開される必要がある。

　太平洋地域では，「敗北と勝利」「死と生存」の言説が戦争の記念に影響を与えている。太平洋地域では，哀悼のための巡礼，戦争や平和の記念碑の建設，式典での演説など，実に多様な記念活動が行われてきた (Turner and Falgout 2002, 119)。太平洋地域において，国際的にも最も知られている戦争の記念行事は，戦争の「はじめ」（1941年の真珠湾攻撃）と「終わり」（1945年の広島の原爆投下）を記憶するものである。近年の研究では，勝利と犠牲という面からのみ戦争を記憶し，それに合致しないものには目を向けようとしないアメリカ合衆国と日本が批判されている (Rosenberg 2003, 6; Dower 1996, 66)。また，ミクロネシアのような他の地域では，「ほとんどの島では，地元における戦争を記念するための祝日が素早く設けられた」のである (Poyer, Falgout, and Carucci 2001, 338)。

　たとえば，マーシャル諸島やポンペイでは，アメリカ軍の到来と1944年の日本軍の降伏を記念した「リベレーション・デイ」（解放記念日）が祝われる。

コスラエの記念行事は，コスエラの人々が戦争で生き延びたことを伝えるために「意識的に作られている」(Poyer, Falgout, and Carucci 2001, 338)。一方，ソロモン諸島における第二次世界大戦を記憶する活動は，外国の退役兵が数多くこの昔の戦地を訪れるようになるにつれ，ヒロイズム，忠誠心，勇敢さと結び付けられた言説が強調されるようになっている。マリアナ諸島ではチャモロが，「グアムと，グアムほどではないがサイパンでも，戦争の記念を精力的に行っている」(Poyer, Falgout, and Carucci 2001, 337)。ここからも明らかなように，さまざまな記念活動があるからといって，太平洋の島社会すべてがひとつの集団となって同じ記念行事に参加しているわけではない。また，これらの多様な記念行事は，戦争の記憶のされ方がすべての島々で共有されているわけでもないことを示している。

3　歴史と忠誠

　マリアナ諸島には現在ふたつの違った，しかし関係のある政治的形態がある。そのふたつは，南に位置するアメリカ合衆国領グアムと，北に位置するアメリカ合衆国自治領北マリアナ諸島である。それらは，ふたつの異なった政治的形態であるものの，グアムとマリアナ諸島にはチャモロと呼ばれている同じ先住民の伝統と文化がある。マリアナ諸島は，フィリピンを西に，マーシャル諸島を東に臨む場所に位置し，太平洋地域でスペイン，ドイツ，日本，そして一番最近ではアメリカ合衆国という国々に植民地化された唯一の諸島である。たとえば，1898年から1944年までアメリカ海軍はグアムを統治し，1914年から1944年までは日本が北マリアナ諸島を統治した。統治方法は異なったものの，アメリカと日本の植民地政策にはひとつの共通点があった。両国はチャモロの植民地化には，まずチャモロがそれぞれの国家に対して忠誠心を持つことが不可欠であると考えたのであった。

　これらのふたつの植民地政府は国家への忠誠心育成を，社会統制，あるいはヘゲモニー維持のためと見なしていた。植民者の考えでは，忠誠心を持つことで，チャモロが国民国家の完全な一部になるということでは決してなかった。自ら抱く人種の差異の概念と，軍国主義と帝国主義思想に基づき，アメリカと

日本の植民地政府はマリアナ諸島に植民地を拡大化し，支配するために「忠誠心を持つチャモロ人」という一般的な被支配者像を作り上げた。フランスが太平洋や他の植民地で実践した「黒いフランス人」計画と同様，アメリカと日本の植民地政府は，グアムと北マリアナ諸島において，チャモロが目指すべき「忠実なチャモロ」という理想を生みだした（Ward, Connell, and Spencer 1988, 4）。この人種差別主義的な理想は，チャモロの経済的，政治的，社会的独立のための基礎ではなく，アメリカと日本の植民地政府が継続的して植民地支配が行うための基礎となったのである（Omi and Winant 1994, 71）。

　20世紀前半を通して，チャモロは忠誠心を植え付けようとする日本やアメリカの植民地主義に対して暴動や革命，その他の暴力的な行為で公然と抵抗することはなかった。アメリカや日本の植民地支配を転覆させようとした記録も残っていない（Mittelman and Chin 2005, 25）。むしろ，チャモロは，アメリカや日本に許された，もしくは妨げられない範囲内で，日常的な活動と責務に従事していた。しかし，初期段階でのチャモロの忠誠心は，アメリカや日本の植民地政府が意図したものとは異なる形で作られていった。忠誠心とは新しい概念であり，レイモンド・ウィリアムズが形容したように「常に創造され続ける，新たな意味と価値，新たな実践，新たな関係と関係の種類」の概念なのである（Williams 1977, 123）。初期段階において，植民者が忠誠心を先住民に植え付けることは，彼らを統治するためであったが，チャモロにとって忠誠心を持つことは，やがて先住民が状況に適応し，生き抜くための手段ともなった。

　グアムと北マリアナ諸島に住むチャモロのこの政治的試みは第二次世界大戦前の先住民の忠誠心が曖昧なものであったことを示している。植民者の軍隊や国家の一員となることを求める姿勢は，先住民が巧みに現状に適応し，生存しようとしていたことを示す一方で，植民地支配が進んでいたことの証でもある。植民者に自分たちの存在をより明確に認知することを求めたチャモロの要求は失敗に終わった。それはまた，従来はひとつの言語と習慣を共有してきたチャモロという民族内で対立する忠誠の概念が出現したことも示していた。民族間，あるいは民族の内部での分断を助長する政策は太平洋をはじめとする世界各地の植民地で一般的にみられたことである（Howard 1989, 45）。とりわけ，アメリカと日本はそれぞれ被植民者に忠誠心を押しつけることで，チャモロの文化

活動を統一するのではなく，島嶼間，あるいは島の内部での分断や競合を促したのである。

結果として，ロタやサイパンの北マリアナ諸島のチャモロは日本に対して好意的な姿勢を強くしていった一方，アメリカ人やアメリカに関してはほとんど知識を持たなかった。逆に，グアムに住むチャモロはアメリカ人に慣れ，少しずつアメリカへ忠誠心をもつようになっていった。一般的にグアムのチャモロは，日本人を自分たちとは関係のない外国人だと見なしていた。同時に，マリアナ諸島には，日本とアメリカの植民地政策の帝国主義，軍国主義，人種差別主義な側面に対する不満や憤りを抱くチャモロも存在した。第二次世界大戦が始まると，すべての世代のチャモロは，男女ともに，アメリカと日本のどちらの植民者が自分たちの解放者となるのか，植民者となるのか，あるいは恩恵をもたらしてくれるのかを考えるようになり，アメリカと日本のそれぞれに対する忠誠はそれまで以上に限定されるとともに激しいものとなっていった。

4　観光，日本，グアムにおける戦争の記念活動

第二次世界大戦後，さまざまな記念がマリアナ諸島で行われるようになった。これはまだ萌芽期にあった当時の旅行産業によって一部生みだされたものでもあった。1960年代に入ると，グアムの有力者の間では島の経済の将来は観光が中心となることは明らかだった。しかし大半のチャモロは観光が何を意味するのかわからなかった。バート・ウンピンゴの回想によると「『観光』という言葉はチャモロをはじめとする島の人たちにとっては聞き慣れないもので，誰もグアムがどうやって観光で繁栄できるかわからなかった」（Borja 1980, 8）。それでも，アメリカの軍事関係者，連邦政府関係者，コンサルタント，企業家は，島の指導者層に今後頼りになるのは観光産業であると説いた。

グアムでの観光開発への熱は，アメリカ海軍が1962年にグアムの港，空港路，貿易経路を外に開いたことから始まった。それまで海軍はロタ島を除いたマリアナ諸島への出入りを禁止していた。これは冷戦期において，グアム，サイパン，テニアンでアメリカが軍事施設を拡充強化していることに関する機密を保持するためであった。しかし，軍事施設が完成したことを機に，ジョン・

F・ケネディ大統領は1962年8月21日にこの方針を改め，結果としてグアムと北マリアナ諸島の観光開発を促進することになった。

規制が撤廃されると，島には海外のホテル開発業者，企業，事業家がやってきて，かつてはごく小規模であった観光産業が大いに繁栄するようになった。ただ，本土のアメリカ人にとってグアムは距離が離れており，航空運賃が高額になるうえ，都会の煩わしさや産業社会からの逃避場所として太平洋にはすでにハワイという一大観光地があったこともあり，島の指導者たちは，アメリカからの観光客を期待してはいなかった（Imada 2004, 135）。むしろ彼らは潜在的な観光市場として日本に目をつけたのだった。

しかし年配層のチャモロは，主に日本人を対象にしたこの新しい産業の創出には当然ながら喜べなかった。1941年から1944年にかけてグアムを支配した日本軍による虐待，拷問，殺戮は忘れられていなかったのである。しかし抵抗感を覚えながらも，戦争世代のチャモロは，グアムにおける日本人向けの観光に対し，公に異議を唱えることはなかった。島の経済を近代化する必要性と，過去の辛い思い出の間で悩みながらも，マナムコ（年配世代のチャモロ）はやむを得ず現状を受け入れていった。ウレイラ・フランシスコは「当時のことを思い返して考えると，私は日本人が大嫌いだ。（中略）強い経済力が必要だといわれているが，私にはどうでも良いことだ。日本人が来る前もとくに問題なく生活できていたし，今だって日本人は必要ない。（中略）日本人がした行為は許すけれども，忘れることはできない」と言う（Bassler 1991, 16）。問題は日本人に関する記憶を巡る議論に，観光がいかなる役割を果たすかということだった。

1960年代以前，グアムで最大の戦争記念である「リベレーション・デイ」（解放記念日）式典に，日本人の退役兵や生存者が来賓，英雄，愛国者などとして呼ばれることはほとんどなかった。日本人に友好的であったチャモロは，きまり悪さや恥を感じ，なるべく隠していた。大半のチャモロは戦時中の占領者の歴史を記念する必要性など感じていなかった。戦後すぐ行われた記念式典では，日本人は帝国主義を無批判に受け入れた加害者として一律に扱われていた。ほとんどのチャモロは日本人を軍国主義的殺人者や強姦者の集団と見なす傾向にあった。しかしグアムを楽しい楽園として売り出そうとする観光業界は，チャモロに現代の日本人をみるように促した。指導者たちは，日本が凶暴な戦争の

国から世界経済の一員である平和な国へと変貌したと主張した。たとえば，1966年に『グアム・デイリー・ニュース』の編集者は，「殺戮や占領から，これからの素晴らしい未来に目を移そう」と論じた（Guam Daily News 1966a）。また，チャモロは暴力的な戦争の記憶をすべて忘れてしまうべきだと主張する者すらいた。

　グアムの政界指導者は，先住民の戦争の記憶が新しい観光経済に危機をもたらすか，少なくとも不安定にする要因になるであろうと考えた。たとえば，観光への支持を広める手段として，キャサリン・アグオンは戦争によって生みだされた敵対関係を「解消」しなければならないと述べた。そのために，解放記念日の式典は「徐々に規模を小さくしていくべきだ。（中略）グアムが日本の経済と協調しなければならないのは誰しもが認めることである。昔の敵である日本との関係は，グアムの成長にとって必要不可欠とされている」ことを指摘した（Aguon 1971, 2）。つまり彼女は，グアム経済のためには，日本人と良好な関係を築くのにふさわしい形で戦争を記憶し，記念しなければならないと主張したのである。日本の暴力的な過去を忘れるために，アグオンは解放記念日ではなく，グアムをアメリカの領土とした「基本法」（Organic Act）を祝うべきだと提案した。それが実行されることはなかったが，チャモロの抱く「暴力的な日本人」の記憶を和らげていくべきだという声は他にも多かった。

　戦時下のグアムにおける日本人の暴力に関する議論のなかで，観光業界はとくに年配のチャモロに対し，以前と異なる「平和な」日本人のために観光開発がなされるのだと説明した。しかし，このような議論が，チャモロの日本人観に変化をもたらすことはあまりなかった。というのも，チャモロのアメリカへの忠誠心は戦時中の日本軍への敵対心があってこそ成立するものだったからだ。また，解放記念日の式典は，戦時中の日本の帝国主義やプロパガンダをよりよく理解できるような情報を取り上げることはほとんどなかった。したがって，残念ながらチャモロが日本人やアメリカ人の植民地主義を批判的に理解できるようにはならなかったのである。むしろ，グアムの観光経済における日本の役割をめぐる議論は，新たな風刺的な日本人像を生みだすだけであった。

　つまり，今度は戦時下の「残虐」な日本人のイメージに加えて，戦後の観光客としてのイメージが強くなったのである。戦中と戦後の日本人像を作り変え

6章 マリアナ諸島で大戦を記念する日本人　105

ようとしていたのは、グアムの観光開発派だけではない。戦後日本の平和運動、遺骨収集団や記念碑建築の増加が、平和的で誇り高い、豊かな日本人像を作り上げていった。日本の戦時中のイメージを払拭するために日本政府も躍起になり、1960年代初頭には「日本人の過去の功績に対する誇りを促し、国民の意識を高めるために」毎年恒例の記念式典を行うようになった (Orr 2001, 138)。

　これらの記念行事は、日本国内から戦時中の日本の領土であった地域にいたるまで広く行われるようになった。グアムでは、日本政府がアメリカ軍と協力して追悼行事を企画した。なかでも重要だったのは、日本人と思われる亡き骸の収集であった。解放記念日の式典とは別に、1960年代には年配の日本人退役兵と生存者がグアムを訪問するようになると、遺骨収集は活発になっていった。チャモロの活動家であり、元上議院議員のホープ・クリストバルによれば「観光産業が始まると、多くの日本人がグアムにやってきた。一番初めにやったのは、ツアーグループを編成し、ジャングルをくまなく回って日本人の遺骨を集める」ことだった (dé Ishtar 1994, 75)。日本人のツアーグループはその後、遺骨を供養して火葬を行った。このようなことは、1967年までほとんど注目を集めることなく続けられた。

　1967年1月、日本の南太平洋戦没者慰霊協会がグアムで記念碑の建設をはじめようとした。仏教徒とカトリック教徒で構成されるこの団体は、戦死者を追悼するために記念碑を作る計画を推進しており、遺骨収集と供養を熱心に行っていた団体でもあった。グアム平和慰霊公苑として後に知られるようになるこの記念碑の設立者の一人である植木光教は、この碑が平和、友好、親善の象徴になると考えた (*Guam Daily News* 1966b)。カトリック九州教区の司教、深堀仙右衛門は「我々はすべての人種とすべての国の死者遺族に慰めを与えるために、ここに来ました。(中略) 記念碑の趣旨は、世界のなかの一地域である、この地域における国々の平和と友好関係を作りだすことです」と述べた (Butterbaugh 1967, 11)。協会は、祈りと瞑想を示す、ふたつの手が重ね合わさった、白くて背の高い記念碑を構想していた。池と噴水に加え、アメリカ人と日本人の二人の男子像がそばに設置され、その二人の手は「永遠の絆」で握りしめられているのだった (Butterbaugh 1967, 24)。

　協会は、かつてチャモロのホアキン・ボラ・レオ・ゲレロ・パロモ氏が生前

所有していたジーゴ地区のマタウアクの土地を記念碑の建設地として選んだ。そこは，1944年8月にアメリカ軍と日本軍の間で最後の戦いがあった場所でもあった。協会員はその土地に集まり，戦争を記念した。植木光教の言葉によれば，彼らは兵士や観光客としてではなく，平和を求める「新しく生まれ変わった」日本人として来たのであった (*Guam Daily News* 1966b)。

当初，南太平洋戦没者慰霊協会は日本外務省，アメリカ国務省，また現地グアムの有力な主要団体等，各方面から充分な支持を得ているようだった。カトリック神父で，チャモロの精神的な指導者であったオスカー・カルボでさえ，記念碑建設への賛意を表し，協会員がグアムで歓迎されるよう取り計らった。おそらく彼が支持したこともあり，チャモロによる表だった抗議活動はみられなかった。しかし，この平和記念碑の正当性をめぐっては，結局その後，激しい議論と対立が生じたのである。記念碑が落成して数カ月も経ないうちに，反対と非難が表面化したのである。

最も激しく非難をしたのは，グアムに住むアメリカ人であった。あるものたちは西太平洋におけるアメリカ合衆国の利益を守るという趣旨で，「アメリカ南・中央太平洋協会」という団体を結成した。自らを「超愛国主義者」と呼ぶこの団体は，アメリカ合衆国の領土で急増する日本人による記念碑建設を中止させるための広報活動を展開した。たとえばハーバート・バイヤーは「外国人の民間団体が，我々の土地で死んだ彼らの戦死者を弔うために，本来は政府のみが持つ記念碑建設の特権と業務を奪い，妨害したことなど，歴史上一度たりともなかったことだ」と激しく非難した (Goodwin 1967, 14)。グアムで日本人が記念碑を作ろうとしているという情報には，アメリカの連邦議員も懸念の声をあげた。インディアナ州の共和党議員L・ラウドブッシュは，「アメリカ合衆国は第二次世界大戦時に太平洋で10万人の兵士を亡くした。グアム戦では，7083人が死亡，行方不明，負傷したにもかかわらず，グアムには我が国の戦争被害者を称えるための記念碑はない」と抗議した (*Guam Daily News* 1967b)。その後1967年7月には，日本人によって建てられた記念碑を撤去する提案決議がアメリカの下院議会に出された。これは通過こそしなかったものの，多くのアメリカ人は日本人による記念碑は「太平洋で戦い，命を落としたアメリカ兵に対する侮辱」であると非難を続けた。このアメリカ人の主張からもわかる

ように，グアムはアメリカの領土であり，アメリカにとって重要な戦地であった。彼らにとってグアム島は勇敢さと忠誠を表す神聖な場所であった。日本人による記念碑建設をめぐる議論は，アメリカ人に戦争中と同様，再び自らの犠牲と優越性を認識させたのであった。

　日本人による記念碑への反対は，アメリカ合衆国による公的な記念碑が存在しないこともあり，極めて激しいものであった。実はグアムの島のいたるところに，戦争を記念するものは存在していた。防空壕や戦車をはじめ，さまざまな兵器の残骸などが記念物となっていたが，アメリカ政府によって公式に認められた記念碑は存在しなかった。ハワイではオアフ島の真珠湾が1964年にアメリカの戦争記念碑として認知されたが，グアムでは1967年になってようやく，アメリカの国立公園管理局の諮問会議がグアムに「太平洋戦争国立歴史公園」を作るよう提言したのである（Adams 1996, 58）。しかもその理由は「日本の民間人がグアム領に記念碑を作るということを受けて」，アメリカも作らなければならないという圧力が高まってきたからであった（*Guam Daily News* 1967c）。

　このようなアメリカ政府の表明により，日本人による記念碑建設の批判はかなり収まった。しかし，実際には，グアムにアメリカの記念碑を作ろうという動きは日本人記念碑が作られる2年前の1965年から開始されていたのである（Hewlett 1969, 1）。「太平洋戦争国立歴史公園」はアメリカ軍が上陸したアガットとアサンを国定歴史建造物として登録し，公園全体としては「真珠湾の屈辱から日本の敗北の間に起こった第二次世界大戦の偉大なストーリーを紹介する」のであった。そこには「グアムの強固な要塞を攻め，太平洋での勝利を切りひらいたこと」やグアムを奪回したこと，そしてグアムがアメリカ領としていかに戦略的に重要であるかをも示すことになっていた（NPS 1969, 7）。

　グアムのジーゴ地区で日本人が記念碑を建てた10年後の1978年8月18日，「太平洋戦争国立歴史公園」が完成した。関係者は「この歴史公園はグアム人にとっても，アメリカ人にとっても誇りの源となるであろうし，外国からの訪問者にとっても極めて興味深いものとなるであろう。単なる歴史的な意義のみならず，国立公園局というアメリカの機関の一例としても関心を呼ぶに違いない」と期待をした。確かに退役兵や戦争生存者は「太平洋戦争国立歴史公園」のオー

プンを喜んだかもしれないが，当初から指摘されていたように，チャモロの間ではそのような感情はあまりなかった。日本人による記念碑建設時と同様，この新しい記念碑に関する一連の出来事に対し，先住民の関心は希薄だった。ヴィセンテ・ペレスが指摘したように，「第二次世界大戦の記念碑に関する現地の人々の関心は極端に低い」のであった（Perez 1970, 43）。この記念碑に対する無関心の理由のひとつは，先住民を追悼するものではなく，アメリカ人や日本人を記念するものであったからである。「太平洋戦争国立歴史公園」は，国家とその関連組織による戦争の記念の一例に過ぎなかった。

日本人による記念碑建設をめぐる批判は，グアムにおける「国家」による戦争の記念のさまざまな問題と関係している。日本の団体は国内外での記念碑建設を，死者と生存者を癒すためと見なした。その一方，アメリカ退役兵のなかには，アメリカの戦地と埋葬地はアメリカのものであるとして強く反発した者もいた。両者ともにグアムを自分の体験と記憶と密接に関係のある島だと考えていた。そして両者の関係は，アメリカと日本帝国の縁にあるこの島における戦争の記念が，いかに複雑に絡みあい，対立したものであるかを明らかにしていた。日本人による戦争の記念を声高に批判するアメリカ側の声は，グアムにおける戦争の記憶をアメリカ人がいかに作り出そうとしたかの一例である。彼らは，日本人慰霊団や遺骨収集団の増加，あるいは他の戦争を記念する行事を妨げることはできなかった。しかし批判に反論しようとした日本人の声は封じ込められ，「太平洋戦争国立歴史公園」の設立が素早く承認されたのは，あるひとつの明確な事実を示している。それは1960年代のグアムにおいて，国家レベルで戦争がいかに記憶されるかを決める権利を有していたのはアメリカの退役兵や政治家たちであったということだ。

5　北マリアナ諸島における日本帝国のノスタルジア

1940年代から現在までに，一般に広く知られるとともに議論の的ともなってきたグアムの解放記念日とは対照的に，北マリアナ諸島で同じ名で行われる戦争の記念は当初，歴史を刻む機能を果たさなかった。早い段階から，サイパンの解放記念日は日本，韓国，沖縄から広がる戦争の記念活動を前に目立たない

6章 マリアナ諸島で大戦を記念する日本人　109

ものとなっていった。主に日本人による記念碑の建立と遺骨収集を含む新しい記念活動は一方，マリアナ諸島における戦争の記憶と記念の政治に直接関わることとなった。すでに述べたように，グアムと同様1962年以降，日本政府と民間団体が北マリアナ諸島を訪問し戦争を記憶する活動をはじめることができるようになった。アジアとマリアナ諸島の間の交通路が開かれたことにより，元サトウキビ労働者や戦死した兵士の遺族らが島々に戻り，集団で死者を悼むようになった。日本における平和活動の一部である遺骨収集と平和式典は，日本政府の公的な支援なしでは実現し得なかった。日本が急速に経済復興し，日本遺族会からの政治的圧力が増すにつれ，日本政府は，戦死者の追悼儀式を執り行うことを「正式に容認できるもの」とした (Orr 2001, 138)。民間団体や宗教団体はこの機会を早速利用し，日本の国内外で戦死者を追悼するようになった。1960年代と70年代には，アジア諸国による戦争の記念はとくに批判されることなく続けられていた。北マリアナ諸島の記念碑が，アメリカの退役兵に強く意識されることはなく，日本，韓国，沖縄の人々による記念活動はほとんど妨害されることはなく行われていた。

　北マリアナ諸島での，遺骨収集，火葬の儀式，記念活動，巡礼などは順調に続き，時代が進むにつれ，さらに熱心に行われるようになった。北マリアナ諸島において，このような宗教的な活動や記念行事が広まったのにはさまざまな理由があるが，とくに重要な点はふたつある。まず，日本政府が数多くの遺骨収集団，旧日本兵，遺族会会員らが北マリアナ諸島を訪れるよう取り計らったのが大きい。元サトウキビ労働者や戦死者の家族はサイパン，ロタ，テニアンへ戻り，「昔の思い出話をして，島の何が変わったか，自分たちもどれだけ変わったかを確認し，昔の過ちや失敗を正そう」としたのであった (Poyer, Falgout, and Carucci 2001, 340)。タカシマ・エイイチはロタ会の一員として定期的にロタを訪れた。この会は1978年8月20日に結成され，「亡くなった家族の魂を尊び，ロタのコミュニティーと交流を続けるために島への巡礼を毎年行う」のであった (Ombrello 2003)。「ロタは……私の楽しい思い出と辛い思い出が深く刻まれている島である」とタカシマはいう (Takashima 1981)。

　第二に，北マリアナ諸島全土に，無数の遺骨があった。「サイパン北部の道路から数フィートのところに，遺骨がそのまま転がっていることも珍しくなかっ

た」(Kiener 1978, 35)。戦時中のアメリカ軍は、日本人の遺体をそのまま放置したり、巨大墓地に一括して埋葬したり、洞窟に入れていたりしていたため、テニアンとサイパンには無数の骸骨が散乱していた。アメリカ軍の記録によると、3万7829人の「日本人」がテニアンとサイパンで命を失っている。その数はグアムで死亡した1万8377人の「日本人」の倍以上であった(Farrell 1991, 287; Rogers 1995, 194)。北マリアナ諸島がかつて日本領であったうえ、多数の人が命を落としたため、アジア人による戦争の記念活動の活発になったのである。北マリアナ諸島には「日本人、沖縄人、韓国人がたびたび訪問し、死者を悼み、かつてそこで生活を送っていた時期について思い出す」のであった(Farrell 1989, 66)。

実業家栗林徳一をはじめとする記念事業の企画者らは、島に戻る趣旨や意義を理解していた。半世紀にわたり、日本人実業家やサトウキビ労働者は北マリアナ諸島に住み、生活を送っていた。サイパンの砂糖製造会社、南洋興発株式会社の社長であった栗林は、自分が作る記念碑が戦争の悲しみと戦死者への哀悼「すべて」を包み込むものになることを望んだ。むろん、彼は南洋興発株式会社の社員の死を悲しんでいたが、民族にかかわらず、戦争で苦しんだすべての人を悼む記念碑が必要だと感じたのである。自分は太平洋の島々の発展と文化に貢献したすべての人のため平和記念碑を建てることを望んでいるのだと栗林は述べた。そこにはもちろん、戦争中の死者も含まれるが、国籍、年齢、信条を関係なく、彼らを永遠に祀りたいと彼は考えたのだ。こうして、1972年1月22日、栗林の記念碑は、それより前、あるいは後に建てられた記念碑同様、大きな問題にも直面せずに完成したのであった。

記念に関するさまざまな考え方は、遺骨収集のなかから生まれてきた。1968年から日本政府は遺骨収集団を太平洋諸島の信託統治領に送り始めていた。当時、厚生省とミクロネシア墓参団は「兵士」の遺体の収集を進めていた。しかし、身元確認は実際には不可能な作業だと思われたため、日本政府は「第二次世界大戦で亡くなった人々を、実際は民間人であったとしても、すべて『軍人』として扱った」。したがって、遺骨の回収にあたり、考古学的な手法はほとんど使用されなかった。遺骨収集団は身元不詳の火葬された遺骨を千鳥ヶ淵戦没者墓苑に送った。ごく稀に身元が判明した場合は、家族のもとに返された。1976

年まで，遺骨収集団は約2万8000人分の遺骨をサイパンとテニアンから収集した (Hall 1976, 50)。

　個々の遺骸の身元確認をしなかった理由としては，考古学的分析をするだけの資料が欠けていたことや，資金不足，作業を進めるためには実際には無理であった点が挙げられたが，それだけではなかった。即座に火葬をするという決断には，退役兵や彼らを助けるボランティアたちの，一刻も早く死者をあの世で家族と一緒にさせてやりたいという強い希望が反映されていた。何年にもわたりきちんと埋葬されてこなかった死者を，これ以上放置することはできないと遺骨収集団は考えていた。しかし残念なことに，この遺体の調査と火葬に関する漫然とした方針が原因で，いくつもの問題が発生することになった。スコット・ラッセルはインタビューのなかで，「日本人の遺骨収集活動はおかしなところがある。すべて非科学的に進められている」と述べている (Russell 2002)。

　科学的とはいえない遺骨の分類作業の結果，収集団はコリアンや沖縄人の遺骨までをも無差別に収集した。すべての遺体は日本軍のものであると仮定し，遺体を一度に火葬してしまうという日本政府の方針は，収集団が遺骨を見分けることをさらに困難にした。ある意味で，このような遺骨収集活動はアジアと太平洋諸島における日本の植民地的ヒエラルキーの再生であった。戦時中の日本では，すべての者が均一の日本という集団のもとに包摂された。日本政府はすべての死者を「日本人」として扱うことによって，戦時中も日本国民と見なされたコリアンと沖縄人が，北マリアナ諸島で亡くした遺族を探し，追悼する機会を奪ったのであった。

　結果として，収集団は収集，火葬した「非日本人」の遺体の数を記録しなかった。そのため，戦争中に徴兵されたり，強制的に動員されたりしたコリアンの兵士や労働者が最終的にどうなってしまったかを知るすべを失ってしまったコリアンらの間に強い不満を生じさせた。さらに問題を複雑にしたのは，収集団が沿岸部の洞窟など，戦時中の日本人の埋葬地とされた地域で古代のチャモロの遺骨をも集めてしまったことである。ある収集団はテニアン島で日本人の遺骨を捜索するためにブルドーザーを使用し，古代のチャモロの住居地にあったラッテ・ストーンを破壊してしまった。ラッセルによると，「4000年前のものであろうが，彼らにとって遺骨といえば日本人のものなのであった」(Russell

2002)。収集団がラッテ・ストーンを破壊し、チャモロの骨を誤って収集してしまうことのないよう地元の考古学者が要求し、1970年代のこの事件の後、地元の歴史保護協会はすべての遺骨収集団に考古学者の立ち会いを必須としている。

　ただ、チャモロの埋葬地を侵害し、戦争中の遺骨を適切に確認する術がないという問題以外には、日本人の収集団と地元当局との関係は友好であった。たとえば、1971年の収集団の評価について、当局のフランシスコ・エイダは「日本政府、学生、慰霊団の活動とその協力的姿勢は非常に素晴らしく、非の打ちどころもない」と述べた。今は亡きファン・サンチェスや元警察長であったアントニオ・ベナヴェンテなど、数々の収集団の遺骨捜索の手伝いをしたチャモロもいた（*Commonwealth Examiner* 1979a）。1979年にベナヴェンテが亡くなった際には、日本人遺骨収集団は黙禱を捧げ、尊敬と敬意の念を表したほどであった（*Commonwealth Examiner* 1979b）。ベナヴェンテとアジアでの戦争で亡くなった数千もの人々の火葬儀式はサイパンの東部沿岸にあるマルピ地区で執り行われた。1970年代初頭までは、ほとんどの火葬の儀式がこの地区で行われた。このマルピ地区には、バンザイクリフやスーサイドクリフなどがあり、戦時中に少数のアジア人が「名誉ある死」である「玉砕」をしたのである。

　遺骨収集団がマルピ地区で火葬を行ったのは、ここが歴史的、精神的に重要な地だからである。戦時中にしたように、ここを訪れる退役兵や戦死者の家族は北の方角を向き、日本のみならず、各々の故郷である韓国や沖縄に向けて祈りを捧げた。じきに政府や民間団体の援助を受けて、収集団はこのマルピ地区で多くの記念碑の建設を行った。フランシスコ・エイダは「我々は将来、この地区が平和の慰霊碑、おきなわの塔、そして最後の総司令部を含む平和記念公園として開発されることを願っている」と述べた。グアムのジーゴ地区の平和記念公園を巡る議論を知っていたサイパンの行政官たちは、同じような状況が起こらないことを願っていた。退役兵と遺族会を安心させるために、フランシスコ・エイダは「マリアナの行政府は、日本人の遺骨を収集する日本政府の価値ある活動と、それにふさわしい記念碑の設立に概して深い理解を持っている」と伝えたのであった。「ふさわしい」記念碑とは、地元の法律を遵守し、地元の文化に敬意を払い、日本政府と太平洋諸島信託統治領政府と協力して作られる

ものを指していた。

　記念碑建設の指針は明確なものであるが，記念碑の増加をみた一部の関係者はマルピ地区の将来像に危機感を抱いた。日本人による記念碑が増えることによって，ここが日本を象徴する場になってしまうのではないかと案じたのである。この不安は，記念碑を計画する日本人がマルピを太平洋の「ニッポン公園」と呼んだことでさらに強まった。太平洋諸島信託統治領政府は，日本人をはじめとする関係者に「マルピ地区はマリアナの住民（と訪問者）のものであり，沖縄と日本の記念碑がこの地に建設されようとも，ここは『ニッポン』公園ではない。したがって『マルピのニッポンの公園』はふさわしい名称ではない」と通告した。一方，サイパンの地元事業家らは，記念碑が観光地として経済的な意義を持ち得るだろうと考えた。1960年代に観光産業が本格化し，1967年にはロイヤル・タガ・ホテルが完成すると，マルピのイメージに対する懸念は，経済成長に対する期待に取って代わられた。記念碑は公共施設というより，むしろ観光地として扱うべきだという声もあった。

　具体的にはマルピを，死者を弔う宗教的な場所としてのみならず，北マリアナへ観光客を誘う広告に使おうという声がサイパンの有力者のなかからあがった。「このような公園は，サイパンの主要な観光名所や歴史名所になるだろう。日本政府もこの考えを強く支持している（中略）地元当局も同様の熱意を持っている」と関係者からの声があがっていた。グアムの政治家と同様に，カルロス・カマチョ知事をはじめとするサイパンの有力者たちは，観光により「必要なインフラや政府事業を進めるための収入を得ることができる。（中略）そして日本人はこのリラックスした，フレンドリーな雰囲気のなかで余暇を過ごすことができる」と力説した（*Commonwealth Newsletter* 1981）。日本人観光客を対象に，サイパンの地元当局は北マリアナ諸島を観光地として積極的に売り出した。すぐさま日本人観光客は増加し，彼らは「スーサイドクリフやバンザイクリフを再び訪れだして過去の思い出にふけった」（Sakamoto 1971, 13）。アジアの戦争記念碑が生みだす経済的な価値は，チャモロを再び日本人などの外国資本に依存させる結果となった。コンセピオン・マングローニャは，日本人が覚えているテニアンの地を美しくすべきだと述べた。「我々が日本人の祖先を尊重していることをわかってもらうべき」なのであった（Mangloña 1986）。

戦争の記念碑が観光地として確立される以前から，北マリアナ諸島のチャモロはしばしば，日本人らの記念活動の手助けをした。チャモロが日本人，韓国人，沖縄人を暖かく迎え入れ，家族や友人を失った者に憐みと敬意の念を示すのは一般的なことであった。1986年に沖縄から訪れた慰霊団に対し，テニアン市長イグナチオ・キチョチョは，「戦争以来，長い間，皆さんが耐え忍んできた悲しみをチャモロは共有しております」と述べたのであった (*Marianas Variety News and Views* 1986)。1980年の解放記念日の式典の際には，サイパン市長フランシスコ・ディアスが日本人との友情の証として，「法被をはおい，木槌を持って」酒樽を開けた (Dickhudt 1980)。また別の機会には，ロタ市長ベンジャミン・マングローニャが「この聖なる地に，国に帰ることができなかった，我々のアジアの友，隣人，兄弟，姉妹の灰が埋められている（中略）彼らは偉大な戦いのなか，祖国のために自らを犠牲にしたのである。（中略）彼らも我々の歴史の一部であり，深い敬愛の念を覚える」と述べた (Mangloña 2001, 2–3)。このような発言からも明らかなように，観光産業の導入と，「観光客」としての日本人という新しい日本人像は，北マリアナでは問題にされなかった。グアムでは戦争世代のチャモロは日本人向けの観光産業の発展を完全には受け入れなかった一方，それとは対照的に北マリアナ諸島では，観光客としてやって来る日本人を不快にさせないよう注意しようとする動きに対して，チャモロが不満を持つことはほとんどなかったのである。

　日本人に対するこのような好印象は，ロタ，サイパン，テニアンのチャモロが戦争で生き残ったアジア人やアジアの退役兵に敬意を抱いていることを示している。日本政府に経済的，政治的，人種的支配下におかれたにもかかわらず，北マリアナ諸島のチャモロは日本帝国の人々を個人的な友情関係で記憶したのである。グアムでは，日本人は戦争中の「加害者」という印象が強かったが，北マリアナ諸島のチャモロは日本人を好意的に，かつ矛盾して理解していた。戦時中の日本軍は，北マリアナ諸島のチャモロに「態度を改める」ことを強要したのが，それでも多くのチャモロは，チャモロ社会に深く影響を与えた日本に忠誠心を持ち続けていた。それは単に日本帝国への忠誠ではなかった。複雑で曖昧な思いを抱きながらも，チャモロは広大な日本帝国の政治と人々に強いつながりを感じていたのである。

チャモロがアジア人の遺骨収集や戦争の記念活動の普及に関わったことは，彼らの日本への忠誠心が完全にはなくなっていなかったことを示唆している。北マリアナ諸島における戦後の日本への忠誠心は，軍事的な偉大さや勝利を称えるようなものではなかった。むしろ，その忠誠心はひとつには「被害者意識」から来ていたと考えられる。「被害者意識」は，今日の日本社会が戦争を記憶する際に強調されるものであり，とりわけ自分たちが戦争中の政府によるプロパガンダや広島・長崎に投下された原爆の「被害者」であるという見解だ（Dower 1996, 64）。戦争世代のチャモロは戦死者を懐古し，彼らに敬意と同情を覚えることで，同世代の日本人，韓国人，沖縄人と同じように被害者意識を持って戦争を理解するのである。自らを「被害者」として描写することは，日本の軍国主義を否定し，死や追悼の心を重視し，そして日本と自分を同一視しようとする思いから来ている。忠誠心がアメリカ合衆国へと移行していったこの時代，一部の戦争世代にとって忠誠心とはこのような和解と記念という形で表現されたのである。

6　記憶と追悼

マリアナ諸島での「終戦」50周年を記念した1994年以来，アメリカと日本のアジアと太平洋における利権の変化など，グローバルなネットワークのなかで，マリアナ諸島における戦争の記念活動はさらに変化してきた。グアムにおける日本の記念碑建設をめぐる対立は，以前はアメリカ人退役兵の反発を呼び，チャモロが経験した戦時中の苦しみを想起させたりしたが，最近は日本人の戦争の記念よりも，アメリカ人の解放の物語の方が強調されている。したがって近年では解放記念日の重要性が増している。同じように，チャモロをはじめとする北マリアナ諸島の住人も，アメリカの勝利の物語を受け入れるようになり，以前ここに存在した日本帝国への郷愁や歴史を忘れるようになってきた。これまで島を訪れてきた日本人たちは，第二次世界大戦の集合的記憶では周縁的な存在になってきているのである。彼らは戦争を生き延びた者，以前サトウキビ畑で働いていた労働者で，日本人とチャモロの血を引きながらも日本に引き揚げた者，兵士として島で戦った者などで，今なお島を訪れているが，もはや北

マリアナ諸島の記憶の中枢を占める存在ではない。むろんそれは，日本人の戦争の記憶がこの島々をはじめとする太平洋地域における記憶の政治学に影響を与えていないというわけではない。むしろ今日では追悼の政治学がアメリカの記念という様相を帯びてきたことを示している。より開かれた記憶というものを求めるのであれば，まずは戦争に関する事柄を巡る先住民の主張や反発を学ぶことからはじめなければならない。マリアナ諸島における日本の戦争の記憶形成は，先住民が日本人と共有した植民地期の歴史に向き合わなければ理解し得ないのである。　　　　　　　　　　　　　　　　　　（畠山　望／訳）

Adams, J.（1996）. World War II Battlefields and National Parks in the Pacific. *Creative Resources Management* 19（3）: 57–61.

Aguon, K. B.（1971）. A Proposal to Commemorate the Birth of the Organic Act of Guam. Agueda Iglesias Johnston's Papers, Subject File, Box 1, Folder 6, Richard F. Taitano Micronesia Area Research Center（MARC）Manuscript Collection, University of Guam.

Bassler, P.（1991）. Liberation is Great, but Time Does Move On. *Pacific Daily News*, advertising supplement, 21 July, 16.

Borja, P.（1980）. GVB Had Roots Planted in 1952. *Pacific Daily News*, 1 May, 8.

Butterbaugh, W. A.（1967）. Catholics-Buddhists Join Forces to Emphasize Need for Peace. *Guam Daily News*, 19 January, 11, 24.

Commonwealth Examiner［Daily, Saipan］（1979a）. Bone Collectors' Mission a Hard One. 27 July, 8.

Commonwealth Examiner［Daily, Saipan］（1979b）. In Old Japan the Warrior always Carried Two Swords. 29 June, 5.

Commonwealth Newsletter［Monthly, Saipan］（1981）. Increased Japan/NMI Air Service Essential for NMI Economy. March, 3.

dé Ishtar, Z.（1994）. *Daughters of the Pacific*. North Melbourne: Spinifex Press.

Dickhudt, J. L.（1980）. Saipan's Liberation Day. *New Pacific Magazine* 5（5）: 32.

Dower, J. W.（1996）. Three Narratives of Our Humanity. In *History Wars: The Enola Gay and Other Battles for the American Past*, edited by E. T. Linenthal & T. Engelhardt, pp. 63–96. New York: Henry Holt.

Farrell, D. A.（1989）. *Tinian: A Brief History*. Saipan: Micronesian Productions, CNMI.

Farrell, D. A. (1991). *The History of the Northern Mariana Islands*. Saipan: CNMI Public School System.

Fujitani, T, White, G. M., & Yoneyama, L. (eds.) (2001). *Perilous Memories: The Asia-Pacific War(s)*. Durham, NC: Duke University Press.

Gillis, J. R. (1994). Memory and Identity: The History of a Relationship. In *Commemorations: The Politics of National Identity*, edited by J. R. Gillis, pp. 3–24. Princeton: Princeton University Press.

Goodwin, J. (1967). War Memorial Again. *Guam Daily News*, 25 July, 14.

Guam Daily News [Hagatña] (1966a). A Chance to Pause and Reflect about War. 21 July, 4.

Guam Daily News [Hagatña] (1966b). Why are Japanese Building Memorial? 13 May, 1.

Guam Daily News [Hagatña] (1967a). Calls Government of Guam "Prejudicial": Congress Gets Resolution to Block Japanese War Memorial. 10 July, 1.

Guam Daily News [Hagatña] (1967b). "This Infuriates Me": Asks U.S. Congress to Oppose War Memorial. 11 February, 1.

Guam Daily News [Hagatña] (1967c). "War in Pacific" Park OK. 6 May, 1.

Hall, J. V. (1976). Bulwark of the Pacific. *Marianas Review* 24 (6): 47–52.

Hewlett, F. (1969). Over 2,500 Acres Complete Master Plan for Pacific War Park. *Guam Daily News*, 9 December, 1.

Howard, M. C. (1989). Ethnicity and the State in the Pacific. In *Ethnicity and Nation-building in the Pacific*, edited by M. C. Howard, pp. 1–49. Tokyo: United Nations University.

Hutton, P. H. (1988). Collective Memory and Collective Mentalities: The Halbwachs-Ariès Connection. *Historical Reflections/Reflexions Historiques* 15 (2): 311–322.

Imada, A. L. (2004). Hawaiians on Tour: Hula Circuits through the American Empire. *American Quarterly* 56 (1): 111–149.

Kiener, R. (1978). A Bulwark of the Pacific. *Glimpses of Micronesia and the Western Pacific* 18 (1): 33–38.

Mangloña, B. T. (2001). Remarks of Rota Mayor Benjamin T. Mangloña on the Occasion of the Visit to Rota of the Rota Kai Group. June. Unpublished manuscript in author's possession.

Mangloña, C. (1986). Beautiful Tinian Can Still Be Improved. *Marianas Variety News and Views*, 13 June, 16.

Marianas Variety News and Views [Daily, Saipan] (1986). 123 Attend Tower of Okinawa Rites. 13 June, 27.

Mittelman, J. H. & Chin, C. B. N. (2005). Conceptualizing Resistance to Globalization. In *The Global Resistance Reader*, edited by Louise Amoore, pp. 17–27. London: Routledge.

NPS, National Park Service, US Department of the Interior. (1969). *Master Plan, Proposed War in the Pacific National Historic Park, Guam*. Washington, DC: US Government Printing Office.

Ombrello, M. A. (2003). Interview by author. Tape recording. Honolulu, Hawai'i, 4 November.

Omi, M. & Winant, H. (1994). *Racial Formation in the United States: From the 1960s to the 1990s*. New York: Routledge.

Orr, J. (2001). *The Victim as Hero: Ideologies of Pace and National Identity in Postwar Japan*. Honolulu: University of Hawai'i Press.

Perez, V. L. G. (1970) *Guam Historical Monuments*. Mangilao: MARC.

Poyer, L., Falgout, S., & Carruci, L. (2001). *The Typhoon of War: Micronesian Experiences of the Pacific War*. Honolulu: University of Hawai'i Press.

Rogers, R. F. (1995). *Destiny's Landfall: A History of Guam*. Honolulu: University of Hawai'i Press.

Rosenberg, E. S. (2003). *A Date Which Will Live: Pearl Harbor in American Memory*. Durham, NC: Duke University Press.

Russell, S. (2002). Interview by author. Tape recording. Chalan Kanoa, Saipan, 7 February.

Sakamoto, L. (1971). 27 Years Ago on Saipan. *Micronesian Star*, 26 June, 13.

Takashima, E. (1981). The Memorable Island of Rota. *I Isla*, 5 August, 2. [Weekly, Rota].

Turner, J. W. & Falgout, S. (2002). Time Traces: Cultural Memory and World War II in Pohnpei. *Contemporary Pacific* 14: 101–131.

Ward, A., Connell, J., & Spencer, M. (1988). Introduction: the Coq and the Cagou. In *New Caledonia: Essays in Nationalism and Dependency*, edited by M. Spencer, A. Ward, & J. Connell, pp. 1–21. St Lucia: University of Queensland Press.

White, G. M. (1995). Remembering Guadalcanal: National Identity and Transnational Memory-Making. *Public Culture* 7: 529–555.

Williams, R. (1977). *Marxism and Literature*. Oxford: Oxford University Press.

Winter, J. (1995). *Sites of Memory, Sites of Mourning: The Great War in European Cultural History*. Cambridge, UK: Cambridge University Press.

7章——教材としての東京裁判
真珠湾とのつながりを中心に

戸谷由麻

　戦後ほぼ一貫して「戦勝国による復讐・政治裁判」と異端視された東京裁判は，歴史学上も法学上も，近年まであまり積極的な評価を受けてこなかった。しかし，冷戦構造が崩壊してまもなく裁判論は大きな転換を遂げる。直接のきっかけとなったのは，1990年代に起こったふたつの大事件だった。ひとつは，ヨーロッパのユーゴスラビア（旧）におけるアウシュビッツを想起させる恐るべき民族浄化事件，もうひとつは同時期の1994年，内紛で政情不安が続いていたアフリカのルワンダにおける，わずか3カ月の間におよそ80万人が殺されるという，これまた前代未聞のジェノサイド事件だった。国際社会は当時，これらの事件が起こっている事実を日々外交筋や報道で同時期的に知りながら，即刻止めさせる手段をなかなかとらなかった。ユーゴ紛争では，とうとうNATOが軍事力を行使して事態の収拾にとりくんだが，ルワンダのジェノサイドでは，事件以前から平和維持のため国連軍UNAMIRが派遣されていながらも武力介入を国連本部から許されず，目前に起こりつつある大殺戮を傍観せざるを得なかった。こうした失態にモラルを問われた国連は，遅ればせながらオランダのハーグとタンザニアのアルシャに特別国際法廷を設立することを決定，事後的にそれぞれの残虐事件の責任者にたいして刑事責任を追及したのだった。

　ハーグとアルシャ裁判所の設置は，国際人道法史の新たな時代が到来したことを示唆し，実際そのほかの紛争地域で起こった残虐行為についても同じような訴追努力をすすめる可能性に，世界的な関心が急速に高まるようになった。国連の決議に基づき，シエラ・レオーネ，東ティモール，カンボジアなどに特別法廷がぞくぞくと設立されたのは記憶に新しい。さらに，常設国際刑事裁判所を本格的に建設する案も固まり，1998年にはその基本文書「ローマ規程」が完成，日本も2007年に同規程を批准している。同裁判所は，現在ハーグに設置されている。

国際刑事裁判が分野として成長しはじめると，それまで国内的には「勝者の裁き」と批判され，国際的にはニュルンベルク裁判の影のもと忘れ去られつつあった東京裁判が，にわかに注目されるようになった。なぜなら東京裁判は，先輩株のニュルンベルクと同様，現代の国際社会にとって切実な問題である国際正義の追求に，まがりなりにも具体的なとりくみを試みた歴史的先例だったからだ。とくにハーグとアルシャ法廷の設立が間もない頃は，ニュルンベルク・東京両裁判所が下したさまざまな指導者責任の法理論が話題にされ，極めて今日的意義があるとして法学者や国際判事たちから注目をあつめた。

　当初もっとも難解な問題に数えられたのは，軍司令官や国家指導者などに適用されうる，いわゆる「不作為の責任」論だった。どういった条件と証拠がそろって，はじめて「不作為の責任」は成立するのか？　軍の指揮官系統に属さない文民については，どのような理論的根拠のもと，「作為」のみならず「不作為」の刑事責任が問えるのか？　ハーグやアルシャ法廷の判事らは，これらの難題に対する答えや解決方法を，ニュルンベルク裁判（1945–46），12件のニュルンベルク継続裁判（1946–49），山下裁判（1945），東京裁判（1946–48），その他指揮官責任を審理したさまざまな連合国による裁判に求め，これら諸裁判の法見解を積極的に引用・分析・議論したのだった（ただし話題にされた当時，これら裁判の法的研究は日がまだ浅く，判例としての意義が十分に解明されないうちに引用されたケースもある。今後の法学者による本格的な研究が期待される）。

　2011年現在，新しい国際法廷ができてから早15年以上が過ぎ，判例も充実したため，ニュルンベルク・東京両裁判はそれほど話題にされなくなっている。けれども，この二つの裁判が国際人道法発展の道標となったという見方はすでに一般化しており，これら抜きで国際刑事裁判史を語ることは，もはやできない。

　本章では，結審50周年前後から評価が変わりはじめたこの東京裁判に光をあて，教育現場——とくに中学・高校，大学の社会系教科のクラス——で東京裁判が教材としてどのように利用できるかを検討してみたい。昭和史の決算ともいえる東京裁判は，近現代史や現代社会を担当する教育者にとっては，いわば避けて通ることのできない関門であり，歴史認識，戦争責任，平和・安全保障問題，歴史和解等の問題にとりくむ授業ではなおさらのことである。ただ冒頭でもすでに言及したとおり，東京裁判は「勝者の裁き」と評されてきたこと

もあり，教育者にはどちらかというと扱いにくく，社会系教科のクラスでも敬遠されがちな題材だったかもしれない。そこで本章では，「勝者の裁き」をふくめた従来のさまざまな裁判論を尊重しつつも，東京裁判の歴史的意義を多角的に論じる試みをし，次世代を担う子どもたちの教育のために東京裁判とその関係資料をどう積極的に使うことができるか，一石投じてみたい。

　補足的に本章は，東京裁判正否論それぞれに正論があるとしながらも，正否を越えた広い視野からの評価が可能とする立場をとっている。冷戦後の国際社会の変容とともに，異なる観点からの意義づけができるようになったことは，そういった可能性の一例に挙げられる。また本論からもあきらかなように，裁判の内実は必ずしも一枚岩ではなく重層性と複雑さをそなえ，従来の研究では見落とされがちだった特筆すべき法的・歴史的成果もあれば問題もあり，今後よりいっそうの研究が求められるところである。そして東京裁判は，その時代性ゆえにさまざまな政治的束縛を免れることができなかったが，ニュルンベルクの継承裁判として，国際平和や人道主義を基調とした国際法秩序のあり方を模索しひとつの答えを出しており，その点はやはり注目される。このように東京裁判は，その実態を読み込んでいくとなかなか奥がふかく，教育者にとっても学校の生徒たちにとっても，敬遠されるよりむしろ積極的に開拓されるべき興味のつきない実に「面白い」歴史事件である。こういった裁判の奥行きや面白さが読者に伝えられれば，本章はその役割を果たしたことになる。本書は太平洋戦争の発端となった真珠湾攻撃に重きをおいているので，「東京裁判からみた真珠湾」に注目しながら，裁判資料をつかった授業案の可能性をいくつか提示してみたい。なお，本章で引用する裁判関係文書については，読みやすさを考慮して，旧字体を新字体に，カタカナをひらがなに改め，濁点と傍点を付して表記した。

1　裁判の概観

　東京裁判は，第二次大戦後にニュルンベルクで開催された史上初の国際刑事裁判につづいて，1946年5月から1948年11月まで約2年半にわたって開催された。ニュルンベルクでゲーリングらナチス・ドイツ国家指導者20数名が

裁かれたが，それにならい東京法廷でも，満州事変前後から国運を決定づけてきた日本政府高官や陸海軍将官ら被告グループが裁かれることとなった。ニュルンベルク裁判所の正式名称が「国際軍事裁判所」であるのにたいして，東京版が「極東国際軍事裁判所」と名づけられているゆえんは，一部ここにある。

　東京裁判所を設立する法的根拠は，直接には1945年9月2日，東京湾に停泊するミズーリ号で調印された降伏文書だ。それによると，日本政府は「ポツダム宣言の条項を誠実に履行すること」を約束，そして英・米・中国政府が発した当のポツダム宣言（1945年7月26日）の第10条には，「吾等の俘虜を虐待せる者を含む一切の戦争犯罪人に対しては厳重なる処罰加へらるべし」と言明されていた。この条項に基づき連合国は，一方では国際法廷を東京に特設し，また一方では，中国・太平洋各地に多くの戦犯法廷を設立し，約6年にわたり大規模な対日戦犯裁判を開催した。いまのところ，裁判の総件数は2240以上，被告の総数はおよそ5700人だったとわかっている。

　ニュルンベルク裁判は，戦勝国のうちアメリカ・イギリス・ソ連・フランスの4カ国が主催したが，東京裁判の場合は，太平洋戦線で英米の主要同盟国だったオーストラリア・オランダ・カナダ・中華民国・ニュージーランドの5カ国と，新興2大アジア国家のインド・フィリピン（裁判開始当時はまだ英米の植民地）も参加し，合計11カ国だった。それぞれの参加国は，検察官と判事を1名ずつ指名する権利をもち，検察官らは各地でそのとき同時進行していた戦犯調査や裁判とも連携しながら裁判の準備をすすめた。参加国のうち唯一アメリカは，検察官と判事だけでなく通訳や速記録者など法廷スタッフを多数提供し，また日本政府からの要請もあって，英米法に不慣れな日本人被告と弁護人を補佐するためのアメリカ人弁護士20数名も東京に送った。ほぼ例外なく裁判に批判的だった被告たちは，はじめは旧敵国アメリカから来日した弁護人に疑いの目を向けたが，やがて彼らのプロフェッショナリズムを高く評価するようになり，おのおのの回想録にも賞賛のことばを記している。

　なお，当時の歴史資料からは，連合国が裁判を中立国に委託することを検討した形跡はなく（世界を二分した大戦で厳密に中立を保った国がなかったのも実情だろうが），あるいは敗戦国自身に自主裁判を認める可能性も推していなかった。この背景には，四半世紀前のある歴史的事件が関係していた。第一次

大戦が終結したとき戦勝国は，敗戦国ドイツの戦争犯罪人を訴追することを望み，その手段としてドイツ自主裁判権を認めた。しかし，ドイツ当局が実際にライプツィヒでおこなった一連の裁判は，処罰が極めて不徹底ないわば「茶番劇」に終わってしまった。このライプツィヒの教訓は，対ナチス・ドイツ戦犯裁判構想の伏線をなし，敗戦国による自主裁判にかわって「勝者の手による裁き」への道をひらいたのである。そして東京裁判にもそのまま継承されたのだった。ちなみに，「勝者による裁判」のオールタナティブとして，英首相チャーチルは即決処刑案に当初言及していたが，これはローズヴェルト米大統領もソ連のスターリンも賛成しなかったので立ち消えになった。

東京法廷は，皇居北西側に位置する市ヶ谷台に当時のこっていた旧陸軍士官学校内に，ニュルンベルク法廷をモデルにして建設された。このため東京裁判は，視覚的にも空間的にもニュルンベルク裁判の極東版となったといえよう（同建造物は「市ヶ谷記念館」として都内の防衛省に復元されており，事前に予約すると見学できる。降伏文書の調印が行われたミズーリ号も，ハワイのオアフ島真珠湾にて現在訪問できる）。

東京裁判をニュルンベルクの極東版とならしめたのは，しかし外見ではなくて中身だった。とくに極東裁判所は，(1)侵略戦争を計画・実行することと，そういった行為を追及する合意——いわゆる「共同謀議」——に参画することを国際法上の犯罪行為とみなし，これらの行為について個人の刑事責任が問える，というニュルンベルク裁判の基本原則をそのまま受け継ぎ，(2)この理論を用いて日本の戦争指導者を国際犯罪人としてさばいた，という点で，ニュルンベルク裁判の双生児であり後継者だった。ニュルンベルクの法理論は，当時「平和に対する罪」とよばれ，ニュルンベルク・東京双方の裁判所規程（「裁判所憲章」）に明記され，起訴状にも主要な訴追事項としてふくまれた。がしかし，この法理論が実際に成りたち国際法廷で適用できるかどうかについて，法曹界では当時コンセンサスが育っていなかった。支持する側に立った同時代の法学者や政治指導者たちは，1928年の「不戦条約」——正式には「戦争の放棄に関する条約」（あるいは「パリ条約」「ケロッグ・ブリアン条約」ともよばれる）——をはじめ，第二次大戦以前にそのほか多国間で合意されていた条約や協定に根拠があるとし，その論に反対する側は，ニュルンベルクでの試みを「事後法」

だと批判した。ここに，裁判不当論たる「勝者の裁き」の論理的基盤があり，同批判は今も裁判論に大きく影響している。

ただ，ここでひとつ注意されるのは，ニュルンベルク・東京両裁判所の管轄内には，捕虜虐待や戦時下の一般市民に対する虐殺などの戦争法規違反——いわゆる「通例の戦争犯罪」——があった点で，これには事後法批判が当たらない。そして，「人道に対する罪」という法理論も両裁判所の管轄だったが，はじめは事後法批判をうけながらも，後世の評価は「平和に対する罪」と異なって正当論が主流となり，今では法制化も飛躍的にすすんでいる。この法理論によると，交戦状態のあるなしにかかわらず，自国民をふくめた一般市民を政治，人種，宗教上の理由から組織的に迫害したり残虐行為の対象にしたりすることにつき，責任者に個人刑事責任を問えるとする。これは，従来の戦争法規ではカバーできなかった残虐事件——とくに自国民に対する組織的迫害や殺戮——に適用できる画期的な法理論で，ナチス・ドイツによるユダヤ系ドイツ人の迫害が，その最たる例だった。より近年の例では，1970年代カンボジアのポル・ポト政権による自国民の組織的大虐殺や，イラク元大統領サダム・フセインが敢行したクルド人迫害・虐殺なども挙げられよう。東京裁判においては，当初から各国検察官が「人道に対する罪」に該当する犯罪ケースが極東ではなかった，と判断したため訴追努力が限定され，この部分については東京裁判から法理論上の貢献がみられない。

参考までに，上述の不戦条約は日本国憲法第9条の理念を先どりするもので，比較研究の教材として興味深いので授業にとりいれるとよいかもしれない。つぎに示した不戦条約の条文からも読みとれるように，文言上も意味上も，第9条と重なるところがあるのがわかる。

　第1条　締約国は国際紛争解決の為戦争に訴ふることを非とし[，]且其の相互関係に於て国家の政策の手段としての戦争を放棄することを其の各自の人民の名に於て厳粛に宣言す
　第2条　締約国は相互間に起ることあるべき一切の紛争又は紛議は其の性質又は起因の如何を問はず平和的手段に依るの外之が処理又は解決を求めざることを約す

戦前日本は不戦条約の締約国だった。ただし当時の政府は，日本は天皇主権

制のため第1条の後半にでてくる「各自の人民の名に於て」の部分については日本に該当しない，という立場をあきらかにしていた[1]。このような但し書きを国際社会に示していた事実は，戦前・戦中の日本がどのような政治理念に支えられた国家だったかを垣間みさせてくれており，この部分も歴史や社会の授業で論じてみる価値がある。

2 主な訴追内容と判決

先に述べたとおり，東京裁判の検察局はニュルンベルクの先例にしたがって「平和に対する罪」の法理論を適用し，国際法のもと侵略戦争が処罰可能な犯罪行為であるとする判例を追求することを一大任務とした。具体的には，1931年9月に勃発した満州事変前後から太平洋戦争開始までを中心に，この期間に日本側が計画・遂行した一連の軍事行動を「侵略戦争」であるとみなし，日本の国家指導者に刑事責任を問うた。さらに各国検察官は，日本陸海軍が連合国兵士やアジア民衆に対して犯した残虐行為を立証すること，そして指導者責任を問うことに高い関心をよせた。この問題について彼らは，軍司令官に限らず閣僚ら政府高官に刑事責任を追及する方針を固めた。そのため被告グループは，(1)満州事変を画策した関東軍幹部やその他の支持者，(2)満州国設立と経営，華北侵攻に深く関与した同軍の歴代司令官や参謀長，ならびに満州国旧総務長官，(3)1937年7月に始まった日中の全面戦争当時の閣僚や軍司令官，そして(4)東条英機を筆頭に対米開戦を決定・遂行したいわゆる「真珠湾内閣」のメンバー，といった，広範囲にわたる多様な人物が選ばれたが，それぞれが「平和に対する罪」と戦争犯罪（そして補足的に「人道に対する罪」）について責任追及されたのである。太平洋戦争中に内大臣であり，裕仁天皇から厚い信頼を受けた木戸幸一も被告のひとりだった。しかし，占領政策と極東の安全保障を懸念した連合国は，裕仁天皇についてはこれを特殊ケースとみなし，高度な政治的決断から天皇を被告グループに入れないことにした。天皇が指名されるべきだったかどうかは，今でも東京裁判の争点となっている。

2年におよぶ複雑な法廷審理を終えた1948年4月，11人の判事たちは本格的に判決文のまとめにとりかかったが，裁判所の意見は多数派と五つの個別賛

成・反対意見にわかれ，最終的に8名の判事が支持する多数派意見が東京判決として提出された。この判決書で，裁判所は検察側の主張をほぼ認めた。要点は，(1)日本による侵略戦争の計画と遂行の共同謀議が1928年頃から存在した，(2)1931年の満州事変を皮切りに，中国その他近隣諸国に対して日本が侵略戦争を遂行した，(3)残虐行為についても，虐殺・強姦・拷問・強制労働など同じ類型の戦争犯罪を，アジア太平洋戦線の各地においてくりかえした，そして(4)日本政府高官および軍司令官は，戦争犯罪を命令ないし許容したことに対して刑事責任を問われる，であった。

個人の判決については，被告25名中1名を除いて全員を「平和に対する罪」について有罪と判断，他方「通例の戦争犯罪」については，25人中10名のみ有罪，残りは無罪とした。これら10名のうち7名は死刑宣告をうけた。残り18名の被告については，かつての外相重光葵（有期刑・7年）と東郷茂徳（有期刑・20年）以外は一律終身刑を宣告された。死罪を受けた7名のなかには，「平和に対する罪」で無罪だった松井石根もふくまれた。松井は南京事件当時，中支那方面軍の総司令官だった人物だ。判決書によると，1937年12月の南京陥落直後，部下が一般市民や捕虜に対して虐殺，強姦，放火等の蛮行を広範囲に犯していると知りながら軍の統制を怠り，残虐行為の続行を許容したとのことだった。

公判中，真珠湾に関係する部分は，検察側にとっても弁護側にとっても一つの山場だった。法廷での主な争点は，これが不戦条約を違反した行為だったばかりでなく，1907年のハーグ第3条約をも違反して遂行された奇襲で，この点からも国際法に反する犯罪である，という検察側の立場の是非を問うことだった。ハーグ第3条約は，宣戦布告を事前に通知することを義務づけており，真珠湾に関して検察官らはここに着目，日本側が条約を守らず襲撃を敢行したと証拠づけようとした。ところが多数派判事は，最終的に検察側の主張をしりぞけている。判決書に記載してある説明によると，「この条約は，敵対行為を開始する前に，明瞭な事前の通告を与える義務を負わせていることは疑いもないが，この通告を与えてから，敵対行為を開始するまでの間に，どれだけの時間の余裕を置かなければならないかを明確にしていない」のであり，そのためこの条約は，「狭く解釈することが可能であり，節操のない者に対して，他方でかれら

の攻撃が奇襲として行われることを確実にしながら，右のように狭く解釈された義務には従うように工夫する気を起こさせるものである」。このように，ハーグ第3条約そのものに若干の不備がある以上，裁判所はこの文書に拘泥する意味が見いだせないという立場をとり，真珠湾攻撃がハーグ第3条約を違反した行為だったかどうかは敢えて結論づけなかった[2]。とはいえ裁判所は，真珠湾攻撃が正当防衛をなさない侵略戦争だったと断定している。しかし，その根拠は奇襲云々ではなかった。むしろ，日本が1931年以来の中国での軍事侵攻と占領を継続することに固執し，状況打開のためには対米戦をも辞さずと決定，そして実際に対英・米・蘭戦に踏み切ったことだった。こうした事実認定に基づいて初めて，真珠湾攻撃を国際法に反した「平和に対する罪」と決定づけたのだ。

公判中弁護側は抗弁し，日本の対中政策はもともと平和的であって満・蒙・中国民族との共和共存をめざしていたと主張，にもかかわらず，国民政府の蒋介石は無理解で協力せず軍事抵抗をつづけ，やがて日本は「ABCD」（アメリカ，イギリス，中華民国，オランダ）による経済封鎖に悩まされ，ついに国家の存亡のため防衛戦争を余儀なくされた，と弁明した。しかし，裁判所は以下のように答えて弁護側を退けている。

> 弁護側の主張とは反対に，フランスに対する侵略行為，イギリス，アメリカ合衆国及びオランダに対する攻撃の動機は，日本の侵略に対して闘争している中国に与えられる援助をすべて奪い去り，南方における日本の隣接諸国の領土を日本の手に入れようとする欲望であったことは，証拠が明らかに立証するところである。[3]

こうして東京判決は，日本の中国に対する軍事介入がそもそも正当ではなかったとし，そして日本が対中戦争に固執したことが太平洋戦争の一大原因だった，という見方をあきらかにしたのだった。これは，日本における戦後歴史学で重視されるようになる「アジア太平洋戦争」観と相通じる見解であり興味深い。授業でも，生徒たちに賛否のディスカッションを促してみるとよいだろう。

ちなみに，対米戦決定時に首相兼陸相を務めた東条英機被告は，東京法廷にて有罪・死刑判決を受けているが，死刑の根拠は「通例の戦争犯罪」であって真珠湾攻撃に関する判定ではなかったと考えられる。というのは，ニュルンベ

ルク・東京両法廷の判事たちは,「平和に対する罪」が比較的新しい法理論であることに配慮してか,この訴因のみで有罪となった被告を誰ひとり死刑宣告することがなかったからだ。他方,捕虜虐待や非戦闘員の組織的虐殺などの事件(つまり,「通例の戦争犯罪」や「人道に対する罪」)について有罪となった被告に対しては,死罪をふくめた重い量刑をくだしている。東条被告のケースも,おそらくこの例に漏れない。東京判決によると,東条は(1)泰緬鉄道建設への大規模な捕虜強制労働を許可した,(2)各地で強制労働を課された捕虜の虐待を許容した,(3)中国戦線の中国人兵士に対して,捕虜としての諸権利を認めない方針を支持した,(4)「バターン死の行進」の責任者を処罰しなかった,などの戦争犯罪について個人責任があるとのことだった。これらの判定が死罪を決定づけた可能性は高く,もし「平和に対する罪」の訴因についてのみの有罪判決だったら,有期ないし終身刑止まりだったかもしれない。事実認定と量刑の相関関係は,ニュルンベルク判決とも比較しながら授業でディスカッションできれば,死刑判決の意味を考えるよい学習体験になると思う。

3　資料のアクセス状況

　ここまで,東京裁判の大枠と要点を,真珠湾との関わりをたどりながらまとめてみた。残る数頁では,教材作成のときに利用できる裁判資料のアクセス状況に言及したい。

　東京裁判の公用語は日本語と英語で,法廷審理はすべて2カ国語によって記録された。そのため,裁判の基本資料──裁判所憲章,起訴状,公判速記録,裁判所の受理した証拠文書(「書証」),多数派判決,五つの個別賛成・反対意見──のすべては,日英の両方で読むことができる。ところどころ日・英文に訳のズレがあったり訳し落としが若干あるが,刊行されている日本語版の裁判記録を「定訳」とあつかってほとんど問題ないと思われる。あるいは,生徒たちの英語の勉強もかねて,英文の裁判資料を使ってみるのも面白いかもしれない。ただし,日・英両方とも裁判資料は読み応えがかなりドライで,大学生レベルの生徒たちでも,すんなりと頭に入りにくい難解さがある点は注意されたい。できることならば,難しい長文を家でそれぞれ読んでもらうよりは,要所要所

7章 教材としての東京裁判　131

を授業で一緒に読みながら解説したりディスカッションしたりする，という形式が理想的だろう。

　裁判資料のなかでも最も重要な文書は判決書だ。その全文は裁判終了時に公開法廷で読みあげられラジオでも報道されたほか，日本語版はすぐ毎日新聞社により出版されている（『東京裁判判決』1949 年）。他方，公判記録の全貌が刊行資料としてまとめられたのはしばらく後のことで，1968 年にはじめて速記録が出版されている（『極東国際軍事裁判速記録』全 10 巻）。このなかには判決書も含まれているが，書証については，審理中に法廷で読み上げられた抜粋部分は記録に残っているが，読まれなかった部分は速記録から外れているのが一般的である。そのため，もし特定の書証の内容をより深く追ってみたい場合は，国立公文書館にて該当資料を閲覧するか，後述するアジア歴史資料センターでデジタル版を読むようにされたい。個別意見についても，一部刊行されているものを除いて同様である。

　なお，上に言及した『東京裁判判決』と『極東国際軍事裁判速記録』は，裁判のまとまった資料を提供している重要な刊行資料だが，部数が限られているうえ今では古書の部類に入り，アクセスが容易でない。教材づくりにとりくむときは，大きな研究機関から借りる必要が出てくる可能性も留意したい。

　英文資料の方は，もう少し刊行資料の整理がすすんでおりアクセスもよい。しかも，速記録や判決書がまとまった形で読めるだけでなく，包括的な資料目録も刊行されており，それらを利用すると効果的に教材作成ができる。とくに使い勝手のいい資料は，R. John Pritchard と Sonia Magbanua Zaide の編集した *The Tokyo War Crimes Trial*（New York and London: Garland, 1980, & 1981–1987）で，この書は，全 22 巻の英文速記録と全 5 巻の *Index and Guide*（『目録・ガイド』）から成る。この刊行物の改訂版は，Edwin Mellon という出版社から近年あらためて出版されている（全 124 巻）。利用方法としては，まず目録の巻を当たって，「パールハーバー（真珠湾）」，「ハーグ第 3 条約」，「東条英機」など，授業で注目したいトピックのキーワードを検索し，速記録の該当ページを探す。そして，そのあと速記録の該当ページをめくりながら，前後の関連部分もふくめて選択的に読む。そうすると，効率よく焦点を絞った教材づくりができるだろう。また，同『目録・ガイド』のなかに一冊飛び抜けて分厚

い巻があるが，それは東京裁判の概要が公判 1 日ごとにまとめてあり，目録と合わせて使うとよい。裁判の全容をつかむためだけでも，その巻にざっと目を通してみると便利だ。

　裁判の判決書のみを教材づくりに使う場合は，次の 2 点が利用できる。それぞれ目次と索引を適宜使いながら関連トピックのページを探し，必要があれば日本語の判決書（前述『東京裁判判決』）とつきあわせて使ってみるのもよいだろう。

- B. V. A. Röling and C. F. Ruter, eds.（1977）*The Tokyo Judgment: The International Military Tribunal for the Far East（I.M.T.F.E.）, 29 April 1946–12 November 1948*. Amsterdam: APA-University Press.
- Neil Boister and Robert Cryer, eds.（2008）*Documents on the Tokyo International Military Tribunal: Charter, Indictment and Judgments*. Oxford University Press.

　近年のインフォメーション・テクノロジーの進歩と相まって，上に挙げた刊行資料のほか，日英両方の裁判資料はデジタル化され，オンラインで読めるようになっている。その結果，授業現場だけでなく図書館やその他学外でも裁判記録を広く使える可能性がでてきている。たとえば，「アジア歴史資料センター」のウェブサイトは，日本語と英語両方の裁判記録でデジタル化したものを公開している。ただ注意されるのは，このデジタル資料はもともとの紙文書をスキャンしてウェブサイトに掲載する形式をとっているため，「キーワード検索」ができない。たとえば，東京裁判の速記録そのものを呼びだすことはできるが，つづいて「パールハーバー（真珠湾）」に関係する部分を選択的に読もうとしても，掲載されているデジタル版にはそれ以上のテキスト検索機能がないので，紙文書を読むときと同じように 1 ページずつ根気よく読んでいくしかない。いずれは，キーワードごとの検索が可能なハイ・テク・データベースの開発が望まれる。そのような試みは，英語版速記録については現在進行中で，リッチモンド大学の図書館がとりくんでいる（Digital Initiatives, Boatwright Memorial Library）。完成まではまだ時間がかかるようだが，デジタル化が終了したあかつきには，速記録，判決書，書証がすべて有機的に結合された高い検索機能をもつデジタル・アーカイブになると予想される。また，オランダ・ハーグの常設

国際刑事裁判所 (ICC) は，古今の国際裁判を包括的にサーチできるデジタル・アーカイブズ作成に力をいれており，世界各国の研究機関と連携しながら現在その方法を模索中だ。同裁判所のウェブサイトで，「Legal Tools」というリンクをたどっていくと基本情報が得られる。ICC Legal Tools の開発も時間がかかるが，完成すればニュルンベルク・東京両裁判だけでなく，BC級戦犯裁判の記録も含まれるようになるだろう。日本語版の裁判記録についても，これに匹敵するデーターベース開発が将来すすむよう期待したい。

[1] 極東国際軍事裁判起訴状，付属文書B。
[2] 毎日新聞社編 (1949)『東京裁判判決』毎日新聞社，p. 254。
[3] 毎日新聞社編 (1949)『東京裁判判決』毎日新聞社，p. 255。

[Ⅱ]部——真珠湾を教える：歴史理解の現場から

アリゾナ号をまたいで浮かぶ，アリゾナ記念碑（出典：USS Arizona Memorial Photographic Archives, National Park Service, Department of Interior）

8章 ――「真珠湾」を授業する
多様な記憶・越境する歴史

森茂岳雄

1　はじめに ―― 戦争学習のジレンマ

　真珠湾攻撃から70年，アジア太平洋戦争の終結から65年以上が経過した。その間，日本が直接的に戦争に関わらなかったことの意義は大きい。しかし一方で戦争体験世代を70代以上と仮定すると，現在すでに人口の4分の3が戦争非体験世代であり，家庭に戦争体験世代が同居していないかぎり「戦争の記憶」は日常的に若い世代にほとんど伝承されないと言っても過言ではない。このような現状を踏まえ，山田朗は今日戦争学習を行うことのジレンマについて，「若い世代に〈戦争の記憶〉を継承できるだけの文化的な土台が希薄になりつつあるために歴史教育者の熱意に反して，戦争学習は空回りする危険性を常にはらんでいる」[1]と述べている。

　このような現状の中で，2005年から毎年の夏に5年間にわたってホノルルの東西センターに日米の教員を集めて「真珠湾 ―― 歴史・記憶・記念」（Pearl Harbor: History, Memory, Memorial）と題する教員ワークショップ（以下「ワークショップ」と略）が行われた。このワークショップの概要については巻頭の矢口論文に譲るが，本ワークショップが最終的にめざしたものは，ワークショップでのさまざまな学びの体験をもとに，日米で「真珠湾」をテーマにした授業づくりを含む教育活動を行い，実践することであった。ワークショップ終了後，それぞれの学校現場に戻った教師によって多くの実践が生み出された。第II部では，それらの実践の中から，特に日本の教師によって行われた実践のいくつか（その中には，日米双方の交流によって生み出された実践を含む）を取り上げて報告する。これらの実践は，いずれも先に述べた今日の「戦争学習のジレンマ」の中で，その克服をめざす試みであった。

　第II部に先立つ第I部では，ワークショップに関わった研究者らの「真珠湾」

やアジア太平洋戦争に関する論考が集められている。本章では，それらの論考の中から「真珠湾」やアジア太平洋戦争に関する授業づくりを考える視点をいくつか抽出し，それを分析視点にして各自実践の特色や意義について考察したい。ただ，各実践は最初からこれらの視点をすべて意識して行われたものではない。また各実践は，学校種，学年，実践された教科や領域，地域や学習者の学習経験等々，異なる背景の下で各教師が生徒と向き合う中で生み出されたものであるので，授業づくりに当たっての課題意識も一様ではない。以下，「真珠湾」を授業するに当たっての視点とそれらの視点に照らした各実践の特色について論じる。

2　歴史教育における記憶と記念

　ワークショップの中心的なテーマは，そのタイトルにもなっている「歴史・記憶・記念」である。これを授業の課題として言い換えれば，真珠湾攻撃に始まる日米間の戦争の「歴史」，それをめぐるさまざまな「記憶」，その記憶を定着させる方法としての「記念(碑)」を授業でどう扱うか，という問いとして立てることができる。

　歴史研究におけるメモリーブームや新しい社会史研究の影響を受け，近年，歴史教育，特に世界史教育の分野においても，歴史の「記憶」やその表象としての「記念碑」をどのように教材化するかということについて，いくつかの実践的試みがなされてきている。それらの多くは，従来の文献資料を教材の中心としてきた歴史学習にかわって，「記憶の表象」「記憶のかたち」としての「記念碑」や「記念物」をどのように教材化するかといった視点から実践されたものである[2]。それらは，従来断片的歴史知識の習得に陥りがちであった歴史教育への反省に立って，モノやそれに込められた人びとの思いを教材化することで，「歴史を読み解く力」や「歴史とかかわる力」など，いわゆる「歴史リテラシー」の育成をめざすことを課題意識としてなされた。

　しかし，これら実践の課題意識の中には，矢口が指摘しているように，学問的客観的であるが一方で無味乾燥な「歴史」と，主観的断片的であるが人間味豊かである「記憶」といった二分法的意識が存在しているように思われる（本

パンチボール墓地での「和解」のセレモニー（撮影：矢口祐人）

書2頁)。しかし，従来矛盾する意味が与えられ，二項対立的に用いられ定義されてきた「歴史」と「記憶」の区別は恣意的なものにすぎず，両者は相互に浸透する関係にあることが指摘されてきている[3]。

　ワークショップでは，国立公園局の歴史家による真珠湾の「公的」歴史や，ハワイにおいて抑圧され周辺化されてきた体験を持つハワイ先住民や日系人の集団的記憶，真珠湾で日本軍の攻撃を体験したサバイバーや民間人の個人的記憶が語られた。これらの歴史やさまざまな記憶を授業の中でどのように関係づけ，統合していくかが実践の課題として提起できよう。また本ワークショップが，国家によって過去の戦争の公的記憶を定着させ記念する場所として建設されたアリゾナ記念碑をはじめとする記憶表象が点在するオアフ島を舞台に行われたことや，参加した日米の教員がパンチボール墓地の日米退役兵の友好記念プレートを挟んで行われた「和解」のセレモニーも体験したことから，授業において「歴史」や「記憶」と「記念」を相互に浸透するものとしてどう関係づけるかといった課題にも発展できる可能性も秘めていた。

　以上に述べた視点から，「真珠湾」の歴史や記憶に焦点をあて，さらにはそれから発展させて「戦争の記念」のあり方について生徒に思考させたいくつかの実践が生まれた。まず従来の「真珠湾」をめぐる歴史学習の中でさまざまな「記憶」を活用した事例として，戦艦オクラホマや戦艦アリゾナの惨劇を題材にし

た映像が記録する歴史の記憶，パールハーバー・サバイバーや日本側の真珠湾攻撃体験者の個人的記憶，日系人部隊に加わってアメリカ人として第二次世界大戦に参加した日系人の個人的記憶を活用して「平和」や「生きること」の意味を考えさせた糞口一哲の実践（11章4）がある。

また記憶の他に，記憶を定着させる方法としての「記念」に注目し，そのあり方を考えさせた実践として次のものをあげることができる。フィールドワークや年表づくりを通して第二次大戦までの戦争の「歴史」を確認すると共に，ヒロシマの悲劇を加害，被害の両面から考えさせ，その後の「記憶」の残し方としての平和記念公園の建設などの「記念」のあり方や，広島平和記念資料館の展示方法について生徒に考えさせた神垣しおりの実践（9章1）。かつての敵対国であったドイツとフランスが共同で作成した『独仏共通歴史教科書』の戦没者追悼に関する記述，日本の原爆死没者の慰霊式典や全国戦没者追悼式とアメリカのメモリアル・デー式典における日米の戦没者記念式典の態様の比較，さらには日本の靖国神社とアメリカのアリゾナ記念碑を取り上げて戦争の記憶を保存する追悼施設の日米比較から戦没者追悼（記念）のあり方を生徒に考えさせた松井克行の実践（9章3）。日本において太平洋戦争がどのように語り継がれているかを理解するために国内の戦争に関する記念館，博物館の展示内容や展示意図を批判的に考察させる学習，太平洋戦争をめぐる日米の「語り」の比較から日米における戦争観や戦争をめぐる記念のあり方の違い，及び日系アメリカ人の戦争体験者の個人的な記憶の学びを通して，戦争をめぐる語り，記憶，記念のあり方を批判的に分析できる能力の育成をめざした虫本隆一の実践（12章1）。

これらの実践は，歴史と記憶の相互作用について明確に意識して実践されたものではないが，「真珠湾」や第二次世界大戦の学習に文献資料だけでなく記憶や記念といった視点や方法を取り入れた新しい実践として評価できる。

3　多様な歴史認識の形成

ワークショップのもう一つのキーワードは，「多様な視点」（multiple perspectives）である。2004年にアメリカ人教師のみの参加によって開始された本ワー

クショップは，翌2005年から日本の教師も参加して実施されるようになった。その背景には，太平洋戦争において日米の直接対決の出発点となった「真珠湾攻撃」という歴史事象を「多様な物語」(multiple story)[4]としてとらえ直し，それら多様な視点からの授業づくりをめざしたものであった。それはまた日米の教師にとっては，それまで自分たちが持っていた真珠湾攻撃や太平洋戦争に対する見方を相対化する機会でもあった。

　このように一つの歴史事象を多様な視点から再構成する試みは，アメリカにおいては多文化主義の影響の下で，合衆国史をエスニック・マイノリティや女性，子どもなど，これまで歴史の周辺に置かれてきたマイノリティの観点から再構成しようとする試みとしてなされ，歴史教育の分野においても「多文化歴史教育」(multicultural history education)[5]として研究と実践が積み重ねられてきている。このようにアメリカでは，国内の歴史事象に関する記述については多文化主義の努力がなされてきたが，戦争の歴史に代表されるような対外的な歴史認識については依然としてきわめて「自民族中心」的な傾向を持つと言ってよい。児童生徒が学ぶ自国史がナショナリスティックな性格を持つことは，当然のこととしてどこの国においても言えることであるが，グローバル化が進行している21世紀の新たな多元的世界秩序においては，アメリカにおいてもこれまでの国内における多文化主義の努力を国際社会にも拡大適応して，「国際多文化主義」の立場を取ることができるかが課題になる[6]。これは，日本の歴史教育においても同様の課題である。

　このような意味で，ワークショップのテーマである「多様な視点」とは，さまざまなレベルを含んでいるといえる。すなわち，対外的な意味では真珠湾攻撃とその後をめぐる日本とアメリカという国家間の戦争観，歴史認識の多様性，アメリカの国内で言えばハワイ先住民や日系人というエスニック集団の歴史的経験の語りの多様性，さらにはサバイバーや民間人としての個人的経験の語りの多様性等である。ワークショップではこれらさまざまな立場の人達からの「多様な物語」を聞く機会が設けられた。

　例えば，真珠湾や太平洋戦争をめぐる日米という国家間の戦争観や歴史認識の相違については，しばしば指摘されるところである。すなわち，アメリカにおいては，日本による真珠湾攻撃を「だまし討ち」(国際的な野蛮行為)と受け

止め，以降原爆に至るまでのアメリカの反撃を「野蛮」に対する「文明」の戦いと位置づけてとらえることが一般的である。そして，第二次世界大戦を反ファシズムに対する「正戦」が戦われたという意識だけでなく，戦時経済の成長によって長年の不況から脱却できたという二重の意味で「よい戦争」という認識が定着している[7]。そのような文脈の中で，アメリカの原爆投下をあたかも日本の真珠湾攻撃の必然的な結果としてとらえる言説が生み出されたと言ってもよい。

このような戦争観や歴史認識は，生徒が使用する歴史教科書の記述にも表れている。アメリカの歴史教科書の戦争言説を分析した井口博充によれば，そこには「パールハーバー言説」というものが存在し，それは次のような特色を持っているという。歴史教科書の「パールハーバー」に関する記述では，日本とアメリカを「敵」と「見方」に分け，「彼ら」対「我々」，「日本」対「アメリカ」という二項対立的関係で論じられる。そのことは，「彼ら」「日本人」と「我々」「アメリカ人」を抽象化することにより，その国家とそれに属する人を区別することを難しくし，それらのカテゴリーに含まれる人を同質なものとして設定することで，それによって国と国との境界を補強する働きをしている。そこでは，戦争に反対した日本人も，原爆に反対したアメリカ人もすべて「敵」と「見方」に分類されてしまう。また，この戦争が，「悪い」日本人が真珠湾攻撃をすることによって始まり，「正しい」アメリカが広島と長崎に原爆を落とすことによって正義が回復されて終わるというナショナリスト物語を形成しているという[8]。

この点に関しては，本書の第Ⅰ部で米山リサも「エノラ・ゲイ論争」について述べた中で，「日本では『日本人とアメリカ人の原爆に関する感覚の違い』といった表現が繰り返され，あたかも見解の相違は国の違いに基づくものであるかのような説明がなされた。そのような国家の視点に基づいた語りにより，あたかもすべてのアメリカ人が広島への核兵器の使用を歴史の勝利として喜ぶ一方で，すべての日本人はそれを一般市民の虐殺として非難するといった理解を生んだのである」（本書63頁）と指摘している。

このような議論から，授業実践にあたっては，日米という国家間の戦争観，歴史認識や公的記憶[9]をめぐる多様性，一国家内のマイノリティ集団の多様な経験，さらには個人の多様な経験[10]をどう扱うかが課題となってくる。報告さ

れた実践はいずれも「多様な視点」を何らかの形で意識してなされたものであるが，この視点を中心においてなされた実践としては次のものがあげられる。

　第一に，真珠湾攻撃の行われた1941年に作曲され，当時日米の兵士によって歌われていた日米の流行歌を聴き比べ，その共通点や相違点から日米の戦争観の違いや戦意高揚に果たす音楽の役割について考えさせた居城勝彦の実践（10章2）。その居城が開発した戦時における日米の戦争観の相違を音楽から読み取らせる活動を活用したり，サバイバーへの質問の作成を通して真珠湾とハワイをめぐる「多角的視点」を生徒に喚起することをねらった金田修治の実践（11章3）。これら二つの実践は，戦争学習に生徒の身近なメディアである音楽を活用した実践例として注目される。

　第二に，真珠湾攻撃時に，日系二世の男性がアメリカの攻撃を受けニイハウ島に不時着したパイロット日本兵を助け，7日後に二人とも非業の死を遂げたという「ニイハウ島事件」を取り上げ，その事件についての日米の文書資料を教材として一つの歴史事象を「複眼的視点」から思考することを通して，「解釈の異なる事象を公正な立場から見る力を養う」ことをめざした藤本文昭の実践（9章2）。真珠湾以降の日系人の強制退去と強制収容に焦点をあて，日系アメリカ人とアメリカ政府広報官という異なる立場から作成された強制収容を扱った映像を使って，それぞれの視点から強制収容の事実を多角的に検討させ，「メディアの持つ力に気づき，現代社会を生きる自分たちがどのように情報を読み取るかを考え」させた織田雪江の実践（10章1）。これら二つの実践は，共に立場のちがう二つの文書資料や映像資料を批判的に検討することを通して，歴史事象を多様な視点から思考することの重要性に気づかせた試みで，メディア・リテラシー育成の観点からも注目に値する。

　第三に，日米のいくつかの学校が参加して，日米で同じ真珠湾攻撃や日系人の強制収容を扱った児童図書やドキュメンタリービデオを使って授業を行い，自分たちの考えや意見をメール交換によって伝えながら，真珠湾や第二次世界大戦に関して多様な見方を育成しようとした中山京子の実践（10章4）。同じように，日米の高校で同じ映画を視聴することから始めて，日本の高校では日系人の視点から真珠湾を考えさせ，アメリカ側では文献資料の他，真珠湾攻撃に参加した日本人パイロットやアメリカ側のサバイバーの話を活用し，メール交

換によって，多様な視点から「真珠湾」について学びを深めた松澤徹の実践（10章3）。この二つの実践は，日米の生徒がメール交換を通して，自分たちの持つ戦争観や歴史認識を相対化し，意見形成をしていった新しい試みとして評価できる。

　最後に，模擬裁判，フォトランゲージ，ケーススタディといった多様な学習活動を通して，アジア太平洋戦争を日本，アジア太平洋，アメリカの立場から，戦争に対する日本の政府と住民の立場を本土と沖縄の視点から，さらには在外日本人と，日本人と在日外国人の立場から「多角的，多層的」に考えさせることをねらった金山顕子の実践（11章2）。第二次産業革命以降のアメリカ及び日本のアジア・太平洋地域における侵略・進出に焦点をあて，その中で生まれた「日系人」「在日外国人」「引揚者・残留邦人」などの個人の問題を考えさせた荒川裕紀の実践（11章1）。これら二つの実践は，同じ日本の中の本土と沖縄，在日外国人，引揚者・在留邦人といった日本内部における多様性の視点から「真珠湾」や戦争をとらえ直したという意味で興味深い。

4　真珠湾と現代をつなぐ視座

　真珠湾攻撃は世界史上の一つの歴史事象であるが，日米にとっては同時に現代につながる象徴でもある。「真珠湾」という言葉が，アメリカにおいてその後どのように意味づけられ，利用されてきたかを論じたローゼンバークは，「『パールハーバー』という用語は，第二次世界大戦後のアメリカ人の生活において，もっとも強力で感情に訴えかける象徴のひとつであり続けている」[11]と論じている。また，戦後の日米関係においても「真珠湾」の「聖像」（アイコン）は，今日までさまざまな形で利用されてきた。特に両国関係の悪化の時期には，両国において（とりわけアメリカ側において）真珠湾や太平洋戦争の記憶を呼び覚ますような記事，論説，政治漫画などが利用された[12]。

　例えば，その象徴的例として，日本が「バブル経済」を謳歌し，反対にアメリカの経済が衰退期に入り経済摩擦や貿易摩擦が日米の大きな問題になった1980年代から90年代にかけては，日本の経済的な脅威に対して「経済的真珠湾」といういい方がアメリカのマスコミによって頻用された。また，2001年の

「9.11」に際しては、ジョージ・W・ブッシュ大統領が「今日、21世紀の真珠湾が起きた」と日記に印し、何人もの連邦議会議員が「これは第二の真珠湾である」と述べ、多くのマスコミやメディアがこのような文脈で「9.11」を「新しい真珠湾」[13]と表現した。今日「9.11」という事件に判断を下す基準として「パールハーバー」はいたるところに現れ、真珠湾攻撃と「9.11」の両事件の記憶を形づくっている。このように、「真珠湾」は過去の歴史的日付であると同時に、現代に「生き続ける日付」[14]でもある。

本書で戸谷由麻が東京裁判を例に「真珠湾」を「その後」から再検討すること（東京裁判からみた真珠湾）の重要性を指摘しているが（本書123頁）、「その後」の意味づけという視点をさらに拡大して考えると、「真珠湾」と「現代」を結ぶ視点が授業づくりにおいても重要な視点になってくる。やはりテッサ・モーリス・スズキが第Ⅰ部の論考において記憶の力学に敏感な「真摯な歴史」を追求することの重要性を語った中で、「歴史への真摯さとは、一連の関係性を明らかにし、そこにおける自らの位置を理解しようとするものである」（本書76頁）と述べている。「真珠湾」を扱う授業においても、それを単に過去の歴史的事件としてだけ扱うのではなく現代の問題とつなげ、生徒自身の今の生活の中にどう位置づけていくかという課題として考えさせることが重要である。

第Ⅱ部で報告された授業実践の中には、「真珠湾」の問題を直接「経済的真珠湾」や「9.11」と関係させて展開したものはなかったが、「真珠湾」から出発して現代的問題とつなげて展開された実践として次のものがあげられる。真珠湾攻撃以降のアメリカ社会における日本人や日系アメリカ人の強制収容や戦後補償のあり方から、日本における在日外国人への理解を深め、今日の多文化共生社会を考える授業づくりを行った織田雪江の実践（10章1）。日米の「和解」をテーマに、元真珠湾攻撃隊長の淵田美津雄と東京初空襲を行ったドゥーリトル爆撃隊の元爆撃手ジェイコブ・ディセイザーの和解[15]や、ワークショップで証言した戦時下の敵国関係の中で周囲の反対を押し切って日系人と結婚した元米兵士スターリング・ケール夫妻の事例を通して、「和解から平和共生へ」という視点で、「真珠湾」と今日の人権問題や共生の意味について考えさせた大滝修の実践（12章2）。これら二つの実践は、歴史事象を共生や人権といった今日の問題と結んで展開したことで、「真珠湾」というテーマが歴史学習だけでな

く他の領域においても発展できる可能性を示したという意味で興味深い。

5　トランスナショナルな歴史意識の形成にむけて

　ワークショップでは，日米の教師が参加することによって戦争観や歴史認識に関する日米の差異が繰り返し確認されたと共に，「真珠湾」をめぐるアメリカ国内の「多様な視点」が強調された。しかしそこでは，矢口が指摘しているように，「日本人の視点」「日本人の記憶」なるものをきわめて安易に本質化することで，まさに国家がもくろむ「国民を生み出すための歴史観」に回収されてしまう面があったのは否めない（本書12頁）。この国家に回収される歴史観の危険性について，入江昭は次のように述べ，今日のグローバル化する相互依存世界におけるトランスナショナルなアイデンティティ形成の必要性を主張している。

　「記憶やアイデンティティを，国を分析する枠組みにおいてのみ理解するならば，歴史的記憶の研究は，国という単位が独立個別のものであるということを裏打ちする危険性が生じる。しかし，個々の諸国の全体像が共有された記憶の共同体として創造されるならば，それらの諸国をつなぐものは何となるであろうか。国境を越える記憶やアイデンティティは存在しないのであろうか。共有された記憶，共有された過去，共有された脱国家的（トランスナショナル）なアイデンティティはありえないだろうか。」[16]

　このように考えると，歴史事象を個人の記憶，集団の記憶，国家の記憶を超えて世界的な歴史の記憶，グローバルな記憶から考える視点が重要になってくる。このような点から考えると，ジェフリー・ホワイトが指摘しているように，本ワークショップは国境を越えて戦争の歴史や記憶を論じる「トランスナショナルな歴史（を構築するため）の場」（本書42頁）であったといえる。

　このような考え方は，歴史学においては，近年トランスナショナル・ヒストリーの主張となって研究が進められてきている。ここでトランスナショナル・ヒストリーとは，「人類の歴史とりわけ近代世界体制の歴史は，一国を単位とするのを前提としてのみ理解されてきたし，それがまさしく近代歴史学の重要な属性であった。ところが，国家を乗り越え国家の間を横断できる視角を持たない限り，人類の歴史を正しく把握することはできない，という自覚から提起さ

れた」[17] ものである。しかし，歴史教育においては，この視点からの実践はまだ十分なされてきているとは言えない。

「真珠湾」をめぐる学習にあたっては，このようなトランスナショナルな視点からの授業づくりが課題になってくる。しかしながら油井大三郎が指摘するように，歴史意識がまったく異なる戦争の「記憶」を「トランスナショナル」に再構築することはそれほど容易なことではない（本書 19 頁）。ワークショップの中では，日米という国家の枠組みを超克するような過去のナラティブを複数創り上げることはできなかったし，そのような視点からの実践は十分生み出されていない。第 II 部に集録された実践の中で，このようなトランスナショナル・ヒストリーの視点を含んだ実践として，日本の大学生とグアムの高校生の交流活動を通して日本とアメリカという国家の視点を超えて，太平洋戦争の記憶をどう継承し，共有するかをめざしたものに中山京子のもう一つの実践（12 章 3）をあげることができる。キース・カマチョも指摘しているように，グアムを含むマリアナ諸島は，日本とアメリカに植民地化された地として，独自の戦争の記憶が形成されてきた（本書 97 頁）。中山の実践は，このような日米の植民地支配のなかで翻弄されたグアム，特に先住民チャモロの視点を共有することでトランスナショナルな歴史意識の形成をめざした実践の試みとして注目される。

以下第 II 部では，以上のさまざまな視点を含んで行われた授業実践[18]を，その学習活動の特色をもとに，「記憶と表象」「メディアの活用」「参加・体験学習」「訪問・交流活動」の四つに分類して掲載し，それぞれの授業実践について，2010 年に本ワークショップの発展として開催された大学教員向けのプログラム「歴史と記念：太平洋戦争の遺産」に参加した大学の若手研究者によるコメントを付した。

[1] 山田朗「戦争学習に何が必要か（上）」歴史教育者協議会編『歴史地理教育』No. 693, 2005 年, 61 頁。
[2] 例えば次のようなものがある。新木武志「歴史教育における表象分析の意義と課題――トラファルガー広場のモニュメント空間分析を中心に」歴史学会編『史潮』新

46 号，弘文堂，1999 年。高橋健司「歴史教育における記憶の取り扱いについて（1）〜（4）」『朝日大学教職課程センター研究報告』第 13 号〜第 16 号，2005〜2008 年。
[3]　例えば，米山リサ，小沢弘明・小田島勝浩訳『広島　記憶のポリティクス』岩波書店，2005 年。
[4]　日本の教師が参加するようになった 2005 年の本ワークショップのタイトルは，「歴史と記憶：真珠湾をめぐる多様な物語」（History and Memory: Multiple Stories of Pearl Harbor）であった。
[5]　森茂岳雄「アメリカの歴史教育における国民統合と多文化主義」油井大三郎・遠藤泰編『多文化主義のアメリカ——揺らぐナショナル・アイデンティティ』東京大学出版会，1999 年。桐谷正信「シティズンシップ教育としての多文化的歴史教育——「多様性」と「統一性」を視点として」『埼玉大学紀要　教育学部（別冊 1）』59（1），2010 年。また日本における多文化歴史教育の実践の試みとして，次のものがあげられる。田尻信壹「多文化主義の視点からの世界史学習」日本国際理解教育学会編『国際理解教育』6 号，創友社，2000 年など。
[6]　油井大三郎『日米戦争観の相克——摩擦の深層心理』岩波書店，1995 年，231 頁。
[7]　油井大三郎『好戦の共和国アメリカ——戦争の記憶をたどる』岩波新書，2008 年，155 頁。
[8]　井口博充『情報・メディア・教育の社会学——カルチャル・スタディーズしてみませんか？』東信堂，2003 年，80–81 頁。
[9]　アメリカ側の戦争観，歴史認識を反映した授業案を含む教師ガイドが，本ワークショップを支援した国立公園局（National Park Service）とアリゾナ記念館協会（Arizona Memorial Museum Association, 現太平洋歴史公園協会，Pacific Historical Parks）の共同プロジェクトによって開発されている。本ガイドは，ハワイ州のカリキュラムスタンダードに基づいて実践できるよう構成されている。A Co-operative Project of the National Park Service and the Arizona Memorial Museum Association, *Pearl Harbor Remembered: Hawaii State Teacher's Guide* (The Arizona Memorial Museum Association, non date).
[10]　アメリカでは，当時パールハーバーを体験した子どもの視点から真珠湾を扱った授業案を含む教師ガイドも開発されている。Anthony D. Fredericks ed., *Pearl Harbor Child: A Child's View of Pearl Harbor—From Attack to Peace, Teacher's Resource Guide* (Woodson House, 1999).
[11]　エミリー・S・ローゼンバーグ，板倉章訳『アメリカは忘れない——記憶の中のパールハーバー』法政大学出版局，2007 年，vii 頁。

[12]　石井修「パールハーバーの残像——日米の経済・社会・文化摩擦,1982–92 年」細谷千博・入江昭・大芝亮編『記憶としてのパールハーバー』ミネルヴァ書房,2004 年,52 頁。

[13]　例えば,David Ray Griffin ed., *The New Pearl Harbor: Disturbing Questions about the Bush Administration and 9/11*(Olive Branch Press, 2004)など。

[14]　エミリー・S・ローゼンバーグ,板倉章訳「パールハーバー——アメリカ文化に生き続ける日付」細谷千博・入江昭・大芝亮編,前掲書,2004 年,15～51 頁。

[15]　アメリカでは,元真珠湾爆撃のパイロットであった阿部善次と当時海兵隊員で戦艦ウエストバージニアのラッパ手であったリチャード・フィスクのその後の交流,和解,友情を扱った授業案を含む教師ガイドも開発されている。Anthony D. Fredericks ed., *Pearl Harbor Warriors: The Bugler, The Pilot, The Friendship, Teacher's Resource Guide*(Woodson House, 2002)。

[16]　入江昭,篠原初枝訳「個人,国家,および世界の記憶」細谷千博・入江昭・大芝亮編,前掲書,2004 年,423 頁。

[17]　尹海東,裴貴得訳「トランスナショナル・ヒストリーの可能性——韓国近代史を中心に」『季刊日本思想史』76 号,ペリカン社,2010 年,61 頁。

[18]　実践を記す中で「単元」という用語が使用されている。「単元」とは,学習内容のまとまりを示す。

9章——記憶と表象

1　広島における主体的な平和学習の取り組み——ヒロシマの記憶をどう記念するか（神垣しおり）
2　真珠湾攻撃から70年目を迎えて今もくすぶる問題——「ニイハウ島事件」の記憶を通して複眼的視点を育てる（藤本文昭）
3　第二次世界大戦の戦没者追悼のあり方を考える——日本と関係諸国との比較学習を通して（松井克行）
［コメント］記憶と表象（西村　明）

1　広島における主体的な平和学習の取り組み
ヒロシマの記憶をどう記念するか
神垣しおり

1–1　ワークショップでの学びと授業実践への視点

　被爆65年を経た今，「ヒロシマの風化」は叫ばれ続け，地元の自治体の平和関連事業やメディアによる平和教育などの特集記事を頻繁に目にする。しかしその実態は，ヒロシマ平和メディアセンターが指摘するように，「あの日が遠ざかるにつれて生徒が被爆体験を直接聞く学習は年々難しくなり，学力重視の流れの中で平和を学ぶ時間は限られがちだ。教える側も戦後生まれ。原爆・平和教育のノウハウ継承は切実な課題となっている」[1] と言えるだろう。

　私の勤務校は，原爆によって灰燼に帰した広島の地に復興の槌音が響きだした頃に創立されたカトリック系の中高一貫校である。これまで，体系化された人権平和学習カリキュラムを継続し，多少の修正を加えつつ，「アジアの中の日本，広島」という視点を意識して学習活動を展開してきた。さらに，中学3年時の長崎研修，高校一年時の沖縄研修，韓国やフィリピンの高校との交流などとも連動し，平和への意識が深まることを目指している。しかし，現実は学習時間の確保も含め，課題を多く抱えており，自分自身もヒロシマの意義を再認識する必要があった。ワークショップのプログラムはどれもが刺激的で，特に，自分自身がハワイの独自性，アメリカという国を問い直すことにもなった。

原爆投下，空襲を行った国アメリカの責任を問うのではなく，原爆症訴訟にしても，日本に賠償を問う私たちである。「リメンバー・パールハーバー」に対して，「ノーモア・ヒロシマ」といえば，アメリカとの和解を示したと指摘される声も強い。中学1年時では重要文化財の世界平和記念聖堂見学や，卒業生でもある本校元教員の被爆体験を聴くことから平和学習がスタートする。さらに，夏休みの平和学習課題として，身近な親族の被爆体験をまとめたり，反核運動を行っている先輩たちの活動に参加したりといった活動も含め，生徒たちは真摯に平和学習に取り組んでいる。しかし，その後の展開は，教員も生徒も「戦争反対」「世界平和」という言葉を掲げて，そこで止まっているように思える。戦後のアメリカの覇権に対する批判的考察と共に，アメリカの原爆肯定論に対する苛立ちを覆い隠す私の意識もあった。身近な被爆者の声を聴き，原爆ドームを頻繁に眺め，平和記念資料館に機会あるごとに足を運び，平和学習を継続してきた。その一方で，ワークショップを通して，真珠湾攻撃の証言を聴き，アリゾナ記念碑を見学したことや，ハワイ観光でアリゾナ記念碑を多くのアメリカ人が訪れるのに対し，日本人はわずかであると聴いたこと，対馬丸を攻撃した戦艦ボーフィン号の中に入った時の戸惑いなどは，アメリカの視点にたって考える自分自身の学びだった。

　本校の教育の中で，原爆投下以前の「軍都・廣島」の歴史認識も重要と位置づけ，日清戦争の際の大本営だった時点からの学習として，広島県内大久野島での毒ガス製造の歴史に関して，実際のフィールドワークを中心に，加害者の立場としての学習を積み重ねてきた。「唯一の被爆国日本」と表現される中でも，原爆投下時に多くの在日朝鮮人，外国人が被害を受け，その後の補償も厳しい状況であることを記憶の重要な視点として置くことにも注意を払ってきた。「廣島」に置かれていた歩兵11連隊が1941年12月8日以降のマレー半島侵略の先頭にたった歴史は，実際に碑を訪れて意識化していた。しかし，同日のハワイ真珠湾攻撃に関しては，逆に周知の事実として，太平洋戦争の出発点という事実を紹介するのみだったのも確かだった。ワークショップにおいて真珠湾攻撃を受けた人々の証言を聴いたり，先住民にとっての聖地真珠湾の歴史を垣間見たり，日米の両教員が「Memoryとは？」「アメリカの日系強制収容所に自分だったらどんなものをまず持っていくか？」といった意見交換を経験する中

で，自分の意識，視点をさらに広げることができた。

　本校の中学1年次では平和学習のテーマとして，「軍都廣島と被爆地ヒロシマに関する学習」を，2年次では「大久野島研修を中心とした学習」を設定している。ワークショップで得た情報などを活かし，社会科授業と総合学習での実践を目指したものの，授業進度の問題もあり，十分に時間の確保や教材化ができているわけではない。ここでは，中学2年時における社会科学習指導案と授業展開，その後の生徒の意見集約や総合学習活動について報告する。

1–2　実践「平和記念都市広島を考える」の概要
（1）　単元目標，教科などとの関連，および単元観
　ノートルダム清心中学校第2学年（4クラス，計188名）を対象とした社会科（地理・歴史）において，「生徒が主体的に学ぶ授業づくり」のテーマのもと，平和記念都市広島を考えることを主題とした1時間の特設授業を行った。ねらいは以下のように設定した。

①平和記念都市建設法制定60周年を通して，改めて，広島と戦争がどのように関わってきたのか，総合的に捉えながら，真の平和記念都市のあり方を考察する。
②1・2年時でのフィールドワークを通して学んだことを，社会科の学習とつなげる。
③生徒たちが主体的に学べるように，教材や展開方法を工夫し，多角的な見方・考え方を構築する。
④資料（年表や地図，新聞記事など）を読み取って，分析する力を養い，中学生として必要な知識の整理をする。

　本校の中学1・2年時の社会科は，通常は地理的分野と歴史的分野の時間に分かれているが，今回は合同授業の形で展開した。この授業を行う時期（11月）には，地理では中国地方，歴史では20世紀初頭の戦争の歴史について学んでいた。太平洋戦争など今後学ぶ範囲については，小学校の時の知識やニュースなどを活用した。

　「記念」のあり方を考える導入として，本年2011年が本校創立60周年や，広島市平和記念都市建設法成立60周年であることに注目した。そして，平和記

念都市法成立60周年とはどういう意味か、また他にも記念とつく言葉にはどんな意味があるかを考えた。授業の目的として、広島が平和記念都市を建設するとはどういうことなのかを考え、意見交換していくことを目指した。

(2) 単元の展開と学びの実際

活動1：広島に関する2回のフィールドワーク（中学1年の平和公園周辺、中学2年の大久野島）を思い出し、第二次世界大戦までの戦争の歴史を確認した（班ごとに年表を完成する）。毒ガス製造、日中戦争、太平洋戦争などに触れ、広島が担った役割は何かといったことを考えた。

活動2：戦後も世界ではさまざまな戦争が続いていることに簡単に触れ、核兵器だけでなく、広島で製造された化学兵器を一度使うとどのような影響が戦後もおきているのか、大きな流れを年表形式で学んだ。

活動3：戦後、どのような戦後処理、記念、記憶の残し方があったのかについて話し合った。特別法の制定によって「平和記念都市広島」が成立する際、住民投票で過半数の同意が必要だったこと、平和記念公園が新たにつくられたことなども確認した。「『平和記念』にはどんな記念のしかたがあるだろうか。単に8月6日に出来事として思い出せばよいのか？」と投げかけられた生徒たちは班で話し合った。ちょうど広島にオリンピック誘致という話題が出たころであったが、出された意見は、「過去の事実を知り、伝える。体験を聴き、伝える。被害の補償。記念館、資料館、フィールドワークなどを通して加害の側面も知る。他の都市（長崎、沖縄、外国の諸都市など）とつながる。他の紛争地域と連帯する」といったことだった。話し合いの材料として、ハワイでの体験を写真や動画で紹介した。真珠湾の画像や当時の証言者の姿を見て、生徒にもイメージはわきやすかったようだが、その後、海底に沈んだ戦艦アリゾナの上に浮かぶ記念碑の存在には驚き、さらにビジターセンター入館後、まず映画を全員視聴するという展示方法には興味深そうであった。そして、パンフレットを見た時にアメリカ合衆国の星条旗が目立ち、広島との違いを感じたようだった。真珠湾の記憶と戦艦アリゾナ記念碑・ビジターセンターの展示方法はどう影響するのか考えているようでもあった。

活動4：広島平和記念資料館の展示方法（原爆投下前の廣島の歴史から始ま

る東館からではなく，原爆の遺品を展示した本館を先にまわるコース変更が当時，提案されていた）の改定案に関して，一般市民の声も募集中ということを紹介し，自分たちの意見を述べることが一つの記念のしかたへの参画方法ではないかと提示し，いくつかの班からは改定賛成，反対の意見が出たところで授業は終わった。授業後，「自分が広島市長だったら，こんな平和記念都市にしたい」「平和を記念するとはどういうことか？」「平和記念資料館展示方法についての意見」という3項目について，それぞれが意見をまとめて提出した。資料館の展示方法については，後日，生徒たちの意見を広島平和記念資料館宛に送った。以下が生徒たちの意見（188名分）のまとめである。

　最も多かったのは，「歴史を先に学び，最後に原爆の実相を展示する今まで通りの順路が良いものの，展示方法は変更する」という，ほぼ現状維持の意見（68人）だった。提案としては，「一文が長く，子どもに分かりづらい」「もう少し簡潔にするか，視覚的に訴えたらよい」「音声の解説を増やす」「音声説明機を無料にする」「映像を15分くらいまとめて流す」といった視聴覚的展示方法の意見が多かった。また，加害者の立場を明確に出す視点として，「大本営，大久野島などの加害者の立場もしっかり示してほしい」という意見も複数見受けられた。さらに，「原爆を違った形で体験できる装置があったら良い。クイズ形式も良い」といった体験型の提案や「左側に写真や映像コーナー，右側を文章にして，時間のある人は文章を見る」という選択型や「最後の部屋は平和を意識し，もっと明るい雰囲気にする」という提案もあった。

　次に多かったのが，「今までと変えない」という意見（48人）であった。その理由としては，「変える理由がない」「原爆投下前の歴史が重要」「展示物はすごく良かった。実際に触ることができれば，よく分かると思う」「歴史が詳しく書いてある方を見ないと，本当に理解できたことにならない」「いきなり本館では見た時のショックが大きすぎる」「最初に遺品を見たら，『被害者』側だけを誇張している感じになると思う」と，小さい時から見学してきた体験をもとにした意見が目立った。

　一方，順路を変えて，「歴史をたどるコースをあとにした方が良い」という回答は29人であった。さらに，構造，内容の変更提案として「見学にきた人が全部見られる構造が良い」「自然光を取り入れ，平和な感じを伝える」「被爆の

資料がじっくりと見られるようにした方が良い」「本館にある遺品を東館一階に移す」「遺品や写真などをもっと増やす」というように，遺品の扱いを第一に考えている声も目立った。どちらからでも入館できるようにするという意見も複数回答されていた。

　全体的な案内方法に関しては，「小中学生用のテキストをきちんと渡す」「案内者が必ずついて案内してくれる企画にする」「軍都廣島の説明は，規模の縮小よりもより分かりやすくする事に力を注ぐべき」「案内者は，最後の展示の所にいたら良い」「ジブリに依頼して，広島版『火垂るの墓』をつくる。子ども向けにも大人が見ても考えさせられる短編映画をつくって上映する」「案内図を増やす」「頻繁に被爆者の方の講演を行う」「見学前に被爆者の方の話をまず聞く」といった意見も出された。

　生徒たちはこれまでに何度か資料館を訪れているだけに，記憶も鮮明で，積極的に資料館への意見を述べていた。上記の意見から明らかになったことは，より歴史や証言者の声を重視していたということである。また，被害だけでなく加害の立場も必要だという意見も多く，その展示方法は絵やアニメーションやビデオなど，より視覚的にと提言しているものが目立った。「直接体験した『記憶』を，赤裸々に，次の世代へと継承できる数少ない好例である，原爆の絵のような迫力ある作品が，ますます重要になってくる。ただし，継承が効果的に行われるために重要となるのが，その展示の形式である」[2]とジョン・W・ダワーも述べている。授業でアリゾナ記念碑とビジターセンターを紹介したことは，資料館展示内容・方法を受動的に捉えていた生徒たちが，発想を広げ，記憶・歴史の伝え方を主体的に考える上での好材料となった。

　一方，総合学習の一環として，国際理解教育の観点から，「広島を英語で発信する」というタイトルの下，12月よりクラスごとに約15分程度の番組を作成する作業を学年全体の活動として開始した。各班（全部で12班）ごとにテーマを決め，ビデオまたは写真を使い，約1分ずつ伝える構成である。広島の地理，歴史を取り上げつつ，学校紹介も含めて取り組んだ。歴史を担当した班は，原爆の被害だけでなく，毒ガス製造や復興の象徴である広島市民球場などにも触れていた。取材，英語での原稿作り，番組編集は予想以上に時間を要し，技術面でも完成度が高いとは言い難い。しかし，生徒たちは制作過程で意欲的に活

1–3 振り返りと今後の展望

　先日，広島平和記念資料館では，整備計画の基本が発表された。提案通りの「原爆投下以前の歴史から」ではなく，「被爆の実相」を知る遺品展示から見学する基本方針とのことであった。改訂の必要はなしといった生徒の声とは違ったが，順路だけでなく，その展示方法に関しても検討が継続されていくようである。「原爆投下によって物理的・精神的に破壊された『軍都・廣島』を捨て去り，非現実的な過去への郷愁を断ち切りつつ，あくまでも目の前の現実を出発点とした発想の延長上に構想できる未来への展望をアイデンティティの源泉とする中で生まれたのが，『平和都市・広島』というビジョンであった」[3]と篠田英朗は述べている。今回，平和記念資料館のあり方を考え，資料館に対して自分たちの要望を提言し，「広島を英語で発信しよう」と取り組んだ生徒にとって，「平和記念都市・広島」のビジョンを描く，主体的な平和学習の発展とも言えるだろう。

　先に述べた授業では，真珠湾に今も眠る戦艦や被害者は過去の記憶の連続性であり，観光都市ホノルルにおける軍事基地真珠湾という視点を活用できなかった。本校生徒の通学範囲は，呉や岩国，江田島も含めて広く，基地は身近である。ホノルルとは姉妹都市でもあることから，歴史や都市のあり方も含めて，今後，比較の対象としての教材化をさらに検討したい。「広島の『明るい』新たな記憶の景観の生産は，多くの部分で，戦争と原爆の物理的痕跡の一掃や，空間的・時間的な封じ込めを通しての記憶の再定義をともなうものだった」[4]と米山リサは述べている。日米関係の記憶でいえば，2010年8月6日の平和記念式典に，初めてアメリカ代表として駐日大使が出席したことへの生徒たちの関心は非常に高かった。今年度の中学1年の授業で，平和公園フィールドワーク事前学習として，真珠湾に関する過去と現在のハワイについての内容を盛り込んだところ，多くの生徒は原爆の加害国ではなく，真珠湾攻撃の被害国アメリカという視点をもつことの重要性を感じたようであった。生徒や卒業生の多くは

戦争や平和を意識しているが，広島を離れた時の戸惑いや周囲との意識のギャップに対する悩みを聞くことも多い．それだけに，今後学習内容を丁寧に検証し，視点を更に広げ，教科学習や総合学習などに活かしていくことが重要である．

生徒がこれまでのフィールドワークなどをもとに，テーマを自分たちで定め，積極的に取り組んだ「広島を英語で伝える」作品づくりは，英語を通した生徒間の対話の出発点と認識している．平和学習を機械的に継続したのでは，直野章子が指摘するように，「日本における被爆の記憶は，原爆被害者を置き去りにしたまま，『反核・平和』の物語として編成され」[5]，主体的な生徒の学びには繋がらない．この度，日米交流実践には至らず，ワークショップの体験を活かす困難さも感じているが，さらにどのような主体的な平和学習に繋げられるか継続して考えていきたい．真珠湾の見学，講義，証言，日米教員の出会い，美しい自然，ゆったりとした温かな空気などすべて有機的に結びついたことがハワイに対する平和な記憶に繋がっている．真珠湾の記憶を辿り，日米対話が進み，日米の平和観への歩み寄りや新しい記憶の必要性を発見していきたい．

2010年，ある証言ビデオを通して，学校のグラウンドに，1945年夏，軍需工場が急遽建てられ，学徒動員が被爆されたという事実が判明した．2011年春，生徒たちとこの証言者を訪問し，工場の存在を確認することもできた．約70年の時を経てもなお，「真珠湾」を語る人々や被爆者の思いが教育活動を通して重なる．

引用文献

［1］ ヒロシマ平和メディアセンター「平和教育は今」（『中国新聞』2009年4月28日付）．

［2］ ジョン・W・ダワー（2007）「歴史，記憶，そして「原爆の絵」という遺産」広島平和記念資料館編『原爆の絵　ヒロシマを伝える』岩波書店，172頁．

［3］ 篠田英朗（2008）「平和構築としての広島の戦後復興」広島大学平和科学研究センター編）『現代平和構築活動から見た広島の戦後復興史』（IPSHU研究報告シリーズ研究報告 No. 40），23頁．

［4］ 米山リサ（2005）『広島　記憶のポリティクス』岩波書店，105頁．

［5］ 直野章子（2009）「ナクバから60年——パレスチナと東アジアの記憶と歴史」京都大学イスラーム地域研究センター編『イスラーム世界研究』第2巻2号，45頁．

2　真珠湾攻撃から70年目を迎えて今もくすぶる問題
「ニイハウ島事件」の記憶を通して複眼的視点を育てる
藤本文昭

2–1　ワークショップでの学びと授業実践への視点

　ワークショップ「真珠湾——歴史・記憶・教育」に強く参加を希望したのは，「ニイハウ島事件」が，ローズヴェルト大統領によって署名された大統領行政命令第9066号とそれに依拠する日系人強制収容に直接的な影響を与えたか否かに関する手掛かりを摑みたかったからであった。筆者はニイハウ島事件の原因を作った日本人兵士である西開地重徳と同じ愛媛県今治市の出身であり，この事件の真相やその後の影響に関心を抱いていた。この事件が過去のものであり改めて論ずるに値しないのなら，個人的な関心事として留めていたであろう。しかしワークショップに参加したことで，ニイハウ島事件が今も問題をはらんだ現在進行中のテーマであることがわかった。

　真珠湾攻撃から2カ月余りを経て，ローズヴェルト政権は戦時下の反日心理に基づき日系人強制収容を実行した。この措置は長期にわたる人種差別によるものであり，軍事的必要性からも正当化されるものではなかったことが，1983年2月24日，米連邦議会が設置した「戦時民間人再定住・抑留に関する委員会」によって報告され，米国政府は補償金の支払いも含め当該日系人に対し正式に謝罪した。このような政府の公式見解が発表されているにもかかわらず，日系二世の男性が真珠湾攻撃に参加した日本人兵士を助け，7日後に二人とも非業の死を遂げたというニイハウ島事件を，ハルステッド（Hallstead, 2000）のように日系人強制収容の端緒になったとする見解がある一方で，ロビンソン（Robinson, 2001）のように日系人強制収容の原因は別にあるとの見解もある。この二つの見解のうち，前者を強く支持する展示が2006年12月7日から真珠湾の中心地で始まった。フォード島にある太平洋航空博物館（Pacific Aviation Museum，以下PAM）がそれである。

　博物館内の多々ある飛行機の展示に交じってニイハウ島事件の展示コーナーがある。その展示パネルには，ホノルル在住の全米日系人協会（Japanese American Citizens League，以下JACL）会員の女性によって「問題がある」と

の見解が示された内容が記されている。2010年8月現在の展示パネルには，日本兵西開地重徳を助けた日系二世を日英両言語で次のように説明している。英文では "Niihau resident Yoshio Harada, who aided Nishikaichi." と記され，その下に日本語訳で「西開地と共謀して島の制圧を図った日本人労働者の原田義雄」（原文まま）とある。ハラダがなぜ西開地を助けようとしたのか，その動機は不明である。しかし展示パネルの日本語訳には，ハラダが島の制圧を共謀した，と明記している。JACL会員が問題視したのは，このパネルが事実を伝えているのではなく，日系二世のハラダの行動が軍事的謀略を意図したものであったかのような誤解を与える憶測を含んでいるということである。

また，開館当時のパンフレットや展示パネルには，すでに政治的に解決したはずの日系人強制収容の端緒がニイハウ島事件であったとの説明が書かれていた，とこのJACL会員は主張する。彼女が所有する当時配布されていたPAMのパンフレットには次のように書かれている。

December 7th, 1941, petty officer 1st class Shigenori Nishikaichi crash landed this Zero Fighter on the island of Niihau. After an attempt to take control of this island Nishikaichi was killed. The consequences of the events leading to his death led to the eventual internment of Japanese Americans in Hawaii and the West Coast of the United States.
（1941年12月7日，西開地重徳一等飛行兵曹はこの零戦でニイハウ島に不時着した。西開地は島を制圧しようと試みたが，殺害される。自らの死に至ったこの事件の結果，ハワイや合衆国西海岸の日系人が強制収容されることになった。）

この文面は第2版では削除された[1]。JACL会員からの指摘や有識者による展示内容への意見書提出によって，上の例のようなニイハウ島事件と日系人強制収容との間に直接因果関係があったという説明は姿を消した。しかし事件発生から70年を経た現在でも，PAMのニイハウ島事件展示説明パネルには前述の憶測によって書かれた世論誘導を暗示させる記述が残っている。

ワークショップでは，太平洋戦争下に人種的偏見，世論誘導が政府によっていかに巧妙に行われ敵国民に対する自国民の敵意や憎悪を助長したかを，日米双方のプロパガンダ資料を使って生徒に紹介し，根拠のない偏見や世論誘導に騙されない複眼的視点，公正なものの見方を育成する授業案の作成を米国人参

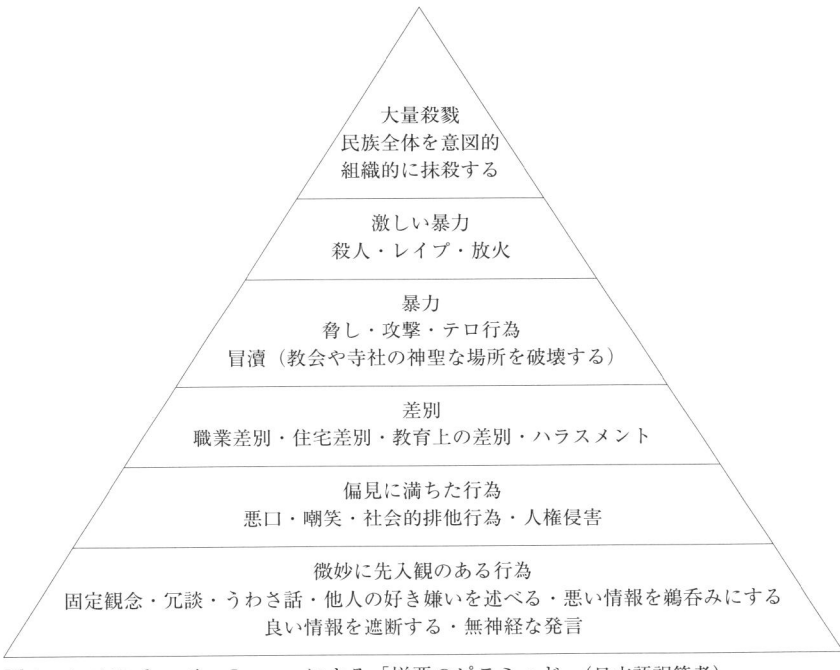

```
                    大量殺戮
                   民族全体を意図的
                   組織的に抹殺する

                    激しい暴力
                   殺人・レイプ・放火

                      暴力
                 脅し・攻撃・テロ行為
           冒瀆（教会や寺社の神聖な場所を破壊する）

                      差別
            職業差別・住宅差別・教育上の差別・ハラスメント

                   偏見に満ちた行為
              悪口・嘲笑・社会的排他行為・人権侵害

                微妙に先入観のある行為
   固定観念・冗談・うわさ話・他人の好き嫌いを述べる・悪い情報を鵜呑みにする
              良い情報を遮断する・無神経な発言
```

図1 Anti-Defamation League による「憎悪のピラミッド」（日本語訳筆者）

加者と試みた。参加者の勤務校は日本国内だけでも北海道，東京，愛媛とそれぞれ教育現場の環境や生徒の状況が異なる。米国では更にその差が顕著で，アメリカ先住民が多数派を占める学校もあれば，ヨーロッパ系が多数派である学校もある。そこで手法はそれぞれの実態に合わせ，勤務校の生徒が理解しやすい題材や方法を考えることにし，米国のユダヤ系団体 Anti-Defamation League（名誉棄損防止同盟）が作成した Pyramid of Hate（憎悪のピラミッド）[2]（図1）を用いて大量殺戮（戦争）は固定観念や偏見から始まることを生徒に認識させる点を具体的な授業目標とした。日本では日本人が多数派であり，日本国内で生活している限り，自分たちに対する人種的偏見を意識する機会は少ない。筆者は「ニイハウ島事件」を教材化することで，生徒が日常感じていない人種的偏見，またはそれ以外の偏見や世論誘導を意識させる授業実践が可能だと考えた。

162　II 部　真珠湾を教える：歴史理解の現場から

2–2　実践「偏見と世論誘導」の概要
（1）　単元目標，教科等との関連，および単元観

　授業実践に当たって，ニイハウ島事件の主要人物の一人が地元今治市出身であるということ，また高校生はこの事件をほとんど知らないということが，従来の真珠湾攻撃に関する物語を扱うのとは異なる。また 70 年を経た現在でもこの事件が偏見助長の道具に使われている，という巧妙な世論誘導の事実を知るためにも得難い教材である。

　私の勤務校である今治明徳高等学校矢田分校（全校 157 名）の 2009 年度 1 年生 48 名（2 クラス　各 24 名構成）を対象に授業を行った。授業は 2 学期 9 月～10 月計 4 回の「総合的な学習の時間」を使い，生徒にニイハウ島事件の概要を把握させ，これまでに解明されている事実の確認と憶測部分とを明確に分けてまとめさせる。事件概要を理解した段階で PAM の展示パネルを紹介し，この事件が世論誘導にどのように用いられているかを疑似体験させる。その後，「憎悪のピラミッド」を参考にしながら，1942 年当時の米国での日系人強制収容の歴史的事実とこのニイハウ島事件との関連性について各グループで討論し，その結果を他のグループの前で発表することにした。これら一連の授業実践の目標は，解釈の異なる事象を公正な立場から見る力を養うことである。具体的には真珠湾攻撃という大事件を背景に起こったニイハウ島事件という小さな事件に関する事実を認識したうえで，立場によって異なる同事件にまつわる様々な解釈を複眼的視点で捉えようと試みることである。

　日本では牛島（1980），米国ではビークマン（1982）がそれぞれの立場からこの事件の詳細を紹介している。授業では日米双方で紹介されている事件の概要を生徒に読みとらせ，一つの事実が視点の違いによって解釈が大きく分かれ，別々のストーリーに変貌してしまうことを確認させることにした。

　1941 年 12 月 7 日，ハワイの隔絶した小島ニイハウ島に，カネオヘ海兵隊基地を攻撃した日本海軍の戦闘機パイロットである西開地重徳一等飛行兵曹が飛行不能となって不時着した。第一発見者のハワード・カレオハノは不時着の衝撃で意識朦朧としている西開地からピストル・地図・その他の書類を押収した。その後丁重に遇するが言葉が通じない。そこで日系二世のハラダヨシオが呼ばれる。ハラダの通訳を介してニイハウ島民らは日米開戦を知った。敵兵の扱い

に困った島民たちは，一時的に西開地の身柄をハラダ宅に移させた。この間の出来事について牛島（1980）やビークマン（1982）はハラダヨシオの妻，ハラダウメノの証言をもとに状況を物語っている。それらを整理すると次の4点にまとめられる。①西開地は，自分が所持していたピストル・地図・その他の書類をカレオハノから取り戻すことを強く求めた。②書類を取り返したら，それらを隠滅し西開地は自決するつもりであった。③ハラダヨシオは西開地の心情を理解し，書類を取り戻す手助けをしようと決意した。④日本語を理解できたハラダヨシオ，ウメノ夫妻は西開地に好意的であった。

その後の事件の成り行きは日本で流布されている内容と米国でのそれとは，大きく異なる。日本版ニイハウ島事件のストーリーはハラダウメノ未亡人の証言に依拠している。それによると，西開地とハラダは書類の奪還に失敗，やむを得ず軍事機密を隠滅するため搭乗機とカレオハノの家に火をつけた。それを見て激高した島民らが二人に投石を始める。万策尽きて西開地とハラダはニイハウ島の山中で自決，二人の遺体は翌日島民によって発見された。

米国版ストーリーは，同事件の実地検分を行ったジャック・ミズハ大尉らがまとめた報告書やベン・カナヘレ夫妻の証言などに依拠している。それによると，西開地とハラダは書類奪還のためカレオハノ宅を訪れるが当人が留守だとわかり，業を煮やした二人は軍事機密を隠滅するため搭乗機とカレオハノの家に火をつけた。そして村を通りながら銃を威嚇発砲し人々にカレオハノを捜すように命じた。その後，ベン・カナヘレ夫妻宅に西開地とハラダが武装した状態でやってきた。ベン・カナヘレは西開地のピストルを奪おうと試みたが失敗，もみ合いとなり西開地はベンに向かって銃弾3発を発砲した。傷つきながらもベン・カナヘレは西開地を持ち上げ，頭から石壁にぶつけて殺害，それを見たハラダは散弾銃で自殺した。この事件直後，ハラダウメノは収監され，1944年夏の解放後もニイハウ島に戻ることは許されず，カウアイ島で洋裁を生業として3人の子どもを育てた。ハラダ夫妻は，日本においては傷ついた日本兵を助けようとした誉れ高い日系人夫婦として伝えられ，米国においては敵兵を助けようとした裏切り者の日系人夫婦として伝えられてきた。

こうした伝えられ方の差異を生徒に示し，授業を通じて，その背後にある事件関係者の思惑にまで彼らの思考を巡らせたい，とも考えた。

(2) 単元の展開と学びの実際

まず日米開戦の発端を理解させるため，映像資料 "*Pearl Harbor: The Eyewitness Story*" (2003) を日本語字幕を添えて部分的に見せた[3]。次に4〜5人のグループ（各クラス5グループ）を組織して，各グループが牛島 (1980) の第3章「二人だけの戦争」，ハラダと西開地がニイハウ島民と敵対し，二人とも自決してしまうというストーリーとビークマン (1982) の二人が書類奪還を図り，ニイハウ島民を威嚇し，西開地はカナヘレ夫妻に殺害され，ハラダは自殺したというストーリーの和訳（筆者による訳文）を読んで事実関係をまとめた。日米双方のストーリーが大きく異なっていることに気づくと生徒らから驚きの声が上がった。グループごとに内容を把握したのち，次の問に取り組んだ。

問1 憶測を排して，ニイハウ島事件の真相はどのようなものか？
問2 ニイハウ島事件が日系人強制収容の原因になったのか？
問3 PAMの説明パネル通り，ハラダは西開地と共謀していたか？
問4 「憎悪のピラミッド」を参考にすると日系人強制収容はどの段階にあたるか？

各グループの回答は概ね次のようなものになった。問1について，「日本側ストーリーの自決説は事件の細部に不審な点があり信憑性に欠ける。島民に殺害されたのが真相だろう」が大勢を占め，日本側ストーリーを強く支持するグループは無かった。問2については，「ニイハウ島事件により日系人が疑われるようになった可能性がある」とするグループと，「この事件だけが原因とは思えない」とするグループに分かれ，その後討論を重ね，授業で提示された資料だけでは結論がでない，という意見に落ち着いた。問3については，日英両言語で書かれた説明パネルに誤訳とも取れる大きな違いがあり，この展示を見た日本人の世論を誘導しようとする狙いがあるのでは，という意見がでた。大勢のグループは，「共謀」したというより「事件に巻き込まれた」というほうが適切との判断であった。問4については，図1の「差別」から「暴力」のどちらかであるとし，強制収容は当時の米国政府が戦争を契機に日本人，日系人に対する憎悪と偏見を急激に高めるためのキャンペーンだったのでは，という意見が出た。これらの意見や感想が集約されるまでに2週間かかった。映像や文字でマスメディアに登場したものを，これまで抵抗なく「事実」として受け入れ

てきた大部分の生徒らは，批判的に物事を見つめ，討論し，解釈することが創造的であると同時に容易でないことをこの授業を通して経験した。

2–3 振り返りと今後の展望

　生徒に提示した資料がニイハウ島事件に関する日米双方のステレオタイプであったこと，ワークショップ中に入手したその他の米軍公式記録などを授業中に紹介できなかったことから実際の事件の真相に迫ることは難しかった。しかし，一つの事実がこれほど大きく異なるストーリーになることを初めて知った生徒には教材の新鮮味という点で効果があった。物事の見方には複数あるということを実際に感じ取ることができたと学習後の感想に書いたグループが7割を超えていた。

　PAMの展示パネルについては，筆者の説明が不十分であったこともあり，生徒はその問題点を十分理解していなかったように思える。そもそもPAM自体がどのような施設かよくわからずに，展示パネルの説明文だけを生徒に写真で見せ，その世論誘導を云々することに無理があったようだ。日英両言語併記での説明に誤訳があるというところだけが強調されたのはそのせいだろう。ニイハウ島と日系人強制収容との因果関係については，提示した資料のみで判断することは難しい。それでも当時の米国世論が日系人（日本人）に対して極端に悪化していたこと，人種的偏見によって強制収容が実施された可能性があることに言及するグループもあった。

　この授業実践でニイハウ島事件に関心を持った生徒数名が中心となり，2009年10月末の文化祭でニイハウ島事件の真相に迫るパネル展示を行った。授業で討論した内容を要約したものと，ハワイ大学のジェフリー・ホワイト教授から提供された米軍資料やJACL会員からの資料を分析したものだが，この展示が「西開地・ハラダ自決」説に疑問を呈してきた日本において「新説」の発表の場となった。パネル展示に至った趣旨説明の中で「日本とアメリカで，これだけ書いてあることが違うのはなぜか疑問がわいた」と生徒の一人は学習を深める動機を語っている。この展示に関する記事が2009年12月8日『毎日新聞（大阪本社）』に掲載され，全国から様々な反響があった。中でも1975年に故ハラダウメノ夫人に直接インタビューした大阪在住の男性からウメノ夫人肉声

テープの提供があったことは嬉しかった。

　授業実践としては2カ月であり，その間の準備不足もあって，目標である「解釈の異なる事象を公正な立場から見る力を養う」ことができたかどうか不安であったが，ニイハウ島事件と日系人強制収容を安易に結びつけるのではなく，もっと事実確認をするべきだとして生徒が結論を出さなかった点で公正な立場で物事を見ようとする姿勢が窺えた。また政治決着がついたはずのこの事件と強制収容の問題が，現在でもフォード島のPAMでくすぶり続けている事実を生徒が認識できた点だけでもこの授業は実践した甲斐があったと考える。

　その後，各方面からの支援を得て筆者は2010年夏に再度ハワイに渡り，ホノルルだけでなくカウアイ島，ニイハウ島を訪れ，事件に関係したハラダ家・西開地家の人々，真珠湾作戦に参加した元日本軍パイロットからも取材することができた。これらの取材で得た資料を用いて更に洗練された授業実践ができればと望んでいる。

[1]　PAMのLog Bookはホノルル在住のJACL会員，タナベヨシエさん所蔵。
[2]　Pyramid of Hate（non date）University of Southern California, http://college.usc.edu/vhi/education/pyramid/（2010年8月確認）本文中の図1「憎悪のピラミッド」はPyramid of Hateを基に藤本が日本語訳を入れて作成した。
[3]　*Pearl Harbor: The Eyewitness Story*（2003）. Honolulu: CRT Partners, Inc.

引用文献

Beekman, Allan（1982）*The Niihau Incident*. Honolulu: Heritage Press of Pacific.
Hallstead, William（2000）The Niihau Incident http://www.historynet.com/the-niihau-incident.htm（2010年8月確認）
Robinson, Greg（2001）*By Order of the President: FDR and the Internment of Japanese Americans*. Cambridge: Harvard University Press, pp. 111–115.
毎日新聞（2009）「日本兵の死　真実追究」12月8日（毎日新聞大阪本社）。
毎日新聞（2010）「日本兵の死　証言テープ」5月26日（毎日新聞大阪本社）。
牛島秀彦（1980）『二人だけの戦争——真珠湾攻撃零戦と日系二世島民の悲劇』毎日新聞社。

3　第二次世界大戦の戦没者追悼のあり方を考える
日本と関係諸国との比較学習を通して
松井克行

3–1　ワークショップでの学びと授業実践への視点——『独仏共通歴史教科書』と真珠湾

　ワークショップ（2008年）では，日米の高校教員と授業案を共同作成し，帰国後，それをもとに授業「かつての敵との和解は可能か」（全5時間）を実施した[1]。しかし元兵士の個人間の和解に焦点化したため，二国間の人々の和解へ一般化し難い点に課題を残した。そこで翌年，かつての敵との和解をなし，世界初の共通歴史教科書を作成したドイツとフランスを訪問し，帰国後，同教科書（現代史編）翻訳版の第2章第1課「勝利の祝典から『記憶する義務』へ[2]」を教材として，戦没者追悼の在り方について学習した[3]。同教科書は，ドイツ・フランスの和解の成功例と，アメリカの戦争記念碑の写真を載せ，和解の失敗例として日本やロシアを挙げている。だが，各国の比較や考察は十分ではない。
　そこで，2010年度は，日本・ロシア・アメリカにおける戦没者追悼の態様を比較しながら同教科書と真珠湾の学びをつなげる単元を開発・試行した（前任校の大阪府立三島高等学校での実施事例である）。

3–2　単元「第二次世界大戦の記憶——戦没者追悼の在り方を考える」の概要

(1)　単元目標，教科等との関連，および単元観

目　　標：「第二次世界大戦の戦没者追悼は，いかに行うべきか」の問いに，各生徒が多様な観点から考え，他者の意見を参考により深化した意見を表明できる。

主な問い：第二次世界大戦の戦没者追悼はいかに行うべきか。
　　　　　敗戦国は連合国勝利を祝う式典に参加すべきか。
　　　　　第二次世界大戦の戦勝国と敗戦国の戦没者追悼は，いかに行うべきか。

学年および教科：高等学校（3年）　公民科（現代社会，倫理，時事問題）[4]。

(2)　第1時「敗戦国は，連合国勝利を祝う式典に参加すべきか」

第 1 時では,『独仏共通歴史教科書（現代史編）』（翻訳版）第 2 章「第 1 課 勝利の祝典から『記憶する義務』へ」を教材とした。同章の「学習の手引き」に，五つの質問と，参照すべき共通教科書中の資料の指示がある。これに従い学習を進めた。

質問 1「1945 年以降戦勝国は，戦争が終結した日をどのように祝うことを望んだか（資料 2, 4）」では，二つの資料を読解させる。資料 2 は，2004 年にワシントンに建てられた第二次世界大戦記念碑の写真と説明文である。同記念碑は，国家に貢献した国民を埋葬しているアーリントン国立墓地とは異なり，対象は第二次大戦の従軍アメリカ兵に限られる。資料 4 は「ロシアで行われる 5 月 9 日の祝典」と名付けられた，笑顔の軍人が描かれたポスターである。共通教科書本文の「西側連合国にとって，5 月 8 日という日はナチスの全体主義に対する民主主義の勝利を意味するものであった。ソ連で 5 月 9 日に行われていた『大祖国戦争』終結の祝典は，スターリンによってロシア民族主義の勝利へと形を変えられていた」の記述より，質問 1 には，「ファシズムに対する民主主義の勝利や，自国民の犠牲に敬意を払いつつ勝利を祝うことを望み，非戦の誓い等の要素は薄い」等の模範解答を想定することができる。

質問 2「日本は戦争終結以来，その過去をどのように考えてきたか（資料 3）」では，村山首相談話（1995）が資料とされている。これを掲載する教科書は日本でも珍しい[5]。だが，この資料のみによって質問 2 に答えると，共通教科書本文に従い「日本政府は公式に，日本軍によって行われた暴虐に対して近隣アジア諸国に謝罪を行った」と答える他なく，遅すぎた公式謝罪と不十分な戦後補償等の問題が全く見えない。また，共通教科書本文の「戦争の記憶のために中国の根深い反日感情は絶えることなく続いている」の記述だけでは，中国の反日感情の理由や，他の近隣諸国の動向が分からない。したがって，これらの不足を補いながら授業を進めることにした。

質問 3「ノルマンディ上陸記念式典において，人々は主にどのような象徴的な新機軸を導入することを望んだのか（資料 1, 5）」では，ドイツの首相が初出席した 2004 年の 60 周年記念式典が教材である。共通教科書本文には，「愛国的な勝利の式典は，戦争の犠牲を『記憶する義務』を全世界に訴える場へと世界を変えた」とあり，質問 3 の「新機軸」を示す。資料 1 で両首脳が談笑す

る写真，資料5でフランス大統領の演説文を示し，「ここ数十年の間，かつて争いあった敵同士が共同で現在を築きつつあります。（中略）私たちはともに平和と民主主義の勝利を祝います」の言葉から，「平和と民主主義の勝利」の理念を読み取れる。但し，これが世界の潮流とは言い難い。共通教科書本文も「独ソ不可侵条約の記憶の残るリトアニアとエストニアは，2005年にロシアが開催した5月9日の祝典への参加を拒否した」と，これに反する事実を掲載している。

　質問4「今日，第二次世界大戦の記念式典では，どのような価値観，どのような教訓を強調しようとしているのか（資料4，5）」は，資料4「ロシアで行われる5月9日の祝典」と資料5「平和と民主主義の勝利」（共に前述）をもとに，現在の記念式典の性格を問う。今なお民族主義と勝利を強調するロシアの式典と，平和と民主主義の勝利を祝うドイツ・フランスの式典を同様に扱うのは無理である。それにもかかわらず，共通教科書には，「愛国的な勝利の式典は，戦争の犠牲を『記憶する義務』を全世界に訴える場へと姿を変えた」と記述されている。少なくとも「ドイツ・フランスでは」と主語を限定し，日本・アメリカ・ロシアの記念式典を分けて考察する必要がある。そこで，第3時以降で，比較学習を行うことにした。

　最後の質問5「敗戦国は，連合国勝利を祝う式典に参加すべきなのだろうか　自分の意見を述べよ」は，フランスの式典に参加したドイツ首相の行動の評価のため，日本の生徒が解答するのは困難である。そこで，ドイツ・フランスの記憶の場所ノルマンディから，日米の記憶の場所に舞台を移して問いに答えさせるため，真珠湾の写真を示した。日本が降伏文書に調印した戦艦ミズーリ号（次頁写真左）が，乗員と共に沈んだ戦艦上に建設されたアリゾナ記念碑（次頁写真右）の側に停泊している（間には破壊された管制塔が当時の姿で残存）。現在の真珠湾は，「開戦と終戦」を象徴的に示す「戦争の記憶」を喚起させる場所である。

　生徒の意見は，「敗戦国は，連合国勝利を祝う式典に参加すべきか？」に対し，「参加すべき」が11名，「参加すべきではない」が9名，式典不要論が1名であった。「参加すべき」の理由の多くは，「反省し，共に平和な世界を創る」という未来志向に基づいた。他方，「参加すべきではない」とした意見は，敗戦国としての悔しさ，好戦的な思想の復活や式典妨害への懸念等を挙げた。特筆す

170　II 部 真珠湾を教える：歴史理解の現場から

「開戦と終戦」を示す真珠湾の光景（撮影：松井克行）

べきは，賛否両論に見られた「連合国勝利を祝う式典」自体の妥当性を問う鋭い意見である。「勝利を祝う意味ではなくて，これからの平和を守るという意味で参加する」や，「参加しないほうがいい。というより，連合国勝利を祝う式典じたいをやらない方がいいと思う。（中略）勝利を祝うんじゃなくて，反省する式典をやるべきだと思う。それには敗戦国も参加すべきと思う」のように，勝利を祝うのではなく未来の平和を希求する意見も多く見られた。

　共通歴史教科書の第2章は，「第2課　ショア（ユダヤ人大量虐殺）の記憶」，第3課以降でドイツ・フランスでのショアの記憶という共通問題と，各々の第二次世界大戦の記憶という個別問題の学習が続くが，自分の授業ではこれに触れずに日本と関係諸国の戦没者慰霊に関する学習に焦点化した。

（3）　第2時「敗戦国は，連合国勝利を祝う式典に参加すべきか（再考）」

　第2時では，第1時の意見の代表例を示してさらに再考させた。生徒の意見に変化が見られ，「『勝利を祝う』という意味での式典には参加する必要はないと思うけど，『これからの平和を願う』という意味でなら参加する意義はあると思う」のように，「未来の平和の希求」を条件とする式典参加賛成論が多数を占めるようになった（23名中17名）。

（4）　第3時「日本とアメリカの戦没者追悼式典についての比較」

　第3時では，まず日本とアメリカの戦没者追悼式典の態様を比較するため，日米の代表的な戦没者追悼式典である広島と長崎の原爆死没者の慰霊式典，「全

9 章 記憶と表象　171

国戦没者追悼式」(日本)での首相の挨拶文と,「教育機会としてのイヴェント——メモリアル・デー」[6](アメリカ)の資料を取り上げた「メモリアル・デー」とは,アメリカの戦没者追悼の国家休日である(5月の最終月曜日)。行事の中核がアーリントン国立墓地での大統領の献花や演説であり,全国各地で現役または退役軍人の行進が行われる。授業での生徒の意見は次の通りであった。

「日本の戦没者の追悼式典は,戦争を反省する式典といえるか」では,賛否が共に 11 名と拮抗した。肯定側でも,「反省する式典といえると思う。けど,戦争に関わっている人しか反省していないと思う。テレビのニュースで少ししか取り上げていないし,その場にいた人にしか伝わっていないのでもう少し工夫すべきだと思う」のように,式典の形骸化を懸念する指摘が見られた。否定側では,「戦争を反省するというより,戦没者を追悼しているだけだと思う」,「対象とする人が,旧大日本帝国軍人・軍属約 230 万人と,空襲や原爆投下等で死亡した市民約 80 万人だから。相手国や外国人を含んでいない!!」のように,追悼対象を日本国民に限定する点への批判が多く見られた。

「アメリカの戦没者の追悼式典は,日本の式典と同じ性格といえるか」については,全員が否定した。例えば,「ひとつのお祭りのようでやっぱり『勝利を祝う式典』なんだなと思った。日本のように『戦死者を出したことをくやむ』というより,『戦死者に感謝する』という形式。しかもあまり戦争をやめる気がない」「反省と言うより祝勝!(こういう式典に日本が参加しても場違いかも)」の意見に見られるように,生徒たちは,戦勝国アメリカの追悼式典の実情が,「愛国的な勝利の式典は,戦争の犠牲を『記憶する義務』を全世界に訴える場へと世界を変えた」とまでは言えない現状に気づいたのである。

(5) 第 4 時「追悼式典の比較学習から『戦争の記憶』を示す追悼施設の学習へ」

まずロシアの追悼式典を考察した。既に第 1 時の共通教科書でも取り上げていたので,ここでは「大戦終結の日」を紹介する新聞記事[7]を用いた。ロシアの追悼式典に関する感想は,「戦争を反省するよりも,勝利を讃えている式典であり,米国に近い」という内容が多く,第 1 時との類似性が見られた。

アメリカの追悼施設の代表例としてアリゾナ記念碑を取り上げ,日本の追悼施設の代表例として靖国神社を取り上げた。写真や資料の他,新聞記事[8]を活

用した．追悼施設は長期間存続し，来訪者に何らかの「戦争の記憶」を喚起させる．したがって，各施設がもたらす「戦争の記憶」の内容についても考察する必要がある．

「アリゾナ記念碑は，戦争を反省する施設か」への回答は多様であった．「勝利を祝い，戦死者を英雄として讃える施設」「『戦死者を追悼する施設』であり，『惨劇を忘れないための施設』であり，『こんなひどいことをされたんだ』と後世にまで伝えるための施設であると思う」，「アリゾナ記念碑を訪れた米国人の親が子に『勇敢な彼らのおかげで今のおまえがある』と言ったり，米国が軍を求心力としている点などを見ると，単純にそう考えてはいけない気がした」のように，戦死者の追悼施設という点では合意が見られた．しかし，戦争の悲惨さを伝える施設か，勝利を讃える施設か，未来志向で不戦を誓う施設か，に関しては，生徒の意見は分かれた．

「靖国神社は，戦争を反省する施設か」の問いには，全員が否定した．「戦死者を追悼する施設」（12名）と見るか，「戦死者を追悼し英雄として讃える施設」（7名）かで意見が分かれた．「基本的には戦死者を追悼する施設だけど，A級戦犯の人々を祀っているってことは，戦死者を英雄としても祀っている施設なのかな？　とも思った」の意見のように，A級戦犯合祀や戦死者を神とする点の評価で見解が分かれた．さらに，「ただ戦死者を追悼する施設．空襲で亡くなった人が含まれないのはなぜか不思議．みんなやりたくもない戦争にまきこまれて亡くなったんだと思うから，軍人だけ追悼するのはおかしくないんかなって思う」のように，追悼対象を軍人，軍属とそれに準ずる「ひめゆり部隊」の女子生徒等に限定している点への批判も見られた．

(6)　第5時「国家の枠組みを越えたドイツと日本の追悼施設の紹介と評価」

ドイツ統一後の1993年に刷新された国立中央戦没者追悼所「ノイエ・ヴァッヘ」は，追悼対象を自国の兵士等に限定せず，「国籍・身分（兵士・市民），民族を問わず，反ナチ・反戦抵抗者の顕彰を含めて，全ての死者を否定すべき戦争と暴力支配の犠牲者として追悼」[9]している．日本の「平和の礎」[10]は，1995年に序幕した沖縄県戦没者刻銘記念碑で，敵・味方，軍人・民間人，日本国民・外国人の区別なく，沖縄戦戦没者全員の刻銘を企図している[11]．両者の

共通点は，戦争の犠牲者全てを追悼対象とする点である．大きな相違点は，匿名か，全戦死者の氏名を刻むかという点である．授業では，両施設のあり方を巡る論争（例：前者への敵味方を共に追悼することへの抵抗，後者への刻銘を拒む朝鮮の人々の存在や，氏名が判明せず刻銘されない数百の従軍慰安婦の存在）についても説明した．

最終質問は，「靖国神社に代わる新しい国立追悼施設を創るならば，どんな施設にするか」で，追悼対象と慰霊方法を問うた．生徒の意見は，「ドイツの『ノイエ・ヴァッヘ』の考え方で，沖縄の『平和の礎』のように他の国の人を祀る時はきちんと聞きに行って祀る」，「戦死したすべての国民，兵士を対象とする（日本の土地で亡くなった）．でも名前を刻んでほしくない人の霊は家族の元へ戻す．被害者も加害者も個人としてみる」「対象を，戦争で亡くなってしまった全ての人を追悼するという形をとり，慰霊方法は神として扱わず，一人の人間として祀るべきだ」等，戦争犠牲者すべてが追悼対象だが，神格化せず，遺族意思に反する追悼をしない，という提案が多かった．また，追悼目的では，戦争自体の反省を重視する意見が多数を占めた（23名中15名）．

3–3　振り返りと今後の課題——戦争自体の反省が重要という結論に至った生徒

授業を通して，敗戦国の日本と戦勝国のアメリカ・ロシアの戦没者追悼はドイツやフランスとは異なり，アメリカやロシアの戦没者追悼式典が「勝利を祝う」色彩が強いことが確認された．また，敗戦国の日本とドイツの戦没者追悼施設の，あり方を巡る論争についても学習した．これらの考察の結果，共通歴史教科書の記述の「愛国的な勝利の式典は，戦争の犠牲を『記憶する義務』を全世界に訴える場へと世界を変えた」との理想には未だ至っていないことを生徒が認識した．

特筆すべきは，生徒の意見の到達点が，「原爆資料館のような，戦争がいかに無益かを伝えつつ，戦死者を悼むような施設がいいと思う」（第5時）のように，戦死者の追悼も大事だが，戦争自体の反省こそが重要という点に収束した点である．授業者は平和教育を企図していたわけではなかったが，学習を通して生徒たちは，真摯な反戦平和の主張を共有し，戦勝を祝い戦争を反省しない式典や施設を厳しく批判したのである．

今後の課題は，このような戦没者追悼の在り方を考える授業を，ネット回線等を活用し，戦勝国の生徒と協同で実施することである。例えば，アリゾナ記念碑と靖国神社の比較学習では，日米の生徒の意見の差異から，新たな発見や展開が期待できよう。

[1] 松井克行 (2010)「紛争後の『和解』に着目した公民科の授業開発――現代社会『かつての敵との和解は可能か?』」社会系教科教育学会編『社会系教科教育研究のアプローチ――授業実践のフロムとフォー』学事出版，249–256 頁参照。

[2] ペーター・ガイス，ギョーム・ル・カントレック監修，福井憲彦，近藤孝弘監訳 (2008)『ドイツ・フランス共通歴史教科書【現代史】』明石書店，32–33 頁。

[3] 松井克行 (2010)「『独仏共通歴史教科書』の作成過程と活用実態の調査――独仏教育関係者との面談を中心として」日本国際理解教育学会編『国際理解教育』16，明石書店，87–93 頁。

[4] 学校設定科目「時事問題」(2 単位，24 名) で実施。地理歴史科でも実施可能。

[5] 管見では脇田修・大山喬平ほか (2007)『日本史 B 新訂版』実教出版，385 頁のみ。

[6] 島川雅史 (2003)「慰霊と『国家への献身』――アメリカの『靖国』」田中信尚編『国立追悼施設を考える――「国のための死」をくり返さないために』樹花社，91–106 頁。

[7] 朝日新聞 (2010.9.3)，「世界発 2010『反日』抑え 戦勝祝う――ロシア『大戦終結の日』極東各地で行事」。ロシアは 2010 年に 9 月 2 日を「第 2 次世界大戦終結の日」に制定。

[8] 朝日新聞 (2009.12.12)，「昭和史再訪 16 年 12 月 8 日 太平洋戦争開戦――崩壊へ突進させた『成功』」。朝日新聞 (2005.6.3)，「一から分かる靖国問題」。

[9] 南守夫 (2003)「『ノイエ・ヴァッヘ』の歴史的意味――日本における戦没者追悼問題を考えるために」田中信尚編，前掲書，51–89 頁。

[10] 「平和の礎」の教材化に関し，宮園衛氏の論文を参照した。宮園衛 (2002)「『平和の礎』にみる国境を越える『戦争の記憶』の仕方 (一)――『人間としてのアイデンティティ』形成の可能性」『新潟大学教育人間科学部紀要』第 4 巻第 2 号，273–298 頁。宮園衛 (2004)「沖縄『平和の礎』は海を越える――平和創造に向けて国家・民族の壁を越える歴史の対話と共生の作法」二谷貞夫編『21 世紀の歴史認識と国際理解――韓国・中国・日本からの提言』明石書店，250–260 頁。

[11] ただし，沖縄出身者に限っては，「満州事変に始まる 15 年戦争の期間中に，県内外において戦争が原因で死亡した者」を対象としている。

[コメント] 記憶と表象

　　　西村　明

　70年もの時間がたち，すでに2世代，3世代前の話となってしまった歴史的出来事の記憶や表象のあり方をめぐって，どのようにしたら批判的視点を確保しつつ，対象に迫ることができるのか。歴史を学ぶということを，単なる知識の習得ではなく，これからの時代を生きる若い世代が他者と主体的に関わっていくために必要な素養として身につけるには，どうすべきなのか。3人の中高教員による実践報告を読み，そこに共通して感じられた教師の思いである。私自身も2010年の教員ワークショップに参加して多くの学びを得た。

　戦争の歴史を教育するというのは，たいへん困難な課題である。それぞれの国民としての立場性なども絡んで否応なく現在と直結する主題であるが，だからといって生徒の関心が自ずと存在しているわけではない。生徒たちの注意を向けるためには，対象への共感的な姿勢を確保する工夫も必要となる。しかし同時に，独りよがりではなく冷静さを保つためには，比較や批判などを通じた対象との適切な距離感も求められる。ここでは，そうした「つながり」と「へだたり」の緊張関係を念頭に置きながら，それぞれの報告に対してコメントをしていきたい。

　神垣しおり氏の報告「広島における主体的な平和学習の取り組み──ヒロシマの記憶をどう記念するか」では，ハワイの独自性やアメリカという国への問い直しという他者への共感的まなざしによって，地域的つながりを相対化してヒロシマの意義を再認識するという問いを深める視座が開かれている。過酷な戦争体験からの時間的へだたりによって，事後の世代は体験者からの直接的な学びが困難となり，戦争への関わりが具体性を失うなかで，記憶や歴史をいかに継承するかという問題に直面するということは，特に広島に限られた話ではない。そうした同時代的な共通性のなかで，それでも真珠湾と広島の記念施設のあり方には大きな差異も存在するのだということに，生徒たちは比較を通して気づいたことだろう。さらに，広島平和記念資料館の展

示方法への意見表明だけでなく,「広島を英語で発信する」映像作成も試みられているが,それによって生徒間の対話に留まらず,外部の他者への発信と交流が深められれば,歴史構築への主体的参加が促されるはずである。

　藤本文昭氏の報告「真珠湾攻撃から70年目を迎えて今もくすぶる問題──「ニイハウ島事件」の記憶を通して複眼的視点を育てる」は,現在でも評価の分かれる事件を取り上げた点で同時代的つながりを確保しているが,それに加えて,事件関係者に地元出身者がいることから題材を設定している点にも注目したい。そうした地域的つながりからくる共感的基盤の上で,「根拠のない偏見や世論誘導に騙されない複眼的視線,公正なものの見方」の育成を試みる意義は大きいだろう。

　生徒の主体的学びの上で,教師や他の生徒以外の他者に向けた情報発信や具体的な交流が,主題へのさらに積極的な関わりを促すことがある(西村「『奄美の原爆乙女』,その後」参照)。紹介された事例でも,授業を契機としたパネル展示と,それに対する反響・反応に言及されていたが,それらがその後の生徒たちの姿勢にどのように作用したのかも気になるところである。

　松井克行氏の報告「第二次世界大戦の戦没者追悼のあり方を考える──日本と関係諸国との比較学習を通して」では,2008年のワークショップへの参加以降に試みられた毎年の授業改善の成果が示されている。日米の元兵士の個人間の和解から,「戦没者追悼の在り方」をめぐる独仏の和解の事例を経由し,そこから日本と関係諸国との関係性を照らし出すという弁証法的展開をたどっている点が興味深いと共に,その真摯な努力に敬服した。若干疑問が残るのは,問いや生徒の答えにおいて,戦没者追悼と戦争反省との関連を前提として強調するあまり,それを評価基準として戦勝国と敗戦国との異同や式典の要不要を性急に論じるような傾向がある点である。例えば日本においても日清・日露戦争期の戦勝祝賀や戦没者追悼・慰霊には,戦争反省の契機は乏しい。また,戦勝国においても敗戦国においても,それぞれの追悼のあり方の背後には,政府ばかりではなく,遺族や現役兵士などさまざまなアクターの関わりが存在している。そうした点にも配慮して議論を行うことで,それぞれの側の追悼のあり方が現状としてなぜそうなっているかということへの理解が開かれるように思われる。

こうした実践の積み重ねによって，あしもとの歴史を見つめつつ，同時に広く批判的な視座で他者と向き合える世代が育まれることだろう。時のへだたりがもたらすのは，決して否定的なものばかりではないはずだ。

参考文献
西村　明（2010）「『奄美の原爆乙女』，その後」竹内勝徳・藤内哲也・西村明編『クロスボーダーの地域学』南方新社。
西村　明（2011）「国民的聖地から出会いの場へ──パールハーバー教育ワークショップに参加して」渡邊直樹編『宗教と現代がわかる本2011』平凡社。

10章——メディアの活用

1 「真珠湾」以降の日系人の描写と戦後補償——メディアリテラシーの育成と多文化社会を考える授業（織田雪江）
2 第二次世界大戦中の日米兵士が聴いた音楽——多角的視点を取り入れた中学校音楽科での実践（居城勝彦）
3 真珠湾攻撃をめぐる日米高校生の意見交換——テレ・コラボレーション実践の試み（松澤 徹）
4 真珠湾とヒロシマの記憶をめぐる日米共同実践——オマハ，ロサンゼルス，京都をつなぐメールプロジェクト（中山京子）
［コメント］メディア活用がもたらす効果（豊田真穂）

1 「真珠湾」以降の日系人の描写と戦後補償
メディアリテラシーの育成と多文化社会を考える授業
織田雪江

1-1 ワークショップでの学びと授業実践への視点

2001年9月11日の同時多発テロ直後，アメリカから流れてくるニュースの中で，繰り返し「真珠湾」が引用されていた。そして，これからアメリカが始めようとしていた戦争を正当化するために，「真珠湾」が利用されているようで違和感を抱いた。その違和感の理由を明確に示してくれたのが，細谷・入江・大芝編『記憶としてのパールハーバー』の各論考や，エミリー・S・ローゼンバーグ『アメリカは忘れない——記憶の中のパールハーバー』であった。テロとの戦いの大義が欲しいジョージ・W・ブッシュ前大統領にとって「パールハーバー」は格好の合言葉であり，そのイメージが一般の人々にまで広く利用されたことを知った。「真珠湾」のイメージは，眠れる国民，不意打ち，自国における膨大な数の死傷者，勝利に向かって結束する必要性，そして最終的な勝利という物語を思い起こさせるという。こうした記憶がメディアなどを通じて強化される（ローゼンバーグ，2004）という概念に関心をもった。

さらに，記憶を強化しているのはメディアだけではないことを，ワークショップ中の米軍基地のフィールドワークで感じた。ウィラー陸軍航空基地では，真

珠湾攻撃による弾痕がコンクリートの地面にそのまま残っており，ヒッカム空軍基地でも，建物の外壁や建物内の階段に弾痕が当時のまま生々しく残されていた。さらに後者には真珠湾攻撃の際に傷ついたという大きな星条旗が，ガラスケースに入れて展示されていた。これらを修復することは容易なはずだが，太平洋戦争後も様々な戦争を遂行し続けるアメリカには，真珠湾の記憶をとどめておく必要性があるのだろう。また，破壊して沈んだ戦艦アリゾナから油がにじみ出ている様子は，まるで60年前の出来事を体験したかのような気分にさせる。折れた戦艦をまたいでつくられているアリゾナ記念碑には犠牲者の名前が刻まれており，アメリカ人にとってこのメモリアルを自己批判的に用いることは想像し難く，むしろ真珠湾から始まる「よい戦争（Good War）」の記憶をとどめるためなのかもしれないと感じた。以上のように，マスメディアや軍事施設や博物館など，様々な「装置」が記憶を生み出す役割を果たしている。そこで，今を生きる生徒たちが日常的に囲まれているメディアの果たす役割に注目して教材を作成してみたいと考えた。

　ワークショップではフィールドワークに加えて，ヨーロッパ系や日系アメリカ人の退役兵，ハワイ先住民や日系アメリカ人や日本人の研究者など，様々な立場からの講演があり，参加者は多様な視点を与えられた。また，ニューヨークから参加した教員が，9.11後，イスラム文化を背景にもつ生徒の立場を，「真珠湾」当時の日系アメリカ人と重ねて憂慮していることを知った。時を経ても，それぞれの社会の中のマイノリティを，ある事柄をもって偏見をもつということは，日本にもあるのではないか。そう自問しながら，兄弟で異なる選択をして442部隊を経験したエド・イチヤマ氏の講演や，ゲーリー・ムカイ氏が自らの家族の歴史を織り交ぜながら語った日系アメリカ人の歴史を聞き，日系アメリカ人に注目しながら日本の多文化社会を考える教材を作成したいと考えた。

1–2　単元「真珠湾」以降の日系人の描写と戦後補償から学ぶ
（1）　単元目標，教科等との関連，および単元観

　ワークショップを終えて，単元「日系アメリカ人の文化・歴史・市民権から学ぶ——多様な人々が暮らすハワイから」を開発し，2006年度と2007年度は中学2年生の社会科地理的分野のまとめとして，2008年度は中学1年生の地

理的分野でアメリカ合衆国の学習の最後に，各々292名を対象に実践した[1]。7～8時間に及ぶこの学習には，地理，歴史，公民すべての要素が含まれており，中学3年生の公民的分野や選択社会での実践が望ましい教材だと考えている。この教材のうち本節では，ワークショップから特に影響を受けて作成した後半部分の学習活動について記す。

　ハワイの観光パンフレットを利用したコラージュづくりから始まり，ハワイの食文化に注目して開発した教材を用いながら，4時間目までに，日本人がさとうきび農園の労働者としてハワイへ移住したことを学習する。その後，労働者募集のチラシなどを資料に，鉄道敷設や農業に従事するために「黄禍論」渦巻くアメリカ本土へ移住し，様々な制度的差別も経験したことを学習する。

　そして，1941年の真珠湾攻撃後，ローズヴェルトの大統領行政命令第9066号への署名（1942年）によって出された日本人と日系アメリカ人への強制退去命令の複製ポスターを見せながら本節で紹介する授業に入る。まずは，一つの歴史的事象を，異なる立場からメディアで捉えた時の違いを考察することで，メディアの本質を知り，日常的に氾濫する情報を批判的に読み取る力をつけさせたい。

　また，戦後，合衆国政府からの公式謝罪と補償を要求する運動（1970年代）により，レーガン大統領が日系アメリカ人への強制収容補償法に署名（1988年）したことを通して，当時「日本人」とされた人々への戦後補償について考えさせたい。森茂が述べているように，日本人移民・日系人の歴史的な苦悩と闘争の歴史を理解することは，日本の中で歴史的差別を受け，自由や平等や公正といった人間の権利の獲得のために闘ってきた移民（在日外国人）への共感的理解と共生に向けての価値や行動形成にとって意義がある（森茂 2008：24）。

　単元目標として以下の二つを設定した。

　①真珠湾攻撃以降の日系アメリカ人の描写から，メディアの持つ力に気づき，現代社会を生きる自分たちがどのように情報を読み取るかを考える。②日系アメリカ人に対する戦後補償と在日外国人の戦後補償を比較し，多文化社会における市民権について考える。

(2) 単元の展開と学びの実際

1時間目 「真珠湾」以降の強制退去命令と強制収容所はどのように描かれたか

強制退去命令や日系人収容所などを描いた以下の二つの映像を教材にする。映画『ヒマラヤ杉に降る雪』[2]では、Honorable actの部分（約5分）とThe Campsの部分（約7分）を使用し、もう一方は、アメリカ政府が国民向けに作成した映像『Japanese Relocation』[3]（約10分）を使用した。

それぞれの映像をもとに、前者は日系アメリカ人、後者はアメリカ政府広報担当者という二つの異なる立場に立って、生徒たちはニュース原稿を作成する。前者は日本語字幕も吹き替えもあるが、後者は英語版しかないので両者とも骨子を表にして提示し説明を加えた。『ヒマラヤ杉に降る雪』については、FBI（連邦捜査局）による日系アメリカ人宅への捜査の様子と父の連行から始まり、強制退去命令が出されて、強制収容所（Concentration Camp）へ向かう様子を、『Japanese Relocation』については、軍事上の必要性からやむなくとった政策であり、強制退去と戦時転住所（Relocation Center）へ向かう様子と、「自由」と「民主主義」の国アメリカでは、そこでも教育、医療、食事、仕事などを保証しているという骨子を紹介した。同じ場所を前者では強制収容所と呼び、後者では戦時転住所と呼ぶという違いが興味深い点であることも説明を加えた。その後、映像を見ながら表情なども読み取りニュースキャスターの原稿をつくるつもりで肉づけしていく。以下が生徒のレポートの一つである。

『ヒマラヤ杉に降る雪』より、ある日系アメリカ人の視点から
　速報です。日系アメリカ人の家にFBI捜査官が入り、物を押収される事件が起きました。金目の物はすべて取られています。その上、開墾用のダイナマイトを持っているというだけで、その家の主人は逮捕されてしまいました。こんなことがあっていいのでしょうか。今、残された家族が政府の車で移動しています。手に持てるだけの荷物しか持てません。自分の今まで築きあげてきた財産をすべて手放す彼らは、どういう思いで橋を渡っているのでしょう。いたたまれない気持ちになります。

『Japanese Relocation』より、アメリカ政府広報担当者の視点から
　パールハーバーの奇襲は日本人のスパイの可能性が高いと軍は推測しています。なので、アメリカ政府は、軍事上の必要性から日系アメリカ人とその家族を戦時転住所に住んでもらうよう命令を出しました。この命令はアメリカの「民主主義」「自由」と

合わないと思う人もいるでしょうが，違います。戦時転住所では民主主義があり自由です。予防注射や教育，食事も充実しています。仕事も素晴らしく，自治もあります。

　二つの映像からニュース原稿を作成した後，さらにこの活動を通してどのようなことに気づいたかという問いかけに対して，以下のような反応があった。前者の映像については，映画ということもあって感情移入しやすく，見ている時から怒りを口にしていた生徒も複数いた。レポートでは戦時下の日本人や日系アメリカ人に対する理不尽な人種差別について，怒りやショックや悲しみを持って捉え，多くの生徒が共感的に理解していた。そして，二つの映像を比べて，食い違いが多いことや，同様の映像を用いても認識が異なるということをほとんどの生徒が書いている。後者については「キレイな音楽を流したり，わざと笑顔で撮ったりしていた。それだけで楽しそうに見えた」と，映像の中の音楽や人々の表情にも注目してその違いを見出している生徒もいた。また，「アメリカ政府の言うことと，事実が異なっていたことにとても驚きました。しかしこれは第二次世界大戦中の日本政府も同じようだったのではないでしょうか」と戦時中の日本の行為をふりかえるものや，「『情報』の伝え方によって，良い情報になったり，悪い情報になったりすることを知り，恐ろしく思いました」「本当のことを伝えようとするアメリカ人がもっとたくさんいて，アメリカ国民に本当のことが伝わっていたら，もっと強制退去に反対する人も出てきたかもしれない」と，メディアのもつ力や可能性に注目しているものもあった。

2時間目　日本人移民か日系アメリカ人への戦後補償

　レーガン大統領が1988年に日系アメリカ人への強制収容補償法に署名するまでを略年表で学んだ後，日本に住む在日コリアンなどへの戦後補償についてはどうだったのか，田中宏（2007：106）作成の表「戦後犠牲者援護立法の推移」を用いて考察する。日系アメリカ人がアメリカ政府による謝罪文と2万ドルの個人補償金を受けたのに対し，日本では，戦後補償に関わる合計16の法律のうち被爆者二法以外は，国籍条項により外国人を排除してきたことが読み取れる。外国人といってもサンフランシスコ講和条約発効を機に，旧植民地出身者は「日本国籍」を喪失したとの見解が現在の法務省から一方的に出された結果のことである。

戦後補償に続いて,「社会保障立法にみる外国人処遇の推移」(田中 2007: 69) において社会保障の分野についても考察した。生活保護法には国籍条項はないが, 運用上外国人を排除していること, 国民年金法は, 国籍条項は撤廃されたものの, 経過(救済)措置が不十分なため外国籍の人に無年金者がいることなども表から読み取れる。そして, 年代を経るに従って獲得できた権利もあるが, 何世代にもわたって日本に住む人々が, 外国籍を理由に制度的差別に直面している日本社会の課題について考えさせたい。日本とアメリカの国籍取得の違いがあったとしても,「一連の国際人権条約の批准により, 内外人平等が実現し, 日本国籍の有無を外国人排除の盾にすることはもはや通用しなく」(李・田中, 2007: 4) なっていることを紹介した。そして「国民」にこだわるのではなく,「住民」という視点から在日外国人の権利(市民権)を考えてみることも提案した。こうした投げかけに応えることも含めて, 生徒たちは以下のようにレポートに記述した。

　「日本は在日外国人に対する処遇が悪すぎる。もう少し考え直すべきだ」「税金はみんなからとっているのに, 日本国籍がないから福祉や補償を受けられないという不公平なことがあったなんて考えられない」と在日外国人に対して法的な差別があることに気づき, 日本国籍がないことが戦後補償や社会保障が不十分な理由になっていることへの疑問を呈したものが多かった。また「政府に対して, あきらめずに補償を求めた日本人たち, その思いをしっかり覚えていかないといけないと思いました。今の日本は, 在日コリアンや在日ブラジル人などにやさしい社会だとは言えません。ハワイ(アメリカ)の日本人たちのような思いをさせないためにも, どんな人にも優しい社会をつくって行かなければならないと思いました」というように, 権利獲得のための運動に注目していたのも興味深い。なぜなら表にあるように在日外国人の社会保障が少しずつ可能になっていくのも, 当事者を含め無数の人々の運動によるものだからだ。さらに「結局, 補償されたのはお金だけで, まだ政府によってふりまわされた人々の心の傷はいやされていないんじゃないかなと思った」というように, アメリカの行った日本人移民や日系アメリカ人に対しての戦後補償は十分ではないという鋭い指摘もあった。

1–3　振り返りと今後の展望

　1時間目の二つの映像を比較する活動において，それぞれの映像に合わせてニュースキャスターが読み上げる原稿をつくる活動を加えることで，生徒はメディアが流す情報について，より深い理解を求めることになった。映像を見てただ比較するより，二つの立場の違いがより鮮明になっただろう。生徒たちは，日系アメリカ人の歴史については，それまでまったく学習してこなかったがゆえに，新しい事実を立場の異なるメディアを通して考察する意義は大きい。今回使用した感情移入しやすい映画『ヒマラヤ杉に降る雪』に変えて，近年作成された映画『東洋宮武が覗いた時代』[4]を日系アメリカ人の立場からのニュース原稿づくりに使用するのはどうだろうか。この映画は当時，東洋が撮影した写真をもとに構成され，政府作成の『*Japanese Relocation*』と同じ映像も複数挿入されている。同じ映像であっても，伝える側の立場が異なる時の違いについて比較することができるのではないか。

　2時間目については，授業では日系アメリカ人への戦後補償を説明したあと，日本における在日外国人への戦後補償と社会保障について示した表を読み取るという学習を行ってきた。しかし，表の読み取りに加えて，ひとりの実在の人物のライフヒストリーを比較する方が，より共感的な理解がえられるのではないかと感じている。例えば，朝鮮で海軍に徴用されマーシャル諸島で日本軍の陣地を構築中右腕を失った石成基（ソクソンギ）氏は，彼と同程度の戦傷障害をもつ日本人が支給されている障害年金を求めていた。ところが戦後補償に関わる14の法律の適用は「日本国民」に限られており，石氏たちのような旧植民地出身者はすべて除外されている（田中 1995: 102–105）[5]。一方，442部隊に配属されヨーロッパ戦線で右腕を失ったダニエル・イノウエ氏が下院議員や上院議員として活躍しているという事実があり，こうした在日コリアンと日系アメリカ人のライフヒストリーの一部を比較することで，共感的な理解を促せるのではないだろうか。

　今後，こうした授業の振り返りを生かし，「真珠湾」以降のアメリカ社会における日本人や日系アメリカ人のあり方から，在日外国人への理解を深め多文化社会を考える教材を深めたい。

［1］　これらの実践について，織田雪江（2008: 104–120）にまとめた。
［2］　『ヒマラヤ杉に降る雪』は 1995 年に出版された『*Snow Falling on Cedars*』（邦題「殺人容疑」）をスコット・ヒックス監督が映画化した。*Universal Studios* 配給。
［3］　Office of War Information 製作で，以下のウェブサイトで見られる。http://www.archive.org/details/Japanese1943（2007 年 12 月取得）。ワークショップ中，ゲーリー・ムカイ氏の講演で紹介された。
［4］　企画・脚本・監督すずきじゅんいち『東洋宮武が覗いた時代』2008 年発売：フィルムヴォイス株式会社，販売：ワック株式会社。
［5］　同じ戦地で戦って，日本人と苦労を共にしたのに，戦傷病者戦没者遺族等援護法（以下「援護法」）（1952 年施行）の対象にならないのは死んでも死にきれないと，生前の石氏は語っていた。石氏らは，援護法施行以来，厚生省（当時）などと独自に交渉を重ねてきたが，1992 年には援護法の障害年金却下処分の取り消しを求めて国を相手に東京地裁に提訴し，10 年に及ぶ裁判闘争のあと，2001 年最高裁判決で棄却が言い渡された（小椋，2007: 57–64）。

引用文献

エミリー・S・ローゼンバーグ／飯倉章訳（2007）『アメリカは忘れない――記憶の中のパールハーバー』法政大学出版局。
エミリー・S・ローゼンバーグ／飯倉章訳（2004）「パールハーバー――アメリカ文化に生き続ける日付」細谷千博・入江昭・大芝亮編『記憶としてのパールハーバー』ミネルヴァ書房。
小椋千鶴子（2007）「戦争補償と平和」金敬得弁護士追悼文集編集委員会『弁護士・金敬得追悼集』新幹社。
織田雪江（2008）「日系アメリカ人の文化・歴史・市民権から学ぶ――多様な人々が暮らすハワイから」森茂岳雄・中山京子編『日系移民学習の理論と実践――グローバル教育と多文化教育をつなぐ』明石書店。
森茂岳雄（2008）「グローバル時代の移民学習――グローバル教育と多文化教育をつなぐ」森茂・中山編，同上書。
田中宏（1995）『新版　在日外国人』岩波書店。
田中宏（2007）「日本の社会保障・学校教育と国籍――コリア系介護事業所の背景となっていること」久場嬉子編『介護・家事労働者の国際移動――エスニシティ・ジェンダー・ケア労働の交差』日本評論社。
李洙任・田中宏（2007）『グローバル時代の日本社会と国籍』明石書店。

2 第二次世界大戦中の日米兵士が聴いた音楽
多角的視点を取り入れた中学校音楽科での実践
居城勝彦

2–1 ワークショップでの学びと授業実践への視点

　私はこれまでハワイやアメリカ西海岸の日系人社会，日系人の音楽文化の保持と変容について関心を持ち，日本の盆踊りをルーツとするボン・ダンスや日系人のタイコに関する調査研究と授業実践を重ねて来た[1]。日系人の文化について考えるときに，彼らが経験した第二次世界大戦について，自分の知識とこの戦争に関して考える機会が少なかったことを痛感していた。このような思いを持ち，2009年のワークショップに参加した。

　ワークショップで学んだことは2点ある。1点目は，アメリカの教師と史跡を巡り，ディスカッションを重ねる中で，「日本ではどうなのか」という質問を何度も受け，改めて日本で行われている教育を自問したことである。自分の実践について考え意見を述べるのが精一杯であったが，ワークショップ後も自分の実践が日本で行われている教育の中でどのような位置にあるのかをよく考えるようになった。

　2点目は，日本国内でも平和教育のあり方が多様であることを知ったことである。ワークショップ中に日本人教師たちによる「日本で教えられている第二次世界大戦」のプレゼンテーションを行った。それぞれが持ち寄った教科書や資料集などの教材から，真珠湾攻撃について説明された部分や第二次世界大戦に関連した資料，原爆や沖縄戦についての資料も提示した。このプレゼンテーションを作成する過程で，ワークショップでは「日本」と一括りにされがちだが，実は日本の中でも戦争に関する平和教育の在り方は様々であることを実感した。自分が受けた教育を含め，東京で教員生活を送る自分にとっては，戦争に関する記念日に合わせて児童・生徒と戦争について語ることはほとんどない。これは自分の意識の低さかもしれないが，戦争についての学習が教科書記述の範囲でとどまっていることを強く感じた。

　そこで，ワークショップでは自分の担当教科である音楽（当時勤務していた中学校）での実践を視野に入れ，「第二次世界大戦中の日米兵士が聴いていた音

楽の比較（Music Comparison between American and Japanese soldiers during the WW II）」というテーマで協同研究の仲間を募った。そして，アメリカの3名の高校社会科の教師が加わり，4名で実践プランと授業で活用できる映像資料のリストを作成した。

　ワークショップでは，真珠湾攻撃を多角的視点でとらえるということが繰り返し述べられた。そこで，共同グループで構想した実践においても，同時代に日米で聴かれていた曲について，演奏形態や曲調，歌詞の内容，映像から得られる情報などから分析し，そこに見られる差異から，それぞれの国の戦争に対する姿勢を読み取らせることとした。また，差異はあるものの，いずれもプロパガンダとして用いられている音楽であることから，音楽に見られる当時の国民性に着目させることをねらいとした。このような音楽のとらえ方は，児童・生徒にとって音楽を多角的視点からとらえる経験となると考えた。作成の参考としたのは，カリフォルニア州の社会科カリキュラムスタンダード11年生用第7章の指導事例集である。この中には音楽や映像メディアを活用した実践プランが収められている。協同授業開発では，インターネット上で使用できる映像や博物館のアーカイヴスなどを教材として使用することとした。対象は13歳から17歳の中高校生とし，教科は音楽，アメリカ史および世界史での取り扱いを想定した。主な問いは以下の3点である。

1. 日米の第二次大戦中の音楽の似ている点や違う点をあげなさい。
2. 真珠湾攻撃または中国侵略の後では音楽は変化しているか。
3. 第二次世界大戦中に両国によって音楽はプロパガンダの手法としてどのように使われているか。

　授業の展開は，ワークシートの設問に従い，「月月火水木金金」（高橋俊策作詞，江口夜詩作曲）[2]と「ブギウギビューグルボーイ」（ヒューギー・プリンス作詞，ドン・レイ作曲　アンドリューシスターズ演奏）[3]を聴取・分析し，それをもとに話し合い，音楽の役割について自分の考えを述べるという1時間の活動である。この2曲はほぼ同時期に出された曲であり，それぞれの国の戦意高揚が対比しやすい曲調や内容であることから教材として選曲した。

2–2　実践「第二次世界大戦中の音楽の役割について考えよう」の概要
（1）　目標，教科等の関連，および教材観

　本実践は，中学校 2 年生の選択教科で音楽を履修した者を対象に 2010 年 3 月に行った。2 年生は必修教科としての音楽における鑑賞領域の学習で，同じ曲を異なる演奏形態（ピアノ独奏とオーケストラ）で聴き，それぞれを特徴づける音楽的要素について考えるという学習を行っている。また，日頃から自分たちの演奏を録音し，学習の前後での演奏の変化を自分たちなりにとらえ，言語化する活動も行っている。本実践では音楽科の学習としての比較聴取をすることに加え，それぞれの曲の成立背景として第二次世界大戦に関する知識が必要となる。そこで社会科歴史的分野の学習進度と合わせるため，実施時期を年度末の 3 月とした。また，ひとりひとりの生徒の第二次世界大戦に関する社会科学習における知識には差があるが，ここでは教師からの情報提示でそれらを補うこととし，戦争という歴史的背景の中で音楽がどのような役割を担っているかに着目させた。

　そして，テーマを「第二次世界大戦中の音楽の役割について考えよう」とし 1 時間の授業を行った。目標は「第二次世界大戦中の日米の流行歌を聴きくらべ，その共通点や相違点から音楽の役割について考える」ことである。

　中学校音楽科では，その楽曲の成立背景に迫ることを大切にしている。歌唱教材であればその詩の内容や作詞者のプロフィール，鑑賞教材であれば作曲された時代背景や演奏形態の実際，作曲者のプロフィールを知ることで楽曲への理解が深まる。本実践では，第二次世界大戦という同時代の曲想の異なる日米の曲が，いずれもプロパガンダの手段として用いられているという共通点に着目することにより，日頃なにげなく聴いている音楽に対して新たな視点を持つことを期待した。生徒たちにとってこの学習が音楽を多角的視点でとらえることにつながると構想し，実践した。

（2）　学習活動の展開と学びの実際

　活動 1：二つの曲を聴きくらべよう

　Ａ：「月月火水木金金」と Ｂ：「ブギウギビューグルボーイ」を映像を用いずに音声のみで聴く。その際，曲名を提示せずに聴き，ワークシートの 6 項目に

ついて気づいたことを自由に記述し，発表する。6項目の質問内容と記述の分析は以下の通りである。

- 男声か女声か？：全員がAを男声，Bを女声と答えている。
- 言語は？：全員がAを日本語，Bを英語または外国語と答えている。
- 曲の感じは？：Aを行進曲か応援歌のいずれかで答えている。Bを明るい感じやジャズの感じと答えている。また，歌詞の聴き取りからブギウギをあげている生徒もいる。
- いつ頃の曲か？：Aは明治〜昭和という答えが多く，歌詞の内容から「戦争の頃」という記述も見られる。Bは1940〜80年代と幅が広い。また，明るくアップテンポな曲想から日本の平成バブル経済の頃をイメージしている記述も見られる。
- 歌詞の内容は？：Aは男，兵隊，海の仕事などの記述が見られる。Bは歌詞からブギウギという言葉を聴き取ることにとどまっている。
- 何のための音楽か？：Aははたらく人や兵隊への応援歌や学校で歌いそうな曲などの記述が見られる。Bは人々を楽しませる，気分を盛り上げるといった記述が見られる。

活動2：映像と合わせてもう一度聴いてみよう

映像を見ながらもう一度2曲を聴き，共通点と相違点をあげる。ここでは1回目に聴いたときに気づいたことに付け加えたり，反対のことを書いたりしてもよい。共通点としては軍服の人が登場するから戦争に関係する曲だろうということがあげられている。相違点としては歌い手の性別や曲の感じをあげている。いずれの点をあげるにしても，映像から得られる情報は大きい。しかし，音楽だけから受け取った曲想や断片的な歌詞も生徒たちにとっては判断材料として有効なものとなっている。ここで教師から曲名を提示し，音楽的特徴に関する補足（ブギウギやビューグル，歌詞の説明）とほぼ同時期（1941年）の曲であることを情報として示した。ここでは社会科歴史的分野の既習内容とも関連させて説明をした。その上で音楽の役割について着目させ，プロパガンダについて説明した。二つの曲は曲想や歌い手の性別こそ異なるが，戦意高揚が目的であることは共通していることについて触れた。その際，プロパガンダ自体にマイナスイメージを持たないように留意した。

10章 メディアの活用　191

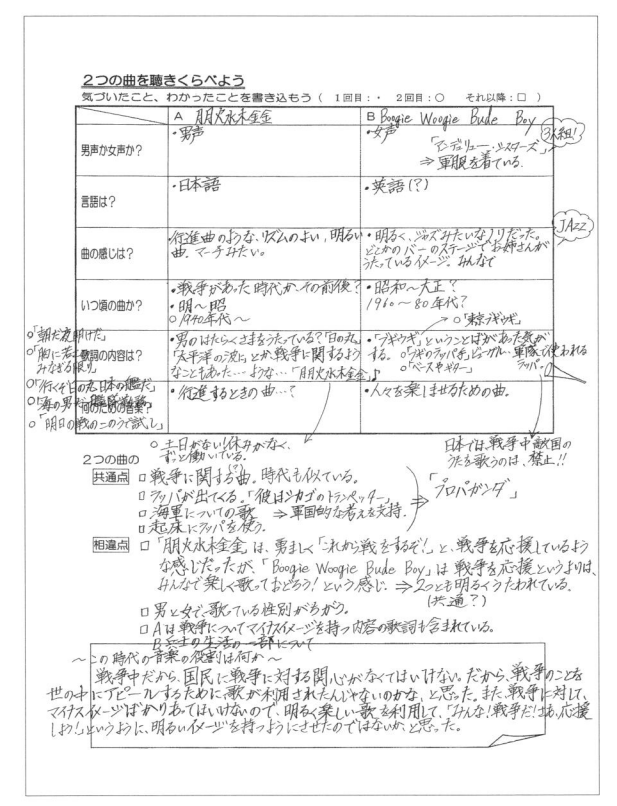

図1 実際に生徒が記入したワークシート

　生徒たちが記述したワークシートと第二次世界大戦中の音楽の役割について，三つの記述を紹介する。

　例1）戦争中だから，国民に戦争に対する関心がなくてはいけない。だから戦争のことを世の中にアピールするために，歌が利用されたんじゃないのかなと思った。また，戦争に対してマイナスイメージばかりあってはいけないので，明るく楽しい歌を利用して「みんな！ 戦争だ！ さあ応援しよう！」というように明るいイメージを持つようにさせたのではないかと思った。（図1）

　この生徒は，繰り返し聴取する中で次々と思考判断の材料となる情報が増えていることがわかる。そしてそれらの情報をもとに，それぞれの楽曲そのもの

の特徴をとらえ，日米のプロパガンダとして用いる音楽の様相の違いを説明している。

例2）今回は「戦争」をテーマにした曲を二つ聴きましたが，現在でも当時でも，人々は戦争に対して，あまりよいイメージや印象を持っていなかったと思います。戦争のプロパガンダとしての音楽は，このような時代風潮の中で「戦争」によいイメージを持たせる役割があったと思います。

この生徒は，2曲それぞれの特徴はとらえている。プロパガンダとしての音楽を用いていることから，当時の人々が戦争に対して良いイメージや印象を持っていなかったと考えている。しかし，Bのように明るく陽気な曲調という音楽的な要素からのみでは，必ずしもそう考えはしないだろう。この思考には他教科・領域での既習事項が反映していると考えられる。学習時期の設定によってもたらされた思考ととることもできる。

例3）現在の楽しむためにある音楽とは違い，この歌の場合，海軍についての説明をしているような歌である。また，僕には「月月火水木金金」は海軍に勧誘しているように聞こえました。「ブギウギビューグルボーイ」はポジティブな感じが出ていました。

この生徒は，冒頭の「現在の楽しむためにある音楽とは違い」という記述から，娯楽のための音楽とは役割が違うことを意識していることがわかる。この生徒にとってはプロパガンダとしての音楽に触れることによって，音楽をとらえる新たな視点を持つことができ，音楽そのものを多角的視点からとらえていくことが期待できる。

また，これまでにあげた三つの他に，以下のような記述がある。

○自分がどのような行動をとればよいかなどを考えさせる役割をもっていると思います。テーマがしっかりしているので深く考えさせられます。
○「戦争していても安心して」と意図的に伝えていると思いました。（略）また，国民などにこのことを伝える役割があるのだと思いました。
○娯楽として聴くから，歌詞や雰囲気から言っていることが無意識に意識の中に刷り込まれていくと思う。「ブギウギビューグルボーイ」では「負けるわけないから自信を持っている様子」が出て，「月月火水木金金」からは「絶対に勝つ」とか厳しい感じがする。
○国の状況を歌詞にしたり，いろんなイメージを人に持たせて意欲を引き出したり，逆

にやる気をなくさせるという影響を与える。メロディーでもそういうことがあると思います。
○国のために戦っている人たちがどんなことをしているのか知らせるため。国の名前を背負って行動している軍が何をして過ごしているか国民も知りたいだろうから。兵士の気持ちも入っている曲もあるのではないか。
○戦争やあるひとつの物事において人々の思想を統一させる。戦争気分を盛り上げ，正当化する。
○国民を戦争賛成派に引き入れるための作戦ではないかと思います。当時の戦争はお金や軍事力を全て出し切ることによって勝利するものだったと思うので，国民からの信頼が大切だった。ならば，どうやって人の心の中に「戦争の良さ」を植え付けていくのかと考えたとき，最も身近だったのが音楽だったのではないかと思います。
○戦争を悪いこととはあまり伝えず，良いことなんだと国民に言っている。兵隊への励まし，国民を元気づけている。戦争を明るくとらえようとして国民に伝えている。
○戦争のための兵士となる若者たちに，戦争に反対するような考えを持たせないようにし，逆に希望や楽しみを与えようとする道具。
○音楽で「戦争のために働こう！」とアピールして，戦争は辛いけど楽しく乗り切るための道具になっていた。
○政治的宣伝：歌はメロディーがあり覚えやすく軍国的なイメージをつけるには良い。

ほとんどの生徒にとって音楽と戦争を結びつけて考えることは初めての経験だった。しかし，「歌詞や（曲の）雰囲気」や「メロディー」がもたらす楽曲の効果について，音楽科や他教科での既習事項を結びつけながら思考している様子が記述から読み取れる。また，歌詞から読み取れる曲に込められた思いに関して記述には，これまでに積み重ねてきた歌唱による表現活動が生かされている。児童・生徒の豊かな表現活動はさらなる表現活動につながるだけでなく，音楽に対して気づき，考えを深めることにもつながっている。

2–3　振り返りと今後の展望

この学習では，生徒たちがこれまであまりもつことがなかった，音楽への新たな視点を提示することができた。戦争へのプロパガンダという同じ目的でありながら，音楽の要素からみると大きく様相の違う2曲の比較を通して，それぞれの音楽の様相（行進曲調，明るく陽気で踊りたくなるような曲調）には意図があり，その背景には時代やそれまでの歴史が大きく影響していることに気づ

くことができる。この学習では音楽を構成する諸要素の聴取からのみ理解するのではなく，成立背景を視野に入れた多角的視点から音楽をとらえ直すことができている。

　今回参加したワークショップの中で繰り返された「多角的視点でとらえる」という手法は，学校におけるさまざまな学習場面でいかすことが可能である。そのためには，教師として歴史的背景や文化的背景についての見識を深め，教材開発を進める必要があるだろう。

[1]　居城勝彦（2008）「Let's 盆ダンス──踊ることを通して学ぶ文化のハイブリディティ」森茂岳雄・中山京子編『日系移民学習の理論と実践──グローバル教育と多文化教育をつなぐ』明石書店。居城勝彦（2008）「日系人和太鼓における文化保持と変容──中学校音楽科における創作和太鼓での活用」日本国際理解教育学会編『国際理解教育』14，創友社，154–164 頁。

[2]　「YouTube」http://www.youtube.com/watch?v=fFJYSHnMM6Q（2010.9.22）

[3]　「YouTube」http://www.youtube.com/watch?v=-wiVkdVPGoY（2010.9.22）

3　真珠湾攻撃をめぐる日米高校生の意見交換
テレ・コラボレーション実践の試み

松澤　徹

3–1　ワークショップでの学びと授業実践への視点

　米国の中等教育（中学・高校）に携わる教員と交流するチャンスは，これまでにもなかったわけではない。しかしそのほとんどは，互いの教育環境や国の教育事情について情報を交換し合うという程度のものがほとんどであった。ワークショップでは，「真珠湾攻撃」というテーマに焦点を絞って，現地でその史跡を見学したり，体験者に話を聞いたりするという稀有な経験をともにしながら，互いの問題意識を掘り起こして協同で指導案を作成するという，これまでに経験したことのないものであった。

　ワークショップでの議論の中で，真珠湾攻撃後に日本人および日系アメリカ人が収容されていた施設のことを，日本の教員が"concentration camp"と表現したことに対し，アメリカの教員が顔色を変えて「それはナチスドイツの収容所だ」と抗弁する局面があった。筆者が「では，何と言えばよいのか」と聞くと「"internment camp"だ」と言うのである[1]。この二つのことばの違いを考えることも歴史認識の違いとして興味深いことであるが，このやり取りを通じて顔を突き合わせて意見を交換するということが，文献に書かれている研究や実践記録を読むのと大きく違い，その場で疑問に思ったことを発言者に対して問いただすことができ，さらにことばだけでなく表情や口調などから得られる微妙なニュアンスを捉えることができることを実感した。このワークショップの醍醐味はそういうところにあるのだろう。

　さらにワークショップでは真珠湾攻撃，太平洋戦争，さらにそこにまつわるさまざまなテーマを掘り下げるとともに，研究や指導の方法論についても講義や討論が行われた。その中でテレ・コラボレーション（tele-collaboration）[2]という技法が紹介され，電子メールなどのIT技術を駆使しながら遠く離れた日米の高校生が同じテーマに同時に取り組むことが可能であることが推奨された。このことが後述する協同実践につながっていった。

3–2　協同実践「真珠湾攻撃に関する日米高校生の意見交換」の概要
（1）　単元目標，教科等との関連，および単元観

　ワークショップの第4日は「真珠湾攻撃のさまざまなインパクト」をテーマについて少人数グループに分かれて講師を囲んで討論し，午後から各人の教育プロジェクトの作成にとりかかった。ここで推奨されていたのは第2日に講義されたテレ・コラボレーションの手法で，離れたところにいる協同研究者（校）とインターネットや電子メールを使いながら授業を進めていくというものであった。

　筆者はここで同じ討論グループにいたバーモント州のウッドストック・ユニオン（Woodstock Union）高校で英語を教えている女性教員ハッセー・ハリー（Hasse Halley）氏から誘いを受けて今回のプロジェクトを計画した。計画段階では筆者とハリー氏がそれぞれの学校で真珠湾攻撃についてのテーマ学習を行い，生徒に感想を書かせ，その感想文を電子メールで交換し合って，お互いに相手の学校の生徒たちの感想を読んで考えたことをさらに電子メールで交換していく。両校の共通素材はワークショップの中で参加教員全員が見た映画『トラ！　トラ！　トラ！』とするが，その他の教材や学習の進め方はそれぞれの学校で自由に考えていく，というものであった。

　実際に協同プロジェクトを実行するにあたって，日本の高校では学習指導要領に示された内容を指導していくことを考えると，このプロジェクトを通常の授業で行うのは時間的な制約上難しい。そこで当時勤務していた都立墨田川高校で，推薦入学等で進路がすでに決定している高校3年の生徒を対象に，1月から2月の時期に特別授業を組むことになった。「戦争のことについてもっと知りたい」「アメリカの高校生と交流してみたい」など，動機はさまざまであったが，7人の生徒が参加した。目標として「真珠湾攻撃についてより詳しく知るとともに，当時の日米の状況，さらに在米日本人の立場を考える」「自分と同年代のアメリカの高校生が，この問題についてどう考えているかを知り，自らの視野を広げる」という2点を設定した。

　ウッドストック・ユニオン高校では，「その後のアメリカの生活を左右した大きな歴史的な事件を通じて生徒に民主主義を考えさせる」という目標で行われ，ハリー氏は英語（日本で言えば国語に相当）の担当であるので，さまざまな資料

を読ませたり，映画を視聴させたり，感想を書かせたりする作業の中で，言語能力の開発という教科的目標を達成しようとしていたのだと考えられる。また，送られてきた報告書からみるとウッドストック・ユニオン高校も7人の少人数授業であった。

(2) 単元の展開と学びの実際

　A　日本の都立墨田川高校での実践——第1回の授業は「真珠湾攻撃とハワイ」について，プリントを使って基礎的な理解を図ることにした。参加した生徒は「理系の科目選択で日本史を履修していない」「文系で世界史選択のため日本史は一部の学習で終わってしまい，近現代の知識が欠落している」という生徒の方が多く，真珠湾攻撃についてもほとんど知識がなかった。用意したプリントは，この授業のねらい，ハワイの地図の提示による真珠湾の地域的特徴，真珠湾攻撃までのハワイの歴史などを簡略に説明した文章である。プリントで概説した後に，映画『トラ！　トラ！　トラ！』[3]の前編を見た。1回あたり90分の授業である。

　第2回は映画の後編を見てから，ハワイの日系人について資料プリントで学び，考えたことや映画の感想などをワークシートに書き込んだ。

　第3回はNHKの番組『その時，歴史が動いた』から「真珠湾への道」[4]という回の録画ビデオを見て，真珠湾攻撃の背景について学んだ。このビデオを最初に見てから映画『トラ！　トラ！　トラ！』を視聴するほうが，理解が深まるであろうことはわかっていたが，予備知識があまりない状態，つまり一般の映画鑑賞者と同じ条件で映画を見たほうが素朴な感想が得られるのでないかと考えた。この番組では日米開戦を避け，外交による和平を望んでいた山本五十六が最後の賭けとして真珠湾攻撃を計画し，実行していくことの苦悩が描かれている。

　第4回はアメリカのウッドストック・ユニオン高校からの生徒の感想が届いたら，それについてみんなで考える予定だったが，第3回で生徒が書いた感想を筆者が英訳して電子メールでウッドストック・ユニオン高校へ送信したところ，返信はなかなか返ってこなかった。実はこの辺で相手校は学期の中間休みに入ってしまっていたようで，プロジェクトは同時進行していなかったのであ

る。日本の墨田川高校の参加生徒は返信が来る前に卒業式を迎えてしまった。

　B　アメリカのウッドストック・ユニオン高での実践──5月に入ってハリー氏から報告書が届いた。そのなかでウッドストック・ユニオン高の授業の様子や生徒の感想が報告されていたので，紹介してみたい。

　ウッドストック・ユニオン高では，このプロジェクトは選択の英語のクラスで「真珠湾攻撃と日系アメリカ人」というテーマ学習としてカリキュラムに組みこまれていた。日米の共通教材である映画『トラ！ トラ！ トラ！』を見る前に，アメリカの高校生は『戦艦アリゾナの死 (The Death of the Arizona)』『真珠湾（National Geographic Documentary on Pearl Harbor)』という二つのドキュメンタリー映画とハリウッド映画『パールハーバー』(Pearl Harbor)[5] を見ていた。また『パールハーバー』の映画を見ていた際に，ハリー氏の同僚の教員が，かつて軍隊にいた父親の戦争に関するさまざまな公文書や命令書などの一次資料を提供してくれたこと，ハリー氏が真珠湾攻撃に参加した日本人パイロット阿部善次氏の話を聞きに行き，真珠湾攻撃の際のアメリカ側のサバイバーであるエベレット・ハイランド (Everett Hyland) 氏の話とともに，その内容を生徒に伝えたことも報告書には付記されていた。

　映画『トラ！ トラ！ トラ！』を見た後にウッドストック・ユニオン高の生徒は，墨田川高校の生徒に対して行われたものとまったく同じ形式のワークシートに記入した。

　C　日米間のコラボレーション──アメリカの高校生が取り組んだワークシートの結果を盛り込んだハリー氏からの報告者が筆者のもとに来たのは，参加した3年生が卒業してしばらく経った5月になってからであった。第4回として予定していた授業が行えなかったのは残念だったが，アメリカの高校生の感想は邦訳して日本の参加者に郵送した。

　アメリカの高校生の感想として「この映画（『トラ！ トラ！ トラ！』）の感想を自由に書いてください」という設問に「『戦争は地獄だ』とアメリカ南北戦争でシャーマン将軍が言ったように，すべての戦争にもこれは言えることで，特に第二次大戦においてはそうである。もう二度とこんなことがないようにと思いながら，映画が示しているように，このような醜いことになることを孫子は『兵法』の中で『戦争なしに平和を得ることはできない』と言っているのだ。こ

の映画は登場人物の成長という観点で観客を巻き込んではいないが，それでもスリリングである。最初から最後までスクリーンから目を離すことができなかった。完全に心を奪われた。この映画は私にもっと学びたいと思わせ，歴史チャンネルなどを通じて他の映画や関連本を持つに至らせた」というものがあった。この感想を書いたアメリカの高校生はその後に日本の高校生が書いた感想を読むことになる。

ハリー氏によると，アメリカの高校生は日本の高校生がワークシートに記入した感想を読んで，「自分たちと同じ世代の日本の高校生が同じ映画を見て，戦争や平和について共通の認識をもち，同じような感性を持っていること」にあらためて驚いていたということである。

墨田川高校の方では結果を送った参加者の一人から感想が届いた。「日本の高校生とアメリカの高校生の感想を読み比べて，感じたこと考えたこと」というアンケート項目について，以下のようなコメントがあった。「結構皆同じような考えをもっているのだと思った。それも時代の流れだと感じた。自分と同じ意見をもつ者を海の向こう側で見つけられるのは悪い気はしない。今回一番大きな違いは，向こうは9.11を結構出して来たことだ。全員一致して戦を嫌っているように見える。ただ完全にこれを否定するのは少数だろう。歴史に興味のある人が多かったみたいで，感想のクオリティが高い（孫子が出てくるとはなかなかやるものだ）。結果論，過ぎたことはどうしょうもない，でも，それを学習し同じ轍を踏まないのが歴史の教えなのだろう。」

さらに「こうして意見を交換することの意義について」というアンケート項目には，「理解しあうこと。お互いの現在(いま)が確認できる。偽りなしに書いていれば，そのひとの性格を多少つかめる。異なった環境にいても同じような考えができるというのは，いまの世界の流れを現しているような気がする。何より僕は自分とすごく似た意見の持ち主がいたことに嬉しい」と結ばれていた。

3–3　振り返りと今後の展望

参加した生徒たちとの授業で感じたことは，真珠湾攻撃について生徒の知識が非常に乏しいことだった。日本史の教科書を見ても「日本軍はハワイの真珠湾を攻撃し，アメリカとの戦争が始まった」程度のことしか記述されていない。

また，当時ハワイに日本人や日系アメリカ人がいたということもほとんど知らない状態であった。しかし，それだけに彼らは新鮮な驚きをもって授業を受けていたようである。

　次にハリー氏からの報告書を見ると，アメリカの生徒は真珠湾攻撃について，「（自分は）よく知っている」と思いこんでいたが，それが覆される様子がうかがえる。さまざまな立場から真珠湾攻撃を考えることが彼らの戦争や平和についての考え方を揺さぶったようである。また，筆者が送った「日本の高校生の意見・感想」を読んで，まず日本の高校生もアメリカの高校生も真珠湾攻撃について本当に無知であったこと，そして映画『トラ！ トラ！ トラ！』の感想が両国でほとんど変わらない内容であることに驚いている。

　このように内容としては意義のある日米高校生の意見交換ではあったが，これがもし同時並行で進行し，リアルタイムで生徒たちが意見をブログや電子掲示板などを使って書きこんでいくことができていたら，生徒の興味関心はより高まり，新しい話題や議論も展開していたのではないかと思われる。しかし，それを実践するにはさまざまな問題がある。一つは教科教育として，あるテーマにこれだけの時間をかけることは教育課程上難しいということである。新しいプロジェクトを地理歴史科または公民科の授業内に組み込むには，大学入試準備の観点などから考えても日本の高校の場合は困難である。もう一つは日米の学年進行の違いである。日本は4月から始まって3月に終わる学年が，アメリカでは9月に始まって6月には終わってしまう。長期休業の時期も意味合いも異なる両国で「同時進行」できる時期はかなり限られてくるのである。この状況を打開する解決策の一つとして，「総合的な学習の時間」の活用が考えられる。このプロジェクトはまさに総合的・教科横断的であり，生徒の主体的な学びを喚起する教材になりうるであろう。

　今回のワークショップで得た知見として，第二次世界大戦中の日系アメリカ人への政策が，国際理解教育[6]・人権教育などを含めた分野で一つの切り口になりうるということがある。冒頭で紹介した "concentration camp" と "internment camp" という表現の違いについて考えることからはじまる国際理解教育・人権教育があってもよいのではないだろうか。もう一つの知見は，アメリカ人教員から示された，さまざまな文学作品を使った平和教育の方法である。例え

ば真珠湾攻撃の時点にハワイに在住していた日系アメリカ人家族について描かれた『その時ぼくはパールハーバーにいた』[7]や，カリフォルニア州に住む日系アメリカ人家族の収容所生活を描いた『Farewell to Manzanar』[8]などはよく話題に上っていた。中でも日本で有名な童話『かわいそうなぞう』[9]をアメリカの小学校で読み聞かせているということには感銘を受けた。これは，第二次世界大戦中に軍の方針で「処分」された動物園の象の最期を描いた作品であるが，その事例を紹介した女性の教員は「私はこの作品を授業で読む時には，必ず児童の誰かに音読させます。私が読み聞かせようと音読を始めると，私自身が途中で泣いてしまうからです」と笑いながら言っていたが，筆者自身も幼い頃，8月15日のラジオ番組で秋山ちえ子さんがこの作品を朗読[10]したのを聞いて涙を流したことを思い出した。このような文学作品を切り口に，移民政策や多民族国家の問題，人間と自然界（動物）の関わりなどについての問題提起をすることは，社会科や道徳における新たな教育方法の可能性を示唆している。

筆者は現在，高等学校で「現代社会」と「政治・経済」を担当している。どちらの科目にも「日本国憲法の平和主義」が学習項目にある。そこでは必ず真珠湾攻撃の話と，沈んだ戦艦アリゾナから漏れる重油が今でもハワイの海で見られることを話し，将来ハワイに旅行することがあればぜひともアリゾナ記念碑を訪れるように促している。ワークショップやその後の協同プロジェクトが筆者自身に与えてくれたものから思えば小さな試みではあるが，生徒たちがいつの日かハワイから平和を考える日が来ることを期待している。

[1] 当初アメリカではconcentration campという語句を使用した例もあるが，ナチスドイツの強制収容所とは違うという意味を込めて，「保護」のニュアンスのあるinterment campという語句に代わっていったようである。
[2] tele-collaborationは「遠距離の協業」とでも訳せるであろうか。電子メールなどを使って遠距離にいる相手と協同作業をすることを指している。
[3] 授業では20世紀フォックス　ホームエンターテイメント　ジャパン株式会社が発売しているDVDを使用した。
[4] http://www.nhk.or.jp/sonotoki/2005_11.html#03（2010年11月22日確認）
http://www.nhk.or.jp/sonotoki/2005_12.html#01（2010年11月22日確認）
番組は2005年11月30日，12月7日にそれぞれ放映されている。

[5] http://www.movies.co.jp/pearlharbor/# で映画・ビデオ・DVDの情報が得られる。
[6] 国際理解教育にこの真珠湾攻撃を糸口にする方法を提案したものとして，小松万姫（2005）「『不名誉な日』を超えて――国際理解の一環として真珠湾攻撃を学ぶ」，東京学芸大学附属高等学校大泉校舎『研究紀要』第 30 集，55–58 頁がある。
[7] Graham Salisbury（1994），*Under the Blood-red Sun*，(New York: Delacorte Press).（さくまゆみこ訳『その時ぼくはパールハーバーにいた』徳間書店，1998）
[8] Jeanne Wakatsuki Houston（1973），*Farewell to Manzanar*（New York: Laurel Leaf）．
[9] 土家由岐雄『かわいそうなぞう』金の星社，1970 年，初出は童話集『愛の学校・二年生』（東洋書館，1951 年），英訳は Yukio Tsuchiya（1988），*Faithful Elephants: A True Story of Animals, People and War*（New York: Houghton Mifflin）。
[10] 秋山ちえ子さんは放送ジャーナリストで，現在は第一線を離れているが毎年 8 月 15 日には TBS ラジオの番組に生出演して朗読を続けている。またこの朗読は CD として販売されている。http://www.sonymusic.co.jp/Music/Info/kawaisounazou/

4　真珠湾とヒロシマの記憶をめぐる日米共同実践
オマハ，ロサンゼルス，京都をつなぐメールプロジェクト
中山京子

4–1　ワークショップでの学びと授業実践への視点

　これまで多くのアメリカ理解教材開発，日本理解教材開発，日米相互理解教材開発が行われてきた。これらのほとんどが日本人，もしくはアメリカ人による開発で，相手国の人がメンバーに含まれていたとしてもそれはアドバイザー的な存在であり，教材開発はどちらかの国の教師の手にゆだねられていた。「相互理解教育」と銘打っても一方的な理解に終わっているものも少なくなかった。

　しかし，このワークショップにおいては，日米の教師が共に講義を受け，フィールドワークを行い，協同して単元開発を行うことにより，学習単元そのものに多様な視点が反映され，日米双方で持ち帰った単元案を実践することが可能となり，まさに「相互理解」が実現する。一緒に講義を受けることで，この内容について日本人はどう思うのか（あるいはアメリカ人はどう思うのか）を意識し，一緒にフィールドワークを行うことで，目の前のものを日本人はどう解釈するのか（あるいはアメリカ人はどう解釈するのか）を意識する。それをもとにディスカッションをすることで，より多様なものの見方ができるようになり，協同作業を通して生み出す学習単元は必然的に多様な視点にたった構成になる。

　2005年のワークショップ中，真珠湾を描いた映画『トラ！　トラ！　トラ！』と『パール・ハーバー』を講義や調査から得たことと比較しながら観た。個人的な感性の違いもさることながら，日本人の視点から，アメリカ人の視点からそれぞれ違和感を感じるシーンがいくつかあり議論になった。日系人の描写については誤解や偏見を促すようなシーンがあり，こうしたメディアを教材化することの吟味へと議論が発展した。日米共同授業実践では，教材として映像を使用することが想定される中で「違和感」に関する議論は真珠湾攻撃とその背景をめぐる認識の差異を浮かび上がらせた。

　また，ワークショップ中にアメリカ人参加者の口から「ヒロシマ」という言葉が出始めた。それはワークショップの時期的な背景もあったかもしれないが，「日本軍により被害を受けた真珠湾」とそれにまつわる記憶を語るならば，「ア

メリカ軍により被害をうけたヒロシマ」とそれにまつわる記憶も語るべきであるとする意思と，「真珠湾攻撃がなければヒロシマもなかったかもしれない」という意思の双方があった。「真珠湾」と「ヒロシマ」が関連付けられて捉えられていることについて，賀川真理（2000）は，原爆投下をめぐる日米間の感情的しこりの視点から指摘し，日米の教科書にみる記述の相違に言及している。ワークショップでは多くのアメリカ人が原爆投下は正しかったと信じ（ようとし），学校でも教えられていることが言及され，日米双方の生徒が多様な見方から考えるべきこととして「真珠湾」と「ヒロシマ」が関連づけられた。

　教育学者であるコーンフェルドは，歴史学習において第二次世界大戦に関し，多文化的かつグローバルな見方を育てるために，フィクションを活用することを示し，児童図書の活用について「戦争に関する物語で重要なものは人である。登場人物は現在の生徒の生活から歴史的なその時その場に連れて行ってくれる」「歴史の複雑さに気づく機会を与える」「多様な見方が歴史の問題を難しくさせていることを発見できる」と述べている（Kornfeld, 1994：281–296）。フィクションを活用することで事象への個人的なつながりをもたせ，共感的理解を図ることを提言している。真珠湾攻撃に関しては，ヨシコ・ウチダ著『トパーズへの旅』を用いて「なぜ日本は真珠湾を攻撃したのか」「日系アメリカ人が西海岸で強制収容された理由」などについて子どもたちに考えさせることを提言している。筆者はワークショップにおいて，日米の子どもたちが学ぶ手だての一つとしてグレアム・ソールズベリー著（1994）*Under the Blood-Red Sun*（邦訳『その時ぼくはパール・ハーバーにいた』徳間書店，1998）を取り上げ，児童図書の活用について示した。この児童図書は，真珠湾を舞台に日系人の少年とヨーロッパ系白人の少年が登場し，真珠湾攻撃から日系人の強制収容，原爆投下までが描かれている。作品の中では白人の視点，日系人の視点が描き出されている。この見方の多様性に注目してリーダーは，ユタ大学初等教育学部が管理するホームページ「児童図書を用いた社会科学習への扉」に第二次世界大戦を学習するための本書を活用した社会科学習指導案を提案している。日米双方で出版されている児童図書を学習活動に取り入れることで，著書の中に登場する人物によって示される多様な物の見方に加え，出版本にみるそれぞれの見方を検討する事ができると考えた[1]。

4-2　共同実践　A Closer Examination of the Multiple Perspective of WW II の概要

(1)　単元目標，教科等との関連，および単元観

　ワークショップにおいて，児童図書活用に興味があるロサンゼルスとオマハから来た教師2人とグループをつくり，プロジェクトを立ち上げることとした。筆者らのグループでは，「日本による真珠湾攻撃」「アメリカによる原爆投下」「戦争を伝える博物館展示」「日系人強制収容」「児童図書の活用」「体験的共同学習」などのキーワードをもとに，「真珠湾」と「ヒロシマ」の記憶をめぐる共同単元開発を行った。それをもとに日米で同時に実践し，日米三カ所の生徒同士がメールで意見交換をしながら学ぶプロジェクト A Closer Examination of the Multiple Perspectives of WW II（日米中高生が一緒に戦争と平和を考えるプロジェクト：第二次世界大戦について複数の見方から考えよう！）をたちあげた。

　目　　標：真珠湾攻撃や第二次世界大戦に関して多様な見方から考えることができる。

　主な問い：・どのような出来事が真珠湾攻撃につながったのか。
　　　　　　・日本人とアメリカ人はどのように第二次世界大戦をみているか？
　　　　　　・第二次世界大戦に関連した出来事が，どのように異なって見えるか？

　学年および教科：中学校2年〜　　社会科，歴史，アメリカ研究

　スケジュール：10月　日米メール交換チームの名簿作成，
　　　　　　　　11月〜12月　5〜7回のメール交換

　プロジェクトの参加は，日本側は，2005年は京都市の同志社中学校（参加生徒21名，指導者：中山京子・織田雪江教諭），2006年〜2007年は京都ノートルダム女子大学2年生20名，アメリカ側はネブラスカ州オマハのブライアン高等学校（Bryan Senior High School，参加生徒40名，指導者：Melissa Gate，社会科授業），カリフォルニア州ロサンゼルスのローズミドル中学校（Rose Middle School，参加生徒20名，指導者：Alison Muller，文学授業）であり，プロジェクトは3年間継続させた。

　3校の生徒が混在する3〜4人の小グループを20グループ組織してメーリングチームとし，そのグループが日米同時に行う授業を受けて学習感想を交換し

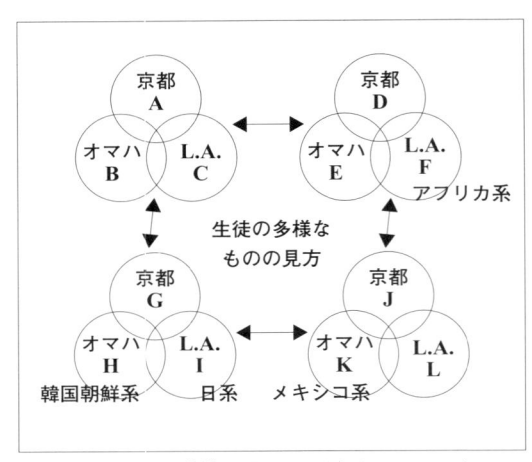

図1 メール交換によるMultiple Perspective

て学びを深めた。3人で学習を進めることにより，1対1で学ぶよりは学習に多様な視点が反映されやすくなる。また，3人の学びを学級で公開することにより，さらに多様性が増す。特に，アメリカからは様々な民族的背景をもつ生徒が参加していたことにより，生徒の学びにエスニシティを背景とする視点も加わった。例えば，京都の生徒Aとオマハの生徒B，京都の生徒Aとロスの生徒C，オマハの生徒Bとロスの生徒Cにそれぞれの間に学びの視点の交流ができ，3人でメールを同時進行させることで3人が学びを共有することができる。それを他のチームに公開したり学級全体の場で話したりすることで，学級内にはより多様な視点が反映されることになる。

(2) 単元の展開と学びの実際

活動1　①自己紹介のメールを送る。②真珠湾攻撃，日系人の強制収容，広島原爆投下について興味あるテーマを選択して調べる。調べたことに関する自分の意見をメールで交換する。

活動2　①アリゾナ記念館編ドキュメンタリービデオ『真珠湾の回顧録』を見て，メールを交換する。②活動5のためにヨシコ・ウチダ著『トパーズへの旅』，グレアム・ソールズベリー著『その時ぼくはパール・ハーバーにいた』（アメリカはこの2冊の他，ジーン・ワカツキ・ヒューストン著 *Farewell to Manzanar* も追加）のどちらかを選ぶ。

活動3　①小グループをつくり家族とみたて，強制収容所に何をもって行くか，当時の日系人の緊迫した環境に身をおいて持ち物のリストをつくる。②活動の感想にリストを添付してメール交換をする。

活動4　①太平洋歴史公園協会（真珠湾）や広島平和記念館のホームページがどのような視点で構成されているかについて研究をする。②感想をメー

ル交換する。

活動5 ①活動2で選んだ本の短い読書感想文かその本にふさわしいブックカバーを描き，メール交換をする。

生徒の学びの段階は様々であり，その段階を以下の四つのレベルに整理した。

レベル1　日米の生徒で同じ学習活動をすること，メールで交信をすることを喜ぶ。

レベル2　学習活動テーマにそって学び，自分の考えを発信する。

レベル3　自分の考えを発信し，相手からのメールを受信して相手の考えも理解する。

レベル4　相手の考えをふまえて，自分の意見を返すことができる。

まず，相手からメールを受信した生徒はどの生徒もレベル1に立った。多様な見方ができるようになるのは，レベル3からである。日本側の生徒はほとんどがレベル3まで進むことができた。活動が進んでも，意見交流をする相手とのコミュニケーションが十分にできなければレベル4には進めなかった。ここには言葉の問題とメールの送受信の成立の他に，生徒自身の根気や真摯な態度，教師の支援のあり方が影響した。生徒の学習の深まりを見ていると，学習活動が1から5へと進むと同時に，メール交換が確実に成立し，やりとりできたグループの方が，言葉の壁を乗り越えてレベル4まで達している。プロジェクト終了時の日本人生徒の感想からレベル3，4まで到達している例を紹介する。

〈レベル3〉今までメールを英語で送る事がなかったので大変でした。実際にアメリカの同世代の人とメール交換をして，アメリカ人の戦争に対しての意見が分かりました。この事で私はアメリカに対する見方も変わったと思います。また機会があればメールのやりとりをしたいです。（S子）

〈レベル4〉プロジェクトに参加する前は私にとって真珠湾攻撃は日本がアメリカと戦争を始めた日だとしか思っていなかった。活動の中で，多くのアメリカ人が亡くなった事を知った。アリゾナメモリアルのホームページには，日米両方にとっての真珠湾［ママ］も学べるようになっていた。小学校のころから毎年戦争についていろいろ学んできたとおもっていたが，とんだ思い違いで，自分は何も知らなかったのだとわかった。学びすぎということはないと思うから，これからも機会があれば戦争について学習をしていきたい。また，一つの事を違う方向から見ている人と意見を交換する楽しさを知った。いろんな人の意見を聞くのは本当に大切だと思った。（N子）

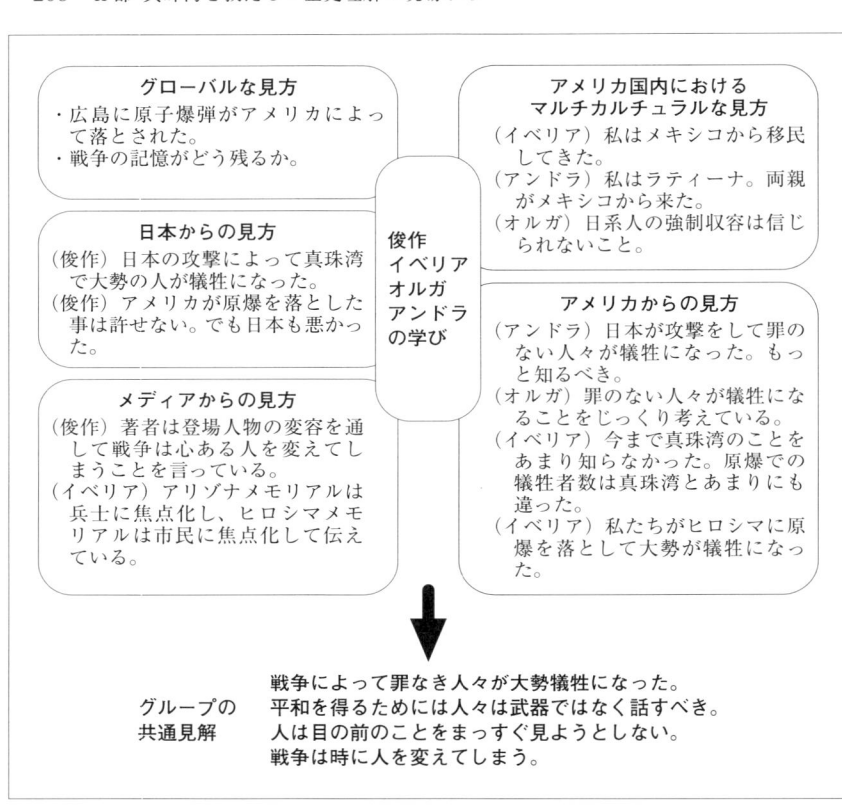

```
┌─────────────────────────────────────────────────────────────────────┐
│   グローバルな見方                   アメリカ国内における            │
│ ・広島に原子爆弾がアメリカによっ       マルチカルチュラルな見方      │
│   て落とされた。                  （イベリア）私はメキシコから移民  │
│ ・戦争の記憶がどう残るか。            してきた。                    │
│                          ┌────┐ （アンドラ）私はラティーナ。両親  │
│                          │俊作│   がメキシコから来た。            │
│   日本からの見方         │イベ│ （オルガ）日系人の強制収容は信じ  │
│ （俊作）日本の攻撃によって真珠湾 │リア│   られないこと。              │
│   で大勢の人が犠牲になった。     │オルガ│                              │
│ （俊作）アメリカが原爆を落とした │アンドラ│     アメリカからの見方      │
│   事は許せない。でも日本も悪かっ │の学び│ （アンドラ）日本が攻撃をして罪の │
│   た。                           │    │   ない人々が犠牲になった。もっ │
│                          └────┘   と知るべき。                    │
│   メディアからの見方           （オルガ）罪のない人々が犠牲にな  │
│ （俊作）著者は登場人物の変容を通       ることをじっくり考えている。│
│   して戦争は心ある人を変えてし   （イベリア）今まで真珠湾のことを│
│   まうことを言っている。               あまり知らなかった。原爆での│
│ （イベリア）アリゾナメモリアルは       犠牲者数は真珠湾とあまりにも│
│   兵士に焦点化し、ヒロシマメモ         違った。                    │
│   リアルは市民に焦点化して伝え   （イベリア）私たちがヒロシマに原│
│   ている。                             爆を落として大勢が犠牲になっ│
│                                        た。                        │
│                              ▼                                     │
│              戦争によって罪なき人々が大勢犠牲になった。            │
│  グループの  平和を得るためには人々は武器ではなく話すべき。        │
│  共通見解    人は目の前のことをまっすぐ見ようとしない。            │
│              戦争は時に人を変えてしまう。                          │
└─────────────────────────────────────────────────────────────────────┘
```

図2 単元 A Closer Examination of the Multiple Perspectives of WW II における生徒の多様な視点

　これらの感想から，学習活動が進むと同時に確実にメールのやりとりができてレベル4に達し，多様な見方を経験して自分の思考に生かそうとしていることがわかった。

　次に，あるグループのメール交換の内容から生徒の多様な見方を読み取ってみたい。本グループは4人構成で，メンバーは俊作（京都，中学），イベリア（オマハ，高校），オルガ（ロサンゼルス，中学），アンドラ（オマハ，高校）からなる。彼らのメールから読み取れる生徒の中にある，または生徒が学びとった多様な視点を，生徒の言葉を中心に図2に整理した。

多様な見方が可能になったことで，特に戦争についての「記憶」についての多様性にも生徒は気づいている。アリゾナ記念碑に集められている「記憶」は主に米軍兵士の「記憶」で，広島に集められている「記憶」は市民の「記憶」であるとイベリアが気づき，メールで発信している。また，俊作とイベリアは，「記憶」は人の脳裏だけでなく，その土地にまつわって残る（もしくは残される）ことの意味に気づき，アリゾナ記念碑が海に，広島が陸に「記憶」が残されることについて考えメールで言及している。生徒たちは，現時点での自分たちのものの見方の多様性に気づくことから過去に関する「記憶」の当事者性を反映した多様性にも気づくことができた。戦争体験と記憶の問題について，油井大三郎が「『記憶』はあくまで『当事者』のものである。（中略）（歴史研究の問題としては）歴史的事件の当事者の『記憶』を『証言』として引き出し，全体の叙述に組み入れてゆけるのかという問題」（2006: 219）と述べている。学習において，生徒が日米で語られている記憶には当事者性があることに気づき，サバイバーや語り部の言葉を歴史の証言として学び，真珠湾とヒロシマを捉えようとしていることに重なるだろう。

3-3 振り返りと今後の展望

「相互理解」学習と呼べる実践が少ない中で，本プロジェクトにおいては，2カ国間で教師が共同で単元開発を行い，同時期に実践を行い，生徒同士がメールを通してコミュニケーションをとることで，相互理解学習としての深まりがあった。2カ国間の相互理解が図れたことで，教材そのものがもつ多様性に加え，学習者の多様な視点も単元や学びに反映させることができた。実践が生まれた日米教師合同ワークショップの開催意義は大きい。

戦争にまつわる「記憶」をテーマにしたワークショップであったことから，実践には「記憶」をどう記録して伝えるかという視点から日米二つの記念碑のホームページの分析の活動や，個々人の記憶に残る物語に生徒が近づけるように児童図書の活用などを試みた。プロジェクト3年目には，児童図書 *Under the Blood-Red Sun* の表紙絵を自分だったらどのようにデザインするか，人々の記憶を伝えるためにアリゾナ記念碑や広島のメモリアルを自分だったらどのようにデザインするかといった活動も取り入れた。生徒自身は学習活動から新しい

知識を獲得し，学習活動をこなしメールで意見交換をすることにおわれ，「歴史的事象をめぐる記憶」そのもののあり方には十分には迫れなかった。真珠湾をめぐる教材では，多様な視点から一つの事項を研究する過程を通して，「記憶」そのものへの迫り方を体験することがさらにできるのではないかと考える。今後は攻撃の対象となった地，地上戦が行われた地における先住民の記憶をどのように学習活動に織り交ぜることができるか，検討していきたい。

* 本章は中山京子（2007）「真珠湾と広島の記憶をめぐる日米共同単元開発——ロサンゼルス・オマハ・京都の生徒が共に学ぶプロジェクト」日本国際理解教育学会編『国際理解教育』Vol. 13 に修正を加えたものである。

[1]　日系人をテーマとした学習活動での児童図書の活用については中山（1999, 2008）参照。

引用文献
賀川真理（2000）「真珠湾攻撃とヒロシマ——原爆投下をめぐる日米間の感情的しこり」阪南大学学会『阪南論集社会科学編』35 巻。
中山京子（1999）「日系人学習における児童図書の活用——多文化教育の視点から」森茂岳雄編『多文化社会アメリカにおける国民統合と日系人学習』明石書店。
中山京子（2008）「ブックトーク——日系アメリカ人の経験を読もう」森茂岳雄・中山京子編『日系移民学習の理論と実践——グローバル教育と多文化教育をつなぐ』明石書店。
油井大三郎（2006）「記憶と史料の対抗——米国における戦争体験を中心に」東京大学教養学部歴史学部会編『史料学入門』岩波書店，219 頁。
Kornfeld, John（1994）"Using Fiction to Teach History: Multicultural and Global Perspectives of World War II", National Council for the Social Studies, *Social Education*, 58–5, pp. 281–296.
Reeder, Lynette B.（non date）*World War II Social Studies Mini-Unit*, ユタ州立大学初等教育学部社会科教育 HP 内「児童図書を用いた社会科への扉をあける」参照。(2010 年 7 月確認) http://teacherlink.ed.usu.edu/tlresources/units/byrnes-literatur/LBREEDER/indexww2.html

［コメント］メディア活用がもたらす効果

　　　豊田真穂

　いま，わたしたちが向き合っているのは，メディア世代の若者である。彼らは，テレビや映画など，視聴覚を通して情報を伝えるメディアに強く反応する。実際，わたしが責任者をつとめる全学向けの一般教養科目「ジェンダーで読み解く戦争」[1]の受講生アンケートにおいても，「学校教育以外では，どのように戦争に関しての知識を得たか」という問いに対して，マスメディアという回答が半数にのぼった。最も多かったのはテレビで，映画，新聞，本，マンガとほぼ同数でつづいた。テレビと答えた人のうち，ドキュメンタリー番組や戦争体験者に対するインタビュー映像などのノンフィクションと，ドラマやアニメなどのフィクションは半々だった[2]。このように，若者の多くはマスメディアから知識を得ており，しかも取材に基づく証言やドキュメンタリーだけでなく，商業化されそれゆえに単純化されて史実とは異なる物語が，戦争を知るきっかけとなっていることは注目に値する。その意味で，メディアをいかに「読む」のか，というメディア・リテラシーを身につける教育は非常に重要だと言える。

　メディア・リテラシーという点でいえば，織田氏の教育実践は，非常に有効であろう。特に，同じ事象を異なる視点から扱う映像を見て，それに基づきニュース記事を書くという授業は，同時に二つの成果をもたらすことができる。ひとつは，同じ事柄でも立場によってまったく違うストーリーがあると知ること。もうひとつは，中立的とされるジャーナリズムさえも，そうした立場の違いや偏見にとらわれていると知ることである。特に，メディアを批判的に読み解く姿勢は，雑多な情報が氾濫している現代のメディア世代にこそ，必要なスキルである。

　メディア世代の若者に対しては，メディアを教材とした授業が力を発揮する。それは，単純に若者がマスメディアに強く反応するから，という以上の効果がある。中山氏が指摘しているように，フィクションは，戦争の歴史を自分からかけ離れた遠い世界の出来事から，個人的なつながりと共感的理解

をもったものへ変化させる効果がある。こうした共感的理解は，ただ単に知識として史実を学ぶ（暗記する）だけでは得られない。また，共感的理解をもたせるために有効なのはライフヒストリーであるという織田氏の指摘は的を射ている。ライフヒストリーは，フィクションのように読者を文章の力で魅了することはなくても，実存したひとりの人物の人生に寄り添うことによって，その人生が歴史と共により身近なものになるだろう。感情移入することによって，あたかもその場に居合わせたかのような経験を得る。このような学習こそが，共感的理解を生むのである。

　共感的理解をした上で，意見交換をすることは，自省を促すだけでなく，自分とは異なる見解を知ることで，同じものを見ていても，多様な解釈が可能であることに気づく重要な作業である。松澤氏や中山氏が実践しているように，異なる文化的背景をもつ人，しかも当時の敵国の人びとと同じフィクション映画や文学作品を鑑賞し，意見を交わすことは，一方では意見の多様性を学びつつも，他方では文化を越えて共通の見解を持つことを知ることになる。

　また，音楽を教材とした居城氏の教育は，音楽科の枠組みを超えて，ほかの科目でも導入できると思う。これは不勉強なわたしがまったく思いつきもしなかった方法であるが，考えてみれば，音楽は人びとの日常に自然に入り込むことができ，さらにみなで合唱することで連帯感を高め絆を深める効果がある。その意味で，当時，日米で流行した曲の違いを比較することは，その時代をより身近に感じたり，共感的理解につながるだろう。さらに，プロパガンダという音楽の新たな側面を知ることにもなるし，音楽というメディアもまた，時代の思潮に大きな影響を受けてつくられる物であることを学ぶだろう。

　こうした共感的理解は，非常に重要である。過去に起こった出来事を，特に戦争という歴史を，経験的に学び，自分のものとして考えることのできるようになるからだ。現在，歴史は，受験などの影響によって暗記科目となっている。しかし，本来，歴史を学ぶことの意味は，結果を暗記することではなく，さまざまな選択肢の中からひとつの道が選ばれた，そのプロセスを学ぶことにある。なぜ起こったのか，それは現在の問題とどのようにつながっ

ているのか，そして，ひとつの歴史的事象に対して多様な解釈が可能であるのはなぜなのか，こうしたことを学ぶことにこそ価値があるのだ。

　先の受講者アンケートにおいても，たとえ戦争について幾ばくかの知識を持っているとしても，「戦争は悪だ」「戦争は二度と繰り返してはならない」といったメッセージをこえて，では戦争を繰り返さないためには何をすべきかを考えるまでには至ってない。さらに言えば，戦争の歴史や記憶は自分からはるか遠くの出来事で現代との関連性を考察することも，現代政治へのコミットメントや独裁制と対極にあるべき民主主義の重要性といった視点もみえてこない。

　しかし，メディアの力は強い。ドイツのトラウデル・ユンゲ[3]という女性へのインタビュー映画を鑑賞させた後にとったアンケートでは，学生たちは，一般市民や同調者もまた戦争の遂行に協力していたのだというメッセージを正確に受け取っていた。そして，自分もまた同調者として戦争をすすめる側にまわってしまうかもしれないと自省した上で，戦争に関する教育の重要性を指摘していた。これは，何年にどこで何が起きたという事実だけを暗記してきた自分からの大きな飛躍と言える。

　最後に，それぞれの現場で日々教育を実践している先生たちが，ワークショップでの経験を生かして教材の開発を行い，そしてそれを共有した本書の意義は大きい。こうした努力は，これまでも，さまざまな現場でなされてきている。こうした知やスキルの蓄積は，今後，戦争あるいは歴史の教育・教授法として，研究し開発していくべきだと考える。

[1] 関西大学の全学共通科目で，2008年度に新設，受講生は1～4年次生で，毎学期150名から300名程度の履修生数。担当は，源淳子，杉谷眞佐子，多賀太，豊田の4名（初年度のみ，守如子も入れ5名）。

[2] 守如子・豊田真穂「現代の大学生は戦争に関して何を学んできたか――『ジェンダーで読み解く戦争』受講者調査から」『関西大学人権問題研究室紀要』第63号（2012年3月予定）；豊田真穂「コメント，国際シンポジウム 歴史認識と歴史教育II――記憶の継承と歴史教育の課題」『関西大学人権問題研究室紀要』第62号（2011年8月）93–99頁。

[3] 1920年ミュンヘン生まれ。幼少時代からダンスが好きで舞踏家になることを

夢見た少女は，政治に無関心で，20歳前後になってもナチの問題行動は一時的なものと捉え，深く考えていなかった。好奇心にかられて，1942年からヒトラーの秘書となる。最期まで身近で仕えたものの，1946年「青少年大赦」（青少年同調者）として免責される。1967年，ミュンヘン大学の「白バラ」メンバーのひとり，ゾフィー・ショル記念碑に記録されていることを読み，衝撃を受ける。ほぼ同じ年齢の女性，ゾフィーは，あれが「犯罪国家」ということが分かっていた。「年が若かったから」という自分への言い訳は吹き飛び，その後，抑うつ状態が続く。2000年頃から手記の執筆と，インタビューをもとにしたドキュメンタリー映画の作成に協力した。2002年没。

11章——参加・体験学習

1 ディベートから作り上げる歴史観——真珠湾以降の日系人をとりまいた諸事象を主題として（荒川裕紀）
2 アジア太平洋戦争を多角的に見る——参加型学習で培う知識・技能・態度（金山顕子）
3 もう一つのハワイ・体験的な学び——多角的な視点の獲得を目指して（金田修治）
4 高校世界史日本史における平和学習と真珠湾攻撃——戦争体験者と現地取材の導入（簑口一哲）
［コメント］歴史教育における参加・体験型学習に関する所感（飯髙伸五）

1　ディベートから作り上げる歴史観
真珠湾以降の日系人をとりまいた諸事象を主題として
荒川裕紀

1–1　ワークショップでの学びと授業実践への視点

　私の本務校は高等専門学校である。日本全国に60近く存在する工学などの専門性を生かした学校であり、15歳から20歳、専攻科までも含めると22歳までの学生が在籍する教育研究機関である。学生たちの1年生から3年生までは高校生と同年代であり、4年生から専攻科2年生は大学生と同年代である。

　現在、国立高等専門学校機構内での教育目標として「国際性を持った工業人の育成」がある。しかし私の勤務校のカリキュラムを例にとってみると、普通高等学校と比べ、その「国際性」の育成に直接かかわる社会系教科の割合は少ない。

　受験勉強に縛られることが少ないというよい部分もある。私が担当する授業である4・5年生社会の選択科目の「史学概論」のねらいは、日本・中国・韓国、そしてアメリカを含めた欧米の19世紀から現在までの歴史を内容として、その中で学生自らが歴史観を育んでいくことにある。その中で「相手の立場になって考えてみること」を授業づくりの視点にすえ、日々取り組んでいる。

このような教科的課題をもって，私はワークショップに参加した。ワークショップ終了後，学校に戻って教育実践として伝えようと考えていたメッセージは，次の二つである。一つ目は，太平洋戦争は第二次産業革命以降の国家同士の総力戦であり，それまでよりも産業が非常に重視された戦いであったことを学生たちに認識させることである。その中で，多くの人々が多様な記憶をつくっていったことを気付かせたいと考えた。

そしてもう一つは，国家対国家という戦争のはざまでアイデンティティの葛藤をおぼえながら必死に生きていかざるを得なかった日系人について焦点を当てることであった。ワークショップで得た教材を提示し，学生たちに当事者の立場に立って考えさせていくことである。

まず，ワークショップの事前学習として，これまで国際理解教育分野において示されている文献を読むと同時に，ハワイに関する先行研究として人文地理学や文化人類学の論考を読んでいった。ここからハワイの現状および日系人社会のたどった歴史や現状について知ることができた。またワークショップ前に事前課題として配布された英文の教材が役に立った。

参加してみると，様々な「宝物」がワークショップにはあった。アメリカ人教員や研究者との交流，実際の真珠湾攻撃の現場を「体感すること」，そして攻撃の際の生存者に直接会って話ができたこと，そしてその敵国同士となっていく中で運命を大きく変えられることとなったエド・イチヤマ氏ら日系人にも出会うことができた。

これらの経験から特に教材として活用できると考えたのは，二つ目のメッセージにある「日系人」，そして彼らが生み出した文化についてであった。組織（もしくは国家）という枠組みでものを考える学生が多い中，組織間の葛藤に悩んだ人々にスポットを当てて，その当事者の立場に立って考えさせることができればと考えたからである。ワークショップにおいて日系人の方々と話をする以外にも，事前学習や文献を読み進めていった中で，ボン・ダンスなどの日系人由来の祭が残っていること[1]も知り，現在の日系人社会の様相を調査し教材化することにもつとめた。

具体的には，祭りの主催者である寺院の関係者，参加者である日系人の方々から現在の祭りの組織や運営に関して，そして戦前から戦後にかけての日系文

化のハワイにおける発展，現状について考えを聞いた。主に写真による視覚教材を作成すると同時に，彼らが語ってくれたボン・ダンスは日系人に由来する祭りであるが，日系人のためだけの祭りではないこと，宗教に由来する祭りではあるがそれ以上に人とのつながりを確かめ合う場であることなどの言葉を拾い出すことにもなり，授業で映像とともに伝える際に大切な注釈となった。情報提供者と知り合うことができたのは，私にとって大きな財産であり，このワークショップがなければ知り得なかったことである。

　アメリカ人教員からの学びも大きかった。彼らとの話し合いの中で，歴史の授業手法に関する意見交換を行った。何人かの教員が，ディベートを採り入れることによって「その立場になってものを考える」ことを児童・生徒・学生に行わせていると話した。この手法は，私の授業においても有用ではないかと考えた。この学びで，自分自身が高校時代に留学していた時のことを思い出した。同じような形態で歴史を学んでいたのである。そして，授業では先述の二つのメッセージを含ませた上で，ディベートを行う授業実践を学生たちに行った。

1–2　実践「アジア・太平洋における帝国主義と大戦」の概要

（1）　単元目標，教科との関連，および単元観

　第二次産業革命以降のアメリカ，およびアジアの新興国家である日本のアジア・太平洋地域における侵略・進出を把握し，その中で生まれた「日系人」「在日外国人」「引揚者・残留邦人」など個人の問題を考えることを目標とする。歴史的な流れを追うだけでなく，「人間がどのように生きたのか」についても迫ることで，現在の社会に対しての考察も同時に行った。

　「史学概論」は，主に近現代史の理解を中心とした内容であり，当授業内容はその中でも核となる部分である。テキストとして使用している文献には真珠湾に関して阿部善次氏に関する項目もあり[2]，その文章や当時の史料なども応用しながら，当時の時代背景に迫る必要がある。空間的に広い範囲を扱うので，授業では場所はハワイ・満州に限定をして地理的な範囲をあまり広げないようにした。しかし3回行ったディベートのテーマによっては逆に限定しないことにより，学生自身が興味の幅を広げていって自学自習することで，当時のアメリカおよび日本のアジア・太平洋での植民施策を認識することにもつながるこ

とを期待した。

　ディベートによる学習は本校ではあまり行われていない。学生たちに経験の有無をたずねてみるとほとんどが無い状態であった。そのためディベートの手法に関する授業も同時に行った。そして彼らが討論する上において論点が定まらない，もしくは準備不足にならないためにも，太平洋戦争・ハワイ先住民の歴史・日系移民に関する授業を行った。テキストを使うと同時に，先述した写真資料をスライドで見せ，真珠湾攻撃の現場や日系人の文化を映像によって理解させた。

　「現代の社会に関しての考察」を目標に立てているのは，特に学生たちの意識の中で戦争というものが「組織対組織」もしくは「国家対国家」の枠組みでのみ考えていることが多く，国家観や社会観に関してもそれが強いからである。ハワイを事例にして，ディベートを通じて自らの社会・文化を見直してみることで「国際性を持った，多文化共生社会で生きる工業人」になって欲しいと考えている。森茂岳雄は，多文化共生社会を築くためにはマジョリティが自らの文化のハイブリッド性に気づくようなすなわち「マジョリティ側の多文化意識の形成」を促すような教育内容，教材の開発が必要となると説いている[3]。私が授業で用いた映像では，ハワイの多文化性をまずメッセージとして示しているが，このことは我々が生活している社会にとっても，歴史的にたどってきたことを付け加えていく必要がある。

(2)　単元の展開と学びの実際——ディベートに焦点を当てて

　全体のうち最初の2回は講義形式で行い，3・4・5回目の授業でディベートを行った。ディベートの回では，15分から20分位を使ってテーマに関する復習も行っている。3回のディベートを行ったが，最終回のテーマとしては「戦争において，自らが敵性外国系移民となった場合，住んでいる国に対して忠誠を誓うか」とした。

　判定には，ディベート参加以外の学生全員が加わる全員参加の方法を採った。各学生に渡したジャッジペーパーの中身は主張内容，討論自体の戦術・戦略，そして結論内容を各10点満点で判断し総計30点満点で点数化したものである。判定基準は「内容の妥当性・論理的・時代背景・歴史事象」「いかに聴衆側に

メッセージ性を持ちながら訴えかけられているか・誠実な結論であるか」などとした。点数の合計で高いほうを勝者として提出させ，そして各審判員から提出された，勝ちと判断したジャッジペーパーが同数の場合は，各用紙の合計点にて比べ，それでも同点の場合は私が判断するという方法を採った。

　前2回の授業では特に日系人の実際について詳しく触れた。映像を多用することで日系人の生活や文化の現状を伝え，学生のもつステレオタイプを変化させ，視覚的な刺激からの知的好奇心を沸き立たせることをねらいとした。その授業で学生が特に驚いていたことは，彼らが思う以上に日系文化が「ハワイ化」していることであった。山中速人が「日系社会のカマアイナ化」[4]と述べている事象であるが，ハワイ化されたボン・ダンスや，ローマ字で書かれた位牌など，日系人の生活が，現在ではカマアイナ化していることに，私が取材した映像を通じて，説得性を持って生徒に伝わったようである。ディベートのテーマでもある「国」「民族」のどちらをとるのかという論点でディベートを行おうとした学生は，具体的なイメージを持つのに大いに役立ったと話していた。もちろん，そうなった要因としては多民族の島であることもさることながら，日米開戦によって特に言語の面で大きな変革を強いられたことを筆者は話した。

　ディベートで特に留意したことは，日系アメリカ人の太平洋戦争開戦以降の立場を念頭においての議論に的を絞らせたことである。アメリカに的を絞ったのは「アメリカ人」の定義が属地法に基づいたものであり，他国の事例に比べて行いやすかったからである。討論の前日には学生たちを呼び，どのような論点で臨むのかということを事前に聞いていた。肯定側は「現在の生活や家族があるその所属に忠誠を誓うことが当然であり，一番理にかなっている」とのことを，1940年代当時のハワイの日系コミュニティの状況やアメリカ本土の強制収容所の状況などの史料や参考文献からの主張を行うとのことであった。否定側は「父母の生まれ育った，ましてや生きている親戚のいる土地に鉄砲を向けることなどできない」との主張を行う考えであった。

　否定側のリーダーの意見としては「感情論でいくと聴衆を引き付けやすいだろうが，それはしたくない。当時の事実から実際拒否した日系人の事例を挙げることで見出したい」とのことであった。彼らが実際に図書館で選んできた資料は「収容所内で宣誓させられたアメリカへの忠誠の内容，およびその宣誓を

拒否した男性の事例」であった。日系人の歴史についてはこれまでの授業を基にしてよく調べてきていた[5]。

　授業後，学生の感想には「テーマ自体が難しいと感じた」「今現在を考えるのか，祖先の血を考えるのか，聞いているこちらも考える」「どちらも主張と結論がしっかりしていた。よく勉強していると感じた」「ディベートはただ話すだけでなく，こちらに伝えることの重要性を感じた」「きちんと考えてから発言することの重要性も感じた」というような，ディベート手法につながる感想を述べているものや，「移民の問題は今でも大きな問題であり，実際自分がこの立場に立ったらどうするのだろうか，悩んでしまう」と現代社会での移民・在日外国人やニューカマーの問題にまでつながる提起をするものがあった。歴史的事象を取り上げながらも，結果的には自らの社会に目を向けることができた。これは日系人の忠誠という問題が，日本居住者とすれば他人事としては捉えづらい距離にあることが大きい。それと同時に「国家」という概念を深く考察する学生が出たことも収穫であった。

　問題点は，発言する人間にやはり偏りが出たことだったが，これまでの講義一辺倒より，はるかに問題意識の高い講義・活動を行うことができた。

　ディベートのスコアは，主張・討論の戦略および結論内容に至るまで否定側が圧倒し，最終的には肯定側8票（415点）対否定側14票（481点）であった。実際の参加者の感想としては「日系人の歴史を知ることで，実際の人間が悩んだ姿に触れることが出来た」「戦争が国家対国家のものであるからこそ，悩む人が出てくる。ひとつの歴史的な事柄が様々な方向から違ったものに見えてきた」などといった，一つの面のみで戦争や歴史的事象を捉え，判断するのではなく，複合的な視点で捉えることができる学生が感想として多く現れるようになっていた。

1–3　振り返りと今後の展望

　ディベートを使った教育手法は様々なところで行われている。この方法は本校において自発的学習，そして各自の歴史観を養うのに効果があった。少ない時間数ではあるが，歴史に関する想像性を身につけさせる上において有意義であった。歴史的知識を持った学生も多い。しかし，よく知るがゆえに自己の社

会を均質化し組織対組織の枠組によってものを見てしまう学生が多いようだ。今回の実践を通じて，より多文化的な視点で各学生が「想像してみる」ことはとても新鮮であったようだ。そして，歴史というものが置かれた立場によって記憶のされ方が大きく異なること，また，国家と個人との関係に改めて気付かされたようである。

　今回，ディベートへの導入部に教材化を試みたハワイの日系宗教および祭礼に関しては，当校の 2010 年度の研究プロジェクトとして認められた。2010 年の韓国国際理解教育学会大会で，私は「民俗学的に日本の祭りの特徴としては，家族のみの祖先祭祀というよりもその場・土地にいる人たちの祭りが行われることが多く，このことがボン・ダンスなどの多文化化に寄与したのでは」と主張した。これに関しては韓国の教員からは異論もあったが，城田愛が主張するようにハワイではそれぞれの文化の担い手たちが，別の文化も比較的容易に選択し，アクセスし，自文化に取り入れたりすることができる環境にある[6]。その環境の中で，日本の祭りの持つ特性が大きく作用したと私は考える。これについては学生たちと追求をこれからも続ける中で，検討したい。最終的には日本の文化自体がハイブリッド性を持たせる要素を持っているのだということを学生に気付かせることがこの授業のねらいだからである。

　この事例があくまでハワイにおいてのみ可能なのではなく，日本社会もこのようなハイブリッド性が歴史的に存在すること，そのことを自らの問題意識として内在化させることによって，国際的に動ける人間を育成できると考える。森茂は多文化教育でより効果的な教育手法として，フィールドワークや博物館の利用が児童生徒の主体的参加をめざす参加型学習方法として意義があると述べている[7]。確かに有効な手法である。できれば歴史的な背景を含めたフィールドワークを行いたい。「ハワイという事例は，マジョリティがいない特殊な島だからこそ多文化共生ができた」というのではなく，我々の社会でもそのことは可能であり，混淆する文化的，社会的風土があるではないかということを示したい。その好例をより身体的に理解させる方法としてはフィールドワークが効果的である。

　ディベートの後に出た，ジャッジ側の意見やディベート参加者の意見はまさに彼らの考え方が変化し，多文化に生きる「国際的工業人」へと変化してきて

いる過程である。これは，歴史観，国家観を育む教育実践ができた証拠であろう。

　ワークショップ中，アメリカ人参加者からも「ここまでの多文化共生はハワイだからできるのだよ」という言葉があがった。マイノリティの教員からは「この地は私にとって気が楽になる」との言葉も聞かれた。この発言は，日本側の参加者に大きな衝撃を与えた。アメリカ本土では，多文化教育は行われてはいても，現実の問題として地域によって極端な差があることも，アメリカ側の教員のこの発言によって気付かされることとなった。この問題は日本社会の中にももちろん存在する。

　このワークショップのおかげで双方の教員が真珠湾という記念碑の前で互いの教育的使命を確認し，意欲を高めあうことができた。現在でもインターネットなどを通じて，多くの日本・アメリカの参加者と繋がっている。ハワイで得た縁をこれからも活かしながら，アメリカと日本の間で新しい歴史教育，国際理解教育の実践を双方の教員で作り上げていくことが，私の使命であろう。

[1]　矢口祐人・森茂岳雄・中山京子（2007）『入門　ハワイ・真珠湾の記憶――もうひとつのハワイガイド』明石書店，50–51 頁。後藤明・松原好次・塩谷亨編（2004）『ハワイ研究への招待』関西学院大学出版会，250–255 頁。

[2]　朝日新聞取材班編（2008）『歴史は生きている』朝日新聞社出版，188 頁。

[3]　森茂岳雄「多文化教育のカリキュラム開発と文化人類学――学校における多文化共生の実践にむけて」日本文化人類学会編（2009）『文化人類学』74 巻 1 号，97–98 頁・109 頁。

[4]　山中速人（1993）『ハワイ』岩波書店，151 頁。

[5]　例えば牛島秀彦（1989）『行こかメリケン，戻ろかジャパン――ハワイ移民の 100 年』講談社，島田法子（2004）『戦争と移民の社会史――ハワイ日系アメリカ人の太平洋戦争』現代史料出版，などを文献資料として使っていた。

[6]　後藤明・松原好次・塩谷亨編（2004）前掲書，255–256 頁。

[7]　森茂前掲論文，110 頁。

2 アジア太平洋戦争を多角的に見る
参加型学習で培う知識・技能・態度

金山顕子

2–1 ワークショップでの学びと授業実践への視点

　私はこれまでアジア太平洋戦争で日本が被害を与えた国々を訪ね，犠牲者の声に耳を傾けてきたが，このワークショップに参加して初めて，ハワイの人々の痛みを知った。日本が真珠湾を攻撃したものの，上陸する意図はなかったと疑いもしなかったが，ワークショップの中でガスマスク訓練体験者の話を聞き，防空壕作りの写真を見て，当時のアメリカ人はそうは思っていなかったことを理解した。日系人の強制収容が起こったことも，この流れの中でならわからないこともない。そして，ハワイの人口の4割を占めていた日系人が，真珠湾攻撃によって祖国への愛憎に引き裂かれ，兄弟で日本軍とアメリカ軍に分かれて対峙した事実には打ちのめされた。さらに，ハワイ先住民の立場から初めて戦争をながめてみた。真珠湾は，先住民にとってプウロアと呼ばれる聖地で神に守られた大切な漁場[1]だった。そこが軍港となり戦場となり，いまだに基地が占領している。沖縄と同じだ。1879年に日本に併合された琉球と，1898年にアメリカに併合されたハワイと，いずれも主な産業が観光と軍事関連というのは偶然ではない。現在，沖縄に駐留するアメリカ海兵隊の司令部はハワイにある。アメリカ軍が力で奪取した植民地に置いた基地が守るのは，ハワイ先住民にとっても琉球の人々にとっても「祖国」ではない。

　アリゾナ記念碑にも驚かされた。沈んだ船の上に祭壇を設け，遺体を引き揚げることも流出する船の油を止めることもせずにそのまま慰霊する価値観に，そして自由と民主主義を勝ち取ったという誇りに満ちた展示に，だ。広島や長崎，沖縄の第二次世界大戦を扱った記念館，さらにはこれまで訪ねた中国や韓国，ヨーロッパの記念館とも趣を異にする。ただ，靖国神社の遊就館とは英霊を称える雰囲気が同じだった。日本が「大東亜戦争」に勝利していたら，日本の記念館も変わっていたのだろう。歴史の授業で日清戦争や日露戦争の悲惨さにほとんどふれないのと同様だ。ワークショップのグループ討議の際，アメリカ人の歴史の教師たちが，太平洋戦争は歴史としてしか教えない，平和学習には

つながらないと発言したこととも共通する。アメリカは今も戦争をしているから戦争を内省的にはとらえられないという発言もあった。負けたからこそ軍隊や戦争を批判的に議論できるといえる。このグループ討議で，戦後50年のアメリカの記念切手に広島原爆のキノコ雲が描かれたことや，退役軍人団体の反対でスミソニアン博物館のエノラ・ゲイ展示の解説に原爆の被害は不記載となったことを紹介した。アメリカ人教師たちはみな，知らなかった，それは配慮に欠けると同調した。ワークショップでのこのような体験を通して，戦勝国アメリカと，被爆国日本と，戦場にされたアジア太平洋諸国との間での異なる記憶・記録から，多角的に戦争を見る教材を作りたいと改めて考えるようになった。

　筆者はワークショップに，クラスの生徒42人分の手紙を持参した。それをフロリダ州から参加したアリソン・デトック-マリア氏に託し，彼女の生徒から返事をもらった。その後，ジョージア州から参加したクリスティ・エルソン氏の生徒とも文通を始め，平成20年度に3回手紙のやりとりをした。残念ながら相手は中学生だったので太平洋戦争についての意見交換はできなかったが，大統領選挙とあいまってアメリカ社会への関心は高まった。また，双方の学校の事情によりメールで個々に通信することもできなかったが，3年生になった生徒へキットカット（日本人の受験期のお守りとして雑誌のコラムに掲載されたらしい）を同封してくれるなど，手紙の良さを再発見しつつ交流を深めた。

2–2　実践「アジア太平洋戦争から考える私たちの社会」の概要
（1）　単元目標，教科等との関連，および単元観

　日本史を選択している高校3年生を対象に授業を行った。教科書の単元「第二次世界大戦」から「占領と改革」までをひとまとまりにし，開戦理由と戦争の実相，戦後補償を切り口に平和で公正な社会を考えることが目標である。日本，アジア太平洋，アメリカのそれぞれの立場から，そして日本の中の政府と住民の立場を本土と沖縄から，さらに在外日本人と在日外国人の立場から，戦争を多角的，多層的に見ることをねらった。比較することで考察は深まる。ワークショップ後に〈活動5〉の教材を作り，授業内容の改変を行った。筆者は現代社会や政治経済の授業でも，同じようにアクティビティを行っている。アクティビティとは生徒の参加を促す参加型学習活動を意味し，本稿では「　」を用いて

表わす。学習者が安心して発信できる場を作り，知識や経験の上に新たな発見が生まれるよう，その場の学びの過程に参加を促す学習である。

(2) 単元の展開と学びの実際
〈活動1〉 太平洋戦争の背景と展開
①日独伊三国軍事同盟の締結，日ソ中立条約締結，独ソ戦開始の展開が日本の南部仏印進駐を招き，日米交渉を決裂させたことを学ぶ。
②写真を用いて考察や発言を促す「フォトランゲージ」の活動をする。上空から見たアリゾナ記念碑やミズーリ号の写真から，太平洋戦争の始まりと終わりが真珠湾で隣接していることを知る。ここはハワイの先住民の聖地であり，アイヌ民族や沖縄の人々の歴史を想起する。そしてシンガポールの血債の塔やフィリピンのバターン死の行進の碑，インドネシアでロームシャに掘らせた地下壕やマーシャルで朝鮮人に作らせた基地，ベトナムの抗日運動等の写真から，大東亜共栄圏とは名ばかりで，実際は同化政策を進めて資源・労働力を確保するための支配圏だったことを知る。

〈活動2〉 国家と国民と軍隊
①勤労動員，学徒出陣，本土空襲，学童疎開に巻き込まれていく人々の思いを想像する。戦争終結に導く政治力の欠如を知る。
②沖縄戦で集団自決に追い込まれた壕とハワイ帰りの人の尽力で助かった壕を比較する。そして「模擬裁判：久米島虐殺事件」を行う。軍隊が守るのは国民というより国家である。現代に生きる私たちが過去の戦争から学ぶべきことを考える。

〈活動3〉 日本の立場・アジアの立場・アメリカの立場
①「原爆クイズ」をする。学校の近くが投下候補地だったが，京都がはずれた理由は，破壊による反米感情を回避して日本占領を円滑に進めるためだったことを知る。
②「教科書比較」をする。1943年の小学校の国定歴史教科書と，1988年の中国の中学校歴史教科書（国定制）と，現在使用している日本史の教科書を読み比べる。生徒は，戦前の日本の教科書が自国中心だと気づく。その上で，ヨーロッパのように共通の歴史教科書を作るために必要なことを考える。歴史を物語と

して読むと惹きつけられるが，教科書や偉人の言葉を鵜呑みにするのではなく，「本当かな？ 自分で確かめてみよう」と思う批判的思考力の大切さを認識する。

〈活動4〉 占領下の改革と戦争責任

①ポツダム宣言受諾からアメリカの占領，民主化のための諸改革について学ぶ。

②東京裁判と戦争犯罪について考える。靖国神社は軍と厚生省と結びついてきており，遺族年金と靖国合祀はセットだった。靖国参拝の課題を知り，平和の礎（沖縄）と比較して，慰霊について考える。

③朝鮮徴用令等によって強制連行された人々，在韓被爆者，従軍慰安婦，朝鮮徴兵令等によって軍人・軍属となったB・C級戦犯について知る。

〈活動5〉 在外日本人と在日外国人にとっての戦争

①「フォトランゲージ」をする。写真の鳥居がそれぞれホノルルの日本文化センター前とサンパウロの東洋人街にあるものと知って生徒は驚く。日本は明治元年のハワイへの移民をかわきりに環太平洋の国々に多くの移民を送り出した。しかし金を稼げず帰国できない日本人に対し，責任ある市民としてハワイで生きていこうと呼びかけた牧師が，ホノルルに故郷の高知城に模したマキキ教会を作り，人々の心の支えとした。1906年，アメリカ本土で日本人移民排斥運動が激化すると，黒人奴隷解放で労働力不足に陥っていたブラジルに行先を変更していった。ハワイもブラジルも盆踊りが盛んである。ブラジルには運動会や演歌も生きている。本国から離れることで，変容はするが古い文化が残ることがわかる。日本文化を守りながら外国で暮らす人々の上に，突然太平洋戦争が勃発した。

②「ケーススタディ：アジア太平洋戦争」をする。

生徒は4人グループを作り，実在の人物をもとに筆者が創作した4人の役柄になったつもりで発問AとBについて考え，決断する。

・張村明博（チャン・ミョンバク）…朝鮮人。韓国併合で農地を奪われ，父は小作人となった。苦しい生活から逃れようと，親戚は日本に出稼ぎに行った。

・土井一郎（サム・イチロウ・ドイ）…ハワイの日系2世。両親は広島出身。一郎はハワイの大学を出て日本に留学し，その後東京で働いている。

- 水田二郎（ポール・ジロウ・ミズタ）…ハワイの日系2世。両親は沖縄出身。ハワイ大学の3年生。
- 青木花（ハナ・アオキ）…カリフォルニアの日系2世。家族と農業をしている。

発問A「1941年12月8日，日本軍はマレー半島と真珠湾を奇襲攻撃し，太平洋戦争が始まった。その時あなたはどうするか，役割カード1の裏面の選択肢から選ぼう」を受けて，各自考える。グループで相談して黒板に書く。教師は，選択理由とその他の選択肢の内容を聞く。役割カード2を配布する。張村さんは何もしない，土井さんは日本軍に入ってアメリカと戦う，水田さんはアメリカ軍に入って日本と戦う，青木さんはその他（強制収容所に入れられる）。生徒はなぜそうなったかを裏面に書く。

発問B「1945年，日本の敗色が濃くなる中，あなたは何をしているか，役割カード3の裏面の選択肢から選ぼう」を受けて，前と同様に進める。張村さんは，徴兵されるよりはと捕虜収容所の監視員に応募し，上官から言われたように厳しく捕虜を管理した。そのためB級戦犯とされて懲役20年を科された。土井さんは，アメリカの実力を知らない上層部の作戦に絶望したが，神風特別攻撃隊で出撃した。水田さんは沖縄戦に行き，ガマに立てこもった人々に沖縄言葉で投降を呼びかけて多くの命を救った。青木さんは収容所の生活に耐えた。兄は日系人のみで編成された第442連隊に入り，決死の戦闘により勲章をもらった。生徒は役割カード4の裏面に疑問点を書き，教師は答える。最後に，生徒はわかったことなどをワークシートに書いて提出する。

〈生徒の感想〉
- 日本人かアメリカ人かどっちかはっきりさせるために戦争に出て死ぬなんて悲しすぎる。一体国籍って何なんだろう。
- アメリカは，同じ国民なのに日系人を差別したと認めて補償をしたのに，日本は，当時は日本人だった韓国・朝鮮や中国の人々を放っているのはおかしい。戦犯の責任を負わせるなら日本人戦犯と同様に年金を支払うべきだし，支払わないのなら戦犯からはずして名誉回復に努めるべき。

単に昔の人を賛美したり非難したりするのではなく，自分だったらどうするかを考えることで，学習が受け身から主体的になる。油井大三郎が述べたよう

に，「歴史は意思決定の積み重ねで，考える教科として組み替えを」[2]していきたい。ただ，土井一郎の役は生徒にはわかりにくいようだ。筆者は，ワークショップの前後にモデルとした人物の弟[3]に会ったが，アメリカ軍に入って降伏文書調印を見届けた弟は，知覧特攻平和会館に祀られている兄のことを当時は恥ずかしかったと言った。このことを生徒に話して，一郎と家族の苦悩を想像することにしている。戦争は国境を越えて結びついている人々を引き裂き，特にマイノリティを苛む。グローバル化が進む現在，最大の人権侵害が戦争といえるだろう。かつて日本は，農村の過剰人口対策と外貨獲得のために海外移民を奨励したが，その人々がハワイやブラジルで重要な役割を果たしてきたことを考えると，今日本で暮らす多くの移住労働者に機会を保障し，多文化共生の取り組みを進めることが，社会に豊かさと平和をもたらすと信じている。

　このケーススタディを体験してもらった日本人教員から，ロールプレイにした方が情報量を増やせて選択しやすくなると助言された。しかし，この後ロールプレイで日本の安全保障を考えるため，ここには1時間しか割けなかった。そこで役柄を固定し，登場人物を4人にすることで時間短縮をはかった。そしてこの4人が必要最小単位だった。つまり，同じハワイの日系人の中に日本軍の特攻隊で死んだ者とアメリカ軍で活躍した者がおり，同じ特攻隊に参加した者に朝鮮人と日系人がおり，同じ戦争被害者の中に，戦犯とされて補償もない者と謝罪と補償を得た者がいることを示すためである。また，助言を得て，一人だけ死んでしまう土井一郎役の生徒の重くなった気持ちを楽にするような活動を行い，初めは男性だけだった登場人物のうち，強制収容所に入れられる役を女性に変更してジェンダーバランスに配慮した。

2–3　振り返りと今後の展望

　歴史学習においては，当時の状況を当時として理解するとともに，それを今日的にとらえることも忘れてはならない。ヴァイツゼッカーが述べたように，「過去に目を閉ざす者は現在にも盲目となり」[4]，未来に再び過ちを犯しかねない。日本社会に対する誇りは，自衛にことよせて他者を抑圧した行為を認める内に宿り，被害者との和解の上にこそ未来志向の関係も真の国際協力も成立すると考える。

2001年の同時多発テロの際，アメリカのニュースが流す「リメンバー，パールハーバー」という言葉の使用に違和感を覚えたが，これは常に警戒を怠るなというメッセージだとワークショップで知った。この亡霊が今も生きている状況は問題だが，一方で「ノーモア，ヒロシマ・ナガサキ」は，内外に訴える力のあるメッセージなのだろうか。

ワークショップ後，ミズーリ州から参加したスコット・モーラーが「原爆投下は必要だったか」というテーマの意見交流をブログ（http://usandjapaninww2.edublogs.org/）で呼びかけてきた。これまでの授業のまとめとしても英作文の練習としても適当と考え，高校3年生に意見を求め，メールでまとめて送った。

〈アメリカの高校生〉 必要10名，不必要8名，どちらともいえない11名
- 先に戦争を始めたのは日本。宣戦布告なしに真珠湾を攻撃し，バターン死の行進等の捕虜虐待もあった。アメリカにはやり返す権利があるし，勝つためには何でもするのが戦争だ。日本は南京でも無実の人をたくさん殺した。アメリカ人だけでなく他国の人も含めて原爆は多くの命を救ったといえる。アメリカは警告したのに，無視した日本政府にこそ責任がある。武士道を信じ，決して降伏しない日本には原爆を使うしかなかった。
- アメリカは空襲等で十分に日本に打撃を与えていた。交渉の余地があった。せめて広島原爆で様子を見るべきで，長崎に落とす必要はなかった。赤ちゃんも動物も植物も殺され，放射能被害がずっと続いた。攻撃は軍事施設だけにとどめるべきだった。ソ連が参戦すれば1945年中に日本は降伏しただろう。

〈日本の高校生〉 必要1名，不必要18名，どちらともいえない2名
- 原爆が落とされなかったら，日本はまだ戦争をしていただろう。
- 原爆は多くの罪のない人々を殺し，今だに原爆症で苦しめている。戦争を終わらせる他の平和的な方法があったはず。すべての人に原爆の悲惨さを知ってほしいし，核兵器が二度と使われないことを祈っている。
- 日本は他国で悪いことをしたが，すでに疲弊していて攻撃力はなかった。アメリカは単に原爆の威力を試したかっただけだ。でなければ2度目は落とさなかったはず。ソ連参戦で，日本はポツダム宣言を受け入れたと思う。原爆投下はソ連より日本での影響力を持ちたかったからにすぎない。

添削してくれたアメリカ人の教員は，日本の高校生は必要だったかどうかの

論理で答えておらず，情緒的であることを指摘した。英語の土俵に不慣れとはいえ，日本の平和学習の課題を再認識した。原爆等の被災からスタートするので厭戦感は育まれるが，問題分析力や外交交渉力を養う場に欠ける。もちろん感性に訴えて共感する姿勢を育てることは大事だが，生徒に身につけさせたい知識，技能，態度のうち，技能の点が弱い。そのため，知識に偏りがちな授業に，意見を表明したり，グループで決定したりするアクティビティを行い，技能と態度の領域を伸ばそうとしてきた。ただ，非暴力トレーニングやコンフリクトレゾリューションの練習はクラス活動でしか行わず，日本史の授業で知識と技能を意識して結びつけてこなかったことに気づいた。

歴史学習が同時に平和学習となるために，因果関係を理解し，様々な立場の利害をふまえて多角的に考察し，対立を克服する方途を模索する時間を，発問を工夫して増やしていきたい。

[1] 矢口祐人・森茂岳雄・中山京子（2007）『入門　ハワイ・真珠湾の記憶——もうひとつのハワイガイド』明石書店，14頁。
[2] 2010年10月2日，パールハーバー教育ワークショップシンポジウム（於東京大学）の講演にて。
[3] 兄弟とも，大谷勲（1986）『夏の肖像』（光文社）に詳しい。
[4] 1985年5月8日，ドイツ敗戦40年記念日にヴァイツゼッカー大統領が行った「荒れ野の40年」より（永井清彦『荒れ野の40年ヴァイツゼッカー大統領演説（全文）』岩波書店，1986年）。

3 もう一つのハワイ・体験的な学び
多角的な視点の獲得を目指して
金田修治

3–1 ワークショップでの学びと授業実践への視点

　筆者は，ワークショップを通じて，テーマ「真珠湾——歴史・記憶・記念」の意味と目的を考えていた。ワークショップでは「多角的な視点」という言葉がくり返し強調された。歴史事象の見方には，個人および双方の体験から多角的な視点が存在するが，教育の現場では国家の歴史観と受験のための歴史知識の獲得が優先され，一つの視点からの歴史教育が広く行われている。そこに生きた多くの人たちの多様な記憶は，歴史の表面に出ることなく，しかも彼らが亡くなるとその記憶は消え，忘れ去られてしまう。国家の歴史観の相違が誤解を増幅し，相互理解に支障をきたすことも稀ではない。真珠湾攻撃の意味やハワイのイメージも日米それぞれの立場で記憶され，ステレオタイプな視点で示されることが多く，そこに関わった多くの人の記憶をたどる多角的な視点は忘れられている。個々人に記憶されている見落とされがちな視点を掘り起こすことが，出来事に対する多角的な検証となり，その経緯を双方向的に見ることで，偏見や誤解を解き，和解への可能性も見えてくる。たとえ和解に至らなくとも，「分かり合えない」人々とも「いっしょに」いるための技法習得につながる[1]ので，国際理解教育において不可欠な視点を獲得できる。

　ワークショップでは，ハワイに関する知識不足から一般的な「楽園」ハワイという強いステレオタイプに筆者自身が囚われていたことに気づいた。参加者への推薦図書[2]から真珠湾にまつわる個人的な歴史を知り[3]，ワークショップで真珠湾攻撃サバイバーから体験を直接聞くことで，自らの体験を通じて知り，理解することの重要性を強く認識した。サバイバーの体験談には，彼らの記憶の中に生きる力強いメッセージがあり，その臨場感から多くのことを感じ取ることができた。また，すべて英語で展開されるワークショップでは，英語が分からない部分は諸感覚を駆使して理解しようという，身をもって学ぶことを体験した。自らがその現場に足を運んで，初めて被災地の実際についてわかることが多いように，体験を通じてしか得られない情報や知識は多い。すなわち，

歴史事象への個人の記憶を当事者の視点から追体験することが，今ある理解とは違う新たな視点獲得に大変有効であることを知った。ワークショップで共に考えた日米の教員との討論からも，アメリカ側の視点を知り，自分が囚われていたステレオタイプではない「もう一つの真珠湾」が浮びあがってきた。

　見学地では，アメリカの「記念」の仕方を知った。それは今も1100人以上が眠る戦艦の上に立つアリゾナ記念碑や，日本軍の銃弾痕をあえて今に残す空軍基地の司令部などで，アメリカがメモリアルとして事実を後世に伝えようとしている意志が見え，戦争を否定し，平和に向けての記憶の構築を進めてきた日本との相違を痛感した。

　ワークショップで得た多角的な視点をもちつつ訪れたプランテーションビレッジ，イオラニ宮殿，ビショップミュージアムでも，日系人や最後のハワイ女王リリウオカラニの記憶を学び，蹂躙された先住民の記憶もたどることができた。ここでも，現場を訪問することで実際を知り，問題の本質に気づいた結果として，興味が深まり，遠い所で起こった問題を身近に引き寄せて考えようとする姿勢につながることを実感した。

　これらワークショップを通じて実感した，体験的な学びの方法を活かし，「もう一つの」(alternative)というキーワードで，ステレオタイプではない別の視点を生徒に体験的に学ばせることをねらいに，担当する学校設定科目「異文化の世界」で授業を行った。ハワイを一例として，身の回りにある多くのステレオタイプに気づかせ，生徒が「今の様でないもう一つの」視点を獲得し，多角的な視点を認め，自分とは違う価値観に立つ人たちとどうつきあっていくのかを学ぶ授業を考えた。その際，生徒自身が関わり，調べたり発表したりする体験を重視し，教師が一方的に知識を与えるのではなく，体験から得られた気づきから学びを引き出す手法をとることにした。教師は，ファシリテーターとして，生徒へ体験的な学びを効果的に導く役割に徹するように留意し準備をすすめた。

　ここでの最大の問題は，臨場感のある体験をいかに創り出すかということである。そこで，インターネットを用いたテレビ会議（以下ビデオカンファレンスと呼ぶ）で現地の人びとと話すことで，疑似環境とはいえ，教員の説明や文献の読み取りからでは決して学べない，相手と接することからの気づきを促す

ことを企図した。サバイバーの体験談を直接聞くことで，個々人の記憶の中にある歴史の場に生徒が出会い，当事者と共に追体験することで，歴史事象をより身近に感じ，自ら歴史観を捉え直し，新たな視点を見いだすことを目標とした。多角的な視点や主張が存在することを認識し，対立する視点に出会っても拒絶ではなく受容し，違いの原因を考え，調和を探る態度を育むことを目指した。こうした受容的認知があって初めて，互いの問題を共有する場ができ，新たな視点から物事を見る態度が生まれる。

そこで授業では，①ワークショップ形式を取り入れ，体感的に学ぶこと，②ICT[4]を活用し，調べ学習，意見交換，発表することでインターネットの活用とプレゼンテーション能力を高める，③ハワイとのビデオカンファレンスを実施し，サバイバーの生の声を聞き，記憶を追体験できる場とすること，④体験を通じて，新たな視点への気づきを促し，疑問をすぐに調べ，情報を確認し，相手と意見を交換できる双方向的で積極的な態度の育成を目指した。

3–2　実践「もう一つのハワイ・体験的な学び」の概要
（1）　単元目標，教科等との関連，および単元観

単元目標として次の三点を設定した。①ハワイ先住民や王朝史，日系人と真珠湾攻撃など，楽園ハワイのイメージとは別の視点を学ぶことで，社会にあるステレオタイプに気づかせる。②個人の歴史的体験を追体験し，教科書記述以外の歴史的事実の存在を知り，他の事象においても常にそれ以外の視点が存在することに気づかせ，一面的な視点に対する批判的態度と多様な視点を認める姿勢を養う。

本実践は高校3年「異文化の世界」（学校設定科目，27名）の中で行った。1学期に「自文化を知る」をテーマに，英語で自文化紹介プレゼンテーションを作成し，ビデオカンファレンスでイギリス人との相互文化紹介をした後，2学期は「他文化・多文化を知る」をテーマに，この単元を実施した。ここでは，①もう一つの視点を体験的な学びから導き出すために教師がファシリテーターに徹する，②個人の記憶に係わる歴史観を押し付けるのではなく，新たな視点として受け止めさせ，多くの視点を認めながら相互にどう共存できるのか，自らの立場を考えさせる，③体験の中で生徒が，感情移入のあまり一方的視点に

陥らないように，事実を整理し，公正な立場で多様な視点を受け入れることができるよう十分配慮する，という3点に留意して進める。

　いつかは行ってみたい「楽園」ハワイへの憧れをもとにした導入は，生徒にとって大変なじみやすく，後に学習するもう一つのハワイ観とのギャップを実感させやすい。この大きなギャップから，より印象深く多角的な視点の存在とその重要性に気づかせることが可能となる。

（2）単元の展開と学びの実際

　単元「他文化・多文化を知る」を1学期末から16時間かけて実施した。3学期に「共生」をテーマに，各自が課題を設定し，卒業発表を行う際の相互理解へのプロセスとして「もう一つの視点」を提示する。

　活動1として「ハワイのイメージ調べとポスターセッション」を実施した。班に分かれる段階から活動形式をとり入れ，ハワイの写真を班の数分用意し，班の人数分に切り分け，各切れ端を引かせ符合する同じ写真のメンバーで班を分け，写真に関係するワイキキ班などの名前をつけた。次に，班毎に準備した旅行パンフレットを使い，パンフレットが謳っているハワイのイメージを話し合いながら模造紙に切り貼りし，自分たちのキーワードを見つけて，ハワイ旅行の宣伝合戦の形で発表させた。どの班の発表にも，楽しい・南国・癒し・楽園という単語があり，楽園のイメージを再認識したという感想が多く見られた。

　活動2「もう一つのハワイ」を知るために，日米開戦前後の日系人苦難の実態を英語版DVD『FIRST BATTLE』[5]を視聴し，整理させた。DVDに出てくる難しい英単語はその和訳をプリントで配布したが，ワークシートの書き込みをみると生徒の理解の程度は今ひとつであった。そこで第3時を『FIRST BATTLE』の復習とし，HP[6]を使ってあらすじを説明した。生徒は，理解不足を補う気持ちが強く，内容の読解に集中し，大変効果があった。アメリカ本土における強制収容所についても紹介し，日系人が受けた苦難と努力，そして戦後の成功についての歴史を概観した。生徒の感想からは，「忠誠心を示しても社会的に認めてもらえなかっただろうし，辛いことばかりだったと思う。それでも最後まで頑張った日系人はすごい」「苦難時代を努力で乗り切り，信頼を勝ち取って，戦後の地位を築きあげたことがすごい」という日系人賞賛の意見と

ともに,「日系人の努力もすごいけど,日系人を欧州戦線に派遣した配慮も評価すべきだ」というアメリカの配慮を称える意見も出た。また,「日本とアメリカの間で揺れ,厳しい選択を迫られて,それでもアメリカのために働こうと決断するところがすごく心に残った。一歩踏み込んだことを学べてよかった」「外見は日本人でも心がアメリカ人ならアメリカ人であるべきだが。戦争当時はそうはいかなかったのか」という戦時下の個人の苦しい心境に迫るものも散見した。第4時には,まず,白檀貿易時代から捕鯨基地時代を経て帝国主義時代に至るハワイの産業面での役割とその変遷,王朝成立から共和政に至る諸外国との関係など歴史的事実を整理した。そして楽園とは異なるハワイの一面をプレゼンテーションで紹介,ハワイの知られざる実態を提示し,調べ学習にむけての興味関心と課題設定へのイメージを提供した。ただし,生徒の疑問や問題意識を引き出す意味で事柄の詳細解説は避けるように留意した。

　活動3「もう一つのハワイ調べ」(第5時・6時)でも課題設定のヒントとなるカメハメハ大王・プランテーション・強制収容所などの写真を班の数分用意し,前回同様の方法で班替えの活動を実施した。この時,写真を読み込む活動「フォトランゲージ」を体験させた。次に,写真から読み取った内容を報告させ,写真が持つ情報をていねいに読み取ることが異文化理解の手法として有効であることを説明した。この活動で得た写真からの情報とHPの情報をもとに話し合いを進め,班毎の課題を設定させた。この調べ学習は,文化祭で展示し,来場者にも楽園のイメージとは異なるハワイを紹介することを目標とした。各班の設定テーマは,文化祭での展示に配慮し,筆者からのアドバイスを交えて調整した。その結果,「ハワイ先住民とは」「ハワイ王朝の盛衰」「ハワイの産業の変遷」「ハワイの移民」「ハワイ共和国の時代」「真珠湾攻撃と日系人」という班ごとのテーマが決まり,全体としてはバランスよく「もう一つのハワイ」を紹介する準備が整った。

　続く第6時で,調べ作業を開始,班内でテーマ毎に各自A2版1ページの個人テーマを分担するように指示し,その作成に3時間,班全体での展示の準備2時間,授業内での発表2時間の計7時間を当て,調べ学習と発表会を実施した。さらに作業の途中に2時間,もう一つの視点獲得に向け,次の二つの課題を入れた。①「最後の女王リリウオカラニの生涯」を紹介した過去のTV番組

「知ってるつもり」（録画30分）の鑑賞と，②居城勝彦氏[7]の授業実践（本書10章参照）にある，日・米開戦前の軍歌の比較視聴[8]をYouTubeを使って行い，音楽から戦時における日米の戦争観の相違を読み取る試みを体験させた。生徒の感想は，①では「ハワイ王朝の悲しい歴史を知らなかった」「リリウオカラニは世界史で勉強したけど，彼女の苦悩までは知らなかった」「ハワイ王朝の盛衰を調べる上でとても参考になった」など，新たな視点獲得を認めることができた。②では，「日本の曲は，今から始まる戦争のために一致団結して気合いを入れるための曲という感じで，アメリカの曲は，今から始まる戦争に対して，いつもどおりやろうと気持ちを落ち着かせる感じがある」「音楽が好きですが，国によってこんな風に表現が違うことを今まで考えたことがなかった」など，音楽から日米の戦争観の違いを敏感に読み取っている生徒が多く，こうした手法での文化比較が有効であると確信した。

　生徒が新たに獲得した視点や手法を活かし，紙面づくりを進め，展示内容の最終調整を行った。完成した掲示用紙面を使い，授業内でのプレゼンテーションを実施し調べた内容を共有した。また，全員で文化祭での展示場当番を分担し，来場者に自分から話しかけ，その質問に答える体験から得られる気づきを促した。プレゼンテーションの相互評価，文化祭での展示内容と鑑賞レポートに加え，来場者との会話メモの提出によって評価を行った。この総合レポートには，「年々減少しているハワイ先住民の文化を守るために今立ち上がらないといけないと思った」「アメリカ唯一の宮殿イオラニ宮殿は，きれいなだけでなく歴史があって驚いた」「ハワイは最初から今のような観光地ではなかったことや様々な産業の移り変わりがとてもよく分かった」「日系移民たちが期待したわりには，ハワイでの生活は楽ではなかったことがよくわかった。労働歌ホレホレ節を聞いてみたい」「ハワイ共和国から準州そしてハワイ州になるまでを知り，ハワイには重い過去があることに気づいてイメージが変わった。そしてアメリカは狭いと思った」といった内容面での感想が書かれた。また，「会場で質問されたことにうまく答えられて嬉しかった」「調べることで，自分もこんな事実を知ることができた。今度はそれを伝えていきたい」「視野が広がった。いろんな問題にもハワイのように裏があるのかもしれないって疑ってみることから始めたい」という「もう一つの」視点獲得への気づきや行動が顕在化している感想

も見られた。

　本単元「もう一つのハワイ・体験的な学び」の最終段階は，第15時以降の活動4のビデオカンファレンスでハワイとの交流授業を実施する予定であった。まず，ワークショップ時に入手したサバイバーの体験経緯を記した英語の簡易説明書を事前学習に活用し，生徒にビデオカンファレンスに向けて生存者の方への質問を英語で準備させた。第16時にはハワイとの交流授業として国立公園局の歴史家ダニエル＝マルチネス氏の進行で真珠湾攻撃の生存者から体験談を聞く準備をすすめたが，学校のインターネット接続環境の都合で，実現できずに終わることとなった。そこで急遽，筆者がワークショップで撮影したDVDを見せることで第16時に代えた。DVDでは臨場感に乏しく，また録音レベルが低く，英語が聞き取りにくいため，生徒には詳細が伝わらなかった。太平洋歴史公園協会と繋いだビデオカンファレンスは，名古屋の金城学院高校の例がある。筆者もその授業に参加したが，当日の様子を見て，生徒にとって大きなインパクトがあり，大変有効な学習法であった。

3–3　振り返りと今後の展望

　授業を通して，真珠湾とハワイをめぐる歴史の背景を個人の記憶から改めて掘り起こし，そこにあった人々の思いを「記念」する体験によって，多角的な視点を生徒に喚起することができた。生徒は，体験を通じた学びから印象づけられた「もう一つのハワイ」を知り，ステレオタイプの存在を理解し，3学期の卒業発表では，新たな視点を交えた発表が見られた。

　ワークショップを通じて得た知見から実践したこの手法は，海外スタディーツアーに変わる安価な国際交流と異文化理解のスタイルといえる。今後はこの手法で，太平洋歴史公園協会や他の記念館や学校と連携授業を行い，疑似体験的スタディーツアーとしての質を高めることを目指したい。その際の課題は，体験的学びへの教員の熱意，ICTスキル，ファシリテーターとしての資質，評価方法の研究など教える側の課題に加え，国際社会の諸問題に向き合える生徒の英語能力が大きな要素になってくる。正確さよりも積極的に使え，コミュニケーションできる英語能力の育成が急務である。ハワイとの時差も大きな問題で，相手校との打ち合わせのために教員の英語スキルも要求される。また，今

回は学校設定科目「異文化の世界」で実施したが，他の社会系教科科目でこのような体験的な学びをどう組み込めるのかというカリキュラム研究が必要であるし，国際理解教育をあらゆる教科の中で実践するための研究が必要になってくる。そのためには，ワークショップで得た人的ネットワークを使って共同で実践し，課題を克服していくことが大切である。

このように課題は多いが，教育的効果に注目し，時代を捉えた学びの手法として，体験的な学びの構築に挑戦し続けていきたい。

[1] 日本国際理解教育学会編（2010）『グローバル時代の国際理解教育――実践と理論をつなぐ』明石書店，4頁。
[2] 例えば，矢口祐人・森茂岳雄・中山京子（2007）『入門　ハワイ・真珠湾の記憶――もうひとつのハワイガイド』明石書店，猿谷要（2003）『ハワイ王朝最後の女王』文藝春秋など。
[3] 牛島秀彦（1997）『真珠湾の不時着機――二人だけの戦争』河出書房新社，ドウス昌代（1982）『東京ローズ』文藝春秋社など。
[4] ICTとは，Information and Communication Technology の略である。
[5] ハワイプランテーションヴィレッジで購入したDVD『FIRST BATTLE』(53分)
[6] http://thefirstbattle.com/
[7] 居城勝彦氏考案の授業プランを筆者が高校生に実施（本書10章2）。
[8] 「月月火水木金金」（日本）と「ブギウギビューグルボーイ」（アメリカ）を比較視聴。

4　高校世界史日本史における平和学習と真珠湾攻撃
戦争体験者と現地取材の導入

箕口一哲

4–1　教育実践への視点

　私は1996年を境に，教材づくりの海外取材旅行を開始した。ザックを背負いカメラを回し，安宿を泊まり歩いていくスタイルである。帰国後は，世界史・日本史の映像教材や学習プリントなどの教材作りを続けてきた。

　まずは「シルクロード」をテーマに，砂漠を舞台としたその歴史を主に扱うことから始めた。しかし旅先で私の心を揺さぶったのは，「戦争」「紛争」や「貧困」などの不幸な現実であった。パレスチナやアフガニスタン国境などでの出来事である。

　ここから現在私が継続している「戦争」をテーマにした取材旅行と，戦争体験者からの聞き取りをベースにした授業づくりが始まった。これまで31か国を訪問し，国内外で話を伺った戦争体験者も計150名ほどになる。

　現在の授業での取り組みは，戦後65年を経て「何のための戦争だったのか。何のために国民たちは死ななければならなかったのか」，そして平和と生きることの意義を問い，そのために生徒の心を「どう揺さぶるか」「どう耕やすか」をテーマにしたひとつの平和学習となっている。この取り組みの一環として，2008年のワークショップに参加した。

　人間ひとりひとりの体験の集合体が「歴史」である。歴史をまとめる取り組みは，時間的空間と地域的空間を繋げる作業でもある。そして，歴史を学ぶ意義は，歴史の教訓から「我々は何を学びとるか」である。つまり，歴史を学ぶことは「未来づくり」の作業でもある。更に言い換えると，地域と世界をどう繋げるか，過去と現在と未来をどう繋げるのかと言える。

　これまで担当してきた高校「日本史」「世界史」の中で，歴史的事件として「真珠湾」が占める比重は決して大きくはなかった。真珠湾攻撃は空母や艦載機の華々しい戦闘シーンが先行してしまい，戦争の本当の姿が見えにくい。扱いを間違えると，「戦争ってかっこいい」等という誤解を招いてしまう危険性がある。私も「真珠湾」を授業で扱うことには躊躇していた。

今回のワークショップ参加は，この「真珠湾の授業づくり」に挑戦する好機となった。現地訪問はもちろんのこと，多くの体験者（Pearl Harbor Survivor）と会うことができたことも幸いであった。

4–2 授業実践

（1）**キーワードの設定**　授業「日本史・世界史」への導入として，まずは日本の真珠湾攻撃によってできたアメリカ側のスローガン・キッチフレーズ・語句を取り上げ，「なぜこのような言葉が生まれたのか？」「どんな意味が含まれているのか？」について追求する方法を取り入れることとした。その語句として，「No drill!　演習にあらず」「Sneaky Attack　だまし討ち」「Date of infamy　恥辱の日」「Remember Pearl Harbor　真珠湾を忘れるな」「Japanese-American　日系人」を選んだ。

まず教師から，「こんな言葉，知ってるかな？」「なんて訳したら，いいだろう」「どうして，こんな言葉できたんだろう？」と問いかけていく。

最終的には，これらの多くが政治的なスローガンの意味合いを持つことにたどり着く。当時戦争に反対だったアメリカの国民世論を変え，対日参戦への世論作りに大いに利用されることになっていくことに生徒は気づいた。

（2）**「真実」を知る**　生徒がその結論にたどり着くには，実際に起こった真実を知らなければならない。まずは2001年制作の映画『パールハーバー』をダイジェスト版にしたものを視聴し，生徒たちの頭の中にイメージをもたせる。

また基本知識として，授業プリントでは次の事項を扱った。真珠湾攻撃では，日本軍は合計350機の飛行機を使用し，うち29機がもどらなかったこと。第一次攻撃隊として6隻の空母から183機の飛行機が，オアフ島の北360キロの沖合から発進したこと。第二次攻撃隊は167機で編成され，そのうち急降下爆撃機が78機だったこと。

米軍の新兵器レーダーが，日本軍の編隊をとらえていたがアメリカ側は米軍機と判断したこと。日本軍の最大の攻撃目標は，当時太平洋に配備されていた3隻のアメリカ空母だったが，当日は不在で代わりに犠牲になったのは旧式の戦艦8隻だったこと。決定的な破壊力を持つのは飛行機からの魚雷攻撃で，日

本は 40 機を準備したこと等である。

　現代の高校生の多くは，航空母艦の仕組みはもちろん存在そのものも知らない。「空母って何？」「そんな船があるの？」「プロペラの飛行機が空を飛ぶの？」「魚雷って何？」などの疑問が，生徒の口から飛び出してきた。

（3）**現地の映像を紹介**　ここで現地の映像を使用し，真珠湾攻撃の悲惨さを知ってもらう。今回ポイントとしたのは，まず「戦艦オクラホマの悲劇」である。この戦艦には 5 本（日本側の発表 12 本）の魚雷が命中し，転覆したあと多くの乗組員がそのまま艦内に閉じこめられた。船底に穴を開け 30 名ほどが救い出されたが，429 名が酸素を求めながら犠牲になった。現在この戦艦の慰霊碑には，429 本の慰霊塔が建っている。

　その次に紹介するのが，「戦艦アリゾナの惨劇」である。この日，日本軍の 103 機が「水平爆撃機」として組織されていた。そして第一次攻撃隊の 49 機に 800 キロ徹甲爆弾が搭載され，そのうちの 4 本が戦艦アリゾナに命中した。うち一発が甲板を突き破り弾薬庫近くで爆発した。とたんに大爆発が起こり，乗組員総数 1400 名のうち実に 1177 名 が犠牲となった。この日の死者 2403 名の半数が，この「アリゾナ」の乗組員であった。

　そして現在も沈んだ船体からは，油が漏れている（oil leaking）ことを紹介する。ここで「戦争はまだ終わっていない」ことにも，生徒は気づいた。

（4）**パールハーバーサバイバー**　授業の大きなポイントになるのが，戦争体験者の実体験である。現在オーラル・ヒストリーの分野が注目を集めつつあるが，単なる証言だけではなく語る人との人間的な交流も大切である。人間的な繋がりが，授業を豊かなものにしてくれる。

　ワークショップの中で何人かの体験者の話を伺う事ができたが，中でもエベレット・ハイランド氏との出会いは印象深いものになった。

　1923 年生まれ当時 18 歳の少年兵だった彼は，12 月 7 日は戦艦ペンシルバニアで無線通信技師として勤務していた。2 回目の攻撃の時に，火傷を含めた大けがをしている。同じ通信班の仲間は，ほぼ全員が死亡している。2 週間ほど意識がなく，死んでもすぐに身元が分かるように，あらかじめ足の指に名札が

写真提供：故河内勝治氏

吊されていたという。また意識を取り戻したのは，クリスマスの日だったという体験の持ち主である。

ワークショップの中で昼食時に同席する機会に恵まれ，交流することができた。これまでの私の活動に興味を持っていただき，励ましの言葉と同時に，彼の兄が硫黄島で戦死されていることも伺った。

この日の地元テレビ局のニュース番組でこの時の様子などが取り上げられ，私たちは同時にインタビューを受けた。その中でハイランド氏は，「日本はずるいという人がいますが，戦争は国と国との戦いであり，個人の喧嘩ではありません。個人的な恨みなどはありません」，また「戦争では，何も解決しないのです」と述べ，戦争に対する姿勢も立派なものであった。

次に紹介するのは，日本側の体験者である。できるだけ地元の方が適任である。河内勝治氏（1918年生）は2008年に逝去されているが，地元では数少ない真珠湾攻撃の体験者であった。

戦艦比叡に乗り込み，広島の軍港から出港し帰還するまでの心の動きは，大変臨場感がある。択捉島出港時に艦長から真珠湾攻撃のことが乗組員に伝えられると，「本当にアメリカに，勝てるのだろうか？」という不安な思いや，荒れ狂う波間を進む日本艦隊の様子そして攻撃機が夜明け前の暗闇の中を波間すれすれに飛び立っていく目撃談などは，貴重なものであった。このように，体験談を日米両サイドからの視点で比較していくことは有効であった。

(5) ジャパニーズ・アメリカン　ハワイという地域性を考えた場合，日系人の存在と，彼らの受けた運命を見逃すことはできない。この機会に，アメリカ社会における日系人の存在と意義についても学ぶこととした。

まずは導入として，「日系人とは国籍は基本的にどこなのか？」と提起する。すると「へっっ。日本人じゃないの？」「日本人とどう違うの？」「だけど顔は日本人じゃない」等の声があがる。日系一世を除いて，基本的にはアメリカ国籍

であることを知っている生徒は数少ない。容姿は日本人でも精神的にはアメリカ人であることを，少しずつ生徒は気づいてくる。

そして日系の人々は，日本とアメリカとの間に戦争が起こると葛藤しながらほとんどの人々がアメリカに忠誠を誓って戦争に協力していくことを紹介した。

そしてワークショップで体験を話されたエド・イチヤマ氏と，妻のコリーンさんの体験話を紹介した。

> 日系人部隊の兵士のひとりにエド・イチヤマさんがいる。にこにこした穏やかな表情からは，辛い体験は感じ取れないが話す内容は苦難に充ちていた。
> 私の父は，山口県から第一次世界大戦の時にハワイに来ました。父は床屋をして生計をたて，日系二世の母と結婚して七人の子どもを育てました。1924年以前に生まれた長兄と次兄はアメリカ国籍でしたが，長兄はアメリカ空軍に入り次兄は一時山口に戻った事もあり日本海軍に入ってしまいました。
> そのような事情もあり12月7日はその日のうちにFBIが家にやってきて，私たちにスパイ容疑がかかりました。私たちは，苦しみました。私は100大隊にはいり，その後442部隊に合流しました。ミシシッピーの基地で訓練を受けましたが，街に行くと，レストランもバス等も白人用と有色人colored people用に分かれていて，どちらも利用させてもらえず困りました。バスは白人用と黒人用の間に座るようにしました。次兄がアメリカ市民なのに，なぜ日本軍に従軍できるのか分かりませんでした。その兄は南洋でオランダ軍に捕まり，ジャワ島で捕虜になっていました。戦後お互いの胸のうちを語り合って涙したときようやく，本当の兄弟に戻れました。
> 私の妻コリーンも義母も当時オレゴンに住んでいたので，「敵性外国人」として収容所に送られました。市民権を持つ二世もです。
> 私の父は後に帰化して市民権を得ました。そしてアメリカ人として誇りをもって人生を終えました。私もアメリカは素晴らしい国だと思います。日系人の強制収容に対して，きちんと謝罪したからである。二つの祖国を持った彼らの運命は，例外なく過酷であった。
> （矢口祐人・森茂岳雄・中山京子『入門　ハワイ・真珠湾の記憶——もうひとつのハワイガイド』32～33頁より作成）

上記のストーリーを紹介した後，「お二人の気持ちを，考えてみよう」「日本とアメリカという二つの祖国をもったんだね」「祖国って，何だろうな」と問いかけた。解答に至らなくても充分であった。

（6） まとめ　最後のまとめとして、「真珠湾攻撃の謎」として二つの設問を提起した。ひとつは、「アメリカは日本の攻撃を事前に、知っていたのだろうか？」という問題である。いろいろな場合が考えられるが、「やっぱり事前に知っていたと考えるのが自然かな」というのが私見であるが、生徒に問題提起の形をとる。同時に、「もし知っていたらとしたら、なぜ日本に攻撃させたのだろう？」という問題も投げかける。この解答は、「戦争反対のアメリカの国内世論を変えるため」という容易なものであるが、多くの生徒が「納得した」という表情をしたことが印象的であった。

4–3　振り返りと今後の展望

今回の授業を生徒たちがどのように受け止めたのかを総括してみたい。対象は高校2年生の1クラス、生徒数は37名である。授業終了後印象深かった内容を記してもらったが、約半数の生徒が「日系人問題」と「アメリカは事前に日本の攻撃を知っていたのではないか」の2項目をあげた。

まずは「日系人問題」であるが、「差別を受けた日系人が米国への忠誠を求められたこと、同時に大々的なキャンペーンがあったことを聞くと悲しい気持ちになりました」「日系人の苦労を今まで自分たちが知らなかったことに、ショックを受けました」「人種差別の問題に直面し、悲しい気持ちになった」「この戦争で一番傷ついたのは、日系人の人たちだと思う」など、日系人の苦労や葛藤に同情する内容が大半ではあった。中には「むしろ日本が、米国にいる日系人の立場を何も考えていないことの方が酷いと思った」というものもあった。また多くの生徒が、「きちんとアメリカ政府が、戦後謝罪したところが素晴らしいと思った」という感想を述べている。

次に「事前に攻撃を知っていたのでは」については、ほぼ同数の生徒が関心を寄せていた。これが事実であれば、「戦争反対の世論を変えさせるために日本に攻撃させたとは、やはり日本より一歩進んでいるなあと感じた」「関係ない人の命を無駄にしたことになり、アメリカは国民のことは考えていないことになる」「全てはアメリカ側の策略通りで、日本は利用されただけに思える」「自国民に対しても非常に残酷な手段をとったことになる」「考えれば考えるほど理にかなっているので、自分もそうだったと感じている。これが事実なら、アメリ

カも日本同様に反省しなければならないと思った」「本当のアメリカの姿を知りたいと思った」「これでは，半分アメリカが仕向けたように思えました。日本が勝てるわけのない相手に戦いを挑み，アメリカの思うつぼだったように見えます。学べば学ぶほど日本がしたことが仕方なかったように思えてきました。ハルノートも逆の立場ならアメリカだって受け取るわけがありません。だまし討ちはとても申し訳ないことだとは思います」「やはりアメリカは知っていたと思います」「これが事実であれば，アメリカは間違っている」という，アメリカ政府に対しては厳しい意見が相次いだ。

　次に，クラスの5分の1程度の生徒が「日本の攻撃は酷すぎる」「エベレットさんの発言は素晴らしい」をあげている。前者の「日本の酷い攻撃」については，「原爆投下に匹敵する攻撃だと思った」「あんなことをしたらアメリカにどうこう言える立場に日本はない」「あまりにも酷すぎる，慈悲の心を持つべきだ」「日本はこんなことをしておいて，広島について言いたいことだけ言うのはおかしい」というもので，他に3名が「だまし討ちとは，日本人として恥ずかしい」「日本のことを卑怯と言うのは仕方がない」という感想を示している。後者の「エベレットさんの発言」については，「個人のけんかではないという言葉が素晴らしかった」「大けがをしているのに，日本に恨みはないと言う言葉に驚きました」「とても素敵な人だと思った」と，いうものである。

　これらの生徒の感想で特徴的だったのは，「戦艦アリゾナの悲劇」について言及しているものは，「油を出し続け，まるで生きているかのようだ」「自分も是非行ってみたい」という2名だけであり，「戦艦オクラホマ」についての言及はなかった。ここで私が感じたのは，生徒の興味はまだ「事前に知っていた」等の謎解きものに向かい，大半の生徒はまだ本当の戦争の悲惨さや愚かさには気づいていないということである。

　その後，私の第二次世界大戦に関わる授業は継続している。この期間内に修学旅行が実施され，「ヒロシマ」も訪問した。生徒に平和と生きることの意義についての問題意識が生まれ，同時に心を揺さぶり，耕やすことができることを切望している。

［コメント］歴史教育における参加・体験型学習に関する所感

　　　飯髙伸五

　中学校，高等学校での歴史教育では，広範にわたる領域を限られた時間でカバーしつつ，生徒の考察力や問題発見能力の涵養をはかることが求められている。ここに提示された四つの教育実践の試みからは，ワークショップでの経験をもとに，こうした歴史教育の難題に取り組もうとする様子がひしひしと伝わってくる。荒川氏の実践では，アジア・太平洋戦争期の日系人の事例から，敵性外国人が「住んでいる国に対して忠誠を誓うか」という論題でディベートをアレンジされた。金山氏の実践では，朝鮮半島出身者や日系人がアジア・太平洋戦争期に直面した苦境をユニークな手法で生徒に追体験させている。金田氏の実践では，インターネットを使ってビデオカンファレンスを試み，オールタナティブなハワイを体験的に学ばせようとしている。簑口氏の実践では，日系人や真珠湾攻撃体験者のオーラルヒストリーをもとに，個人レベルからみた戦争体験を生き生きと伝えようとしている。
　いずれの試みも，ワークショップに参加した四氏の貴重な生の体験をもとにして，その体験を生徒に伝えたり，今度は自らが媒介となって生徒自身に体験させたりしながら学ばせるという手法をとっている。生徒に体験させる方法は様々であるが，何らかのかたちで臨場感のある歴史体験空間を創出することによって，紙の上に書かれただけの歴史ではない，生きた歴史の教育を試みているという点で共通している。これを総じて歴史教育における参加・体験型学習導入の試みとよぶことができよう。
　私は個々の教育実践の試みに対して敬意を表すとともに，こうした参加・体験型学習が歴史に関する想像力を養うために効果的であると評価したい。そのうえで，教育の手法および観点において検討を要すると思った点を以下に述べていく。
　第一に，何のために臨場感のある歴史体験空間を創出するのかを慎重に問うべきである。参加・体験型学習は確かに生徒の想像力をかきたてたであろうが，生徒は「日系人は……すごい」「……悲しい気持ちになった」「……素

晴らしい」など情緒の表現に終始する傾向が顕著である。この点は，金山氏の報告のなかで原爆投下に対する日本の高校生の見解を採点したアメリカ人教師が「論理で答えておらず，情緒的だ」と指摘していることからもうかがえる。体験が感情移入にとどまるならば，煽動的に人々の感情に訴えかけようとする極右的な歴史修正主義に動員される素地を図らずも育んでしまうかもしれない。体験を素地としていかに歴史認識の深化を促していくのか，手法の検討が必要である。

　第二に，臨場感のある歴史体験空間の創出がときに無自覚におこなわれている点は気がかりである。例えば，真珠湾攻撃のイメージを生徒に体感させるために，当時の戦闘シーンを収録した映像記録や『パールハーバー』などの映画が活用されているが，特定の映像を選定した理由，個々の映像の制作主体や制作意図などは十分に説明されたであろうか。テレビで放映された湾岸戦争の映像が，戦場のリアリティとはまた別の次元に構築されたリアリティであったことは記憶に新しい。戦場の映像は鮮烈に視角にうったえかけるだけに臨場感を創り出すが，それだけにことさら，その演出効果を冷静に分析したうえでの活用が求められる。さらには，歴史教育の基礎資料として適切なのかどうか，改めて問う必要もあろう。

　第三に，アジア・太平洋戦争期の日系人の苦境が，オーラルヒストリーなどを用いて生き生きと提示されているが，リジッドな実体としての国家および民族を前提として教育実践を進めているために，生徒の想像力を限定している。例えば，祖国日本か合衆国かという二者択一的な問題設定のもとでなされたディベートでは，種的同一性すなわち同時に二つ以上の属性を認めない近代の統治技術の論理が温存されている。生徒に感情移入させて二者択一を問うよりもむしろ，そうした問いを日系人に強いた歴史の文脈を理解させる必要がある。ジョン・ダワーによれば，日米が「容赦なき戦争」へと至るのは，敵国民に対する人種差別が極限まで強調されたからであった（ダワー『容赦なき戦争——太平洋戦争における人種差別』平凡社，2001年）。日系人排除の論理がなぜ，いかに生成されたのか，戦時下で顕在化していった差異化の論理との関連から検討する必要がある。

　第四に，アジア・太平洋戦争をめぐる記憶の緊張関係に留意すべきである。

複雑な記憶の様相を理解するには，いくぶん現実を単純化して切り取り，特定の立場に感情移入させる手法では対応しにくい。例えば，ローズヴェルト陰謀説を最も確からしい説として採用して授業を進めるよりもむしろ，国防の無策に対する教訓としての真珠湾の記憶，それに対するヴェテランの名誉回復の動きなどを解きほぐしながら，陰謀説を対象化する必要があろう。同様に，アリゾナ記念碑には，平和を祈念する日本の慰霊とは異なる，戦勝国アメリカの誇りが体現されているという一面的な理解がみられるが，実際のところ，そこにはアメリカの国民的記憶，万人に開かれた歴史遺産，日米双方のヴェテランによる和解の試みなどが併存している。また，平和教育に力を入れてきた日本とて，『新しい教科書』に代表されるような歴史の右傾化がみられることにも留意する必要がある。

このように参加・体験型学習には，分析よりも感情表現に陥りやすいこと，歴史体験空間の創出が無自覚におこなわれる危険性があること，歴史の文脈の検討を怠りうること，複雑な記憶の緊張関係を対象化するにはツールとして限界があることなどの問題点もある。しかし時間的にも限られた中学校および高校の歴史教育のなかで，これらの問題をクリアしていくことは不可能であり，むしろ大学教育のなかで検討されるべき問題なのかもしれない。ここに提示されたユニークで熱意のこもった試みのどれもが，生徒に歴史を肌で感じさせ，体験的に考える貴重な機会を提供したことは間違いない。それは大学など将来の教育現場で生徒がさらに深く歴史を考えていくための素地となろう。

12章──訪問・交流活動

1　太平洋戦争に関する合理的な理解の形成をめざして──ハワイ修学旅行を通じて（虫本隆一）
2　地球市民社会としてのハワイ──授業交流を通して「カマアイナ」の心を学ぶ（大滝　修）
3　真珠湾の記憶はグアムにもある──先住民チャモロと日本人の教育交流活動（中山京子）
［コメント］同じ時間，同じ空間，異なる歴史認識の共有（佃　陽子）

1　太平洋戦争に関する合理的な理解の形成をめざして
ハワイ修学旅行を通じて
虫本隆一

1–1　ワークショップでの学びと実践への視点

　2008年夏のワークショップのテーマは「歴史・記憶・記念」であった。真珠湾や太平洋戦争をめぐる記憶のあり方について，筆者は日本・アメリカ・オーストラリア各国の現状や，識者，授業担当者の様々な見解に触れることができた。パースペクティブ（視点）という言葉が頻繁に飛び交い，複数の視点を踏まえた理解の形成が重要であることを改めて感じさせられた。

　最も貴重に思えたのは，真珠湾攻撃のサバイバーが直接自らの記憶を語る場面に立ち会えたこと，フィールドワークでアメリカ側参加者の説明を聞きつつ数々のメモリアルを訪問したことであった。私の勤務校では，10年来，ハワイ修学旅行を続けてきた。そこでワークショップで体験し考えたことを，追体験させることにより，生徒に複数の視点を踏まえた歴史認識のあり方を考えさせることが可能となるのではと考えた。

　原田智仁（2008）は，岩野清美がワークショップでの経験を踏まえて開発した授業「第二次世界大戦」[1]を紹介している。岩野は，サバルタンの視点からナショナルな視点を揺さぶりつつ，歴史叙述者の視点を探求させることを提案している。

大芝亮（2004）は，歴史家の間で一定の共通理解があるにもかかわらず，論壇において政治的主張に基づいた歴史事実に関する論争の蒸し返しが生じること，ときに歴史事象に関する因果関係の理解や，歴史に対する評価と事実に関する議論が混同されることに疑義を挟む。自国本位の身勝手な歴史認識にかえて，トランスナショナルな歴史記憶の共有をめざし，記憶共有の単位を国家や地域ではなく，女性，マイノリティ，子ども，ビジネス，労働者など，トランスナショナルな主体に置くことを提案している[2]。

児玉康弘（2001）は歴史学習の授業方法・構成原理として解釈批判学習の導入を提唱している。一つの歴史事象に関して複数の解釈の提示・評価・批判を繰り返し，一つの歴史解釈の有効性と限界を認識させ，視座・着眼点の異なる複数の解釈の統合を求めたり，より論理的整合性の高い解釈の存在に気づかせたりするものである[3]。

三氏の発想に学びつつ，太平洋戦争に関する一定の合理的な理解の形成を生徒が目指す授業を構成した。ここでいう合理的な理解とは，戦争に関する個々の事実的知識や戦争体験者の経験を参照し，根拠として踏まえて形成されるものであり，なおかつ，可能な限り多くの人で矛盾なく共有しうる第二次大戦・太平洋戦争に関する歴史的意義付け・評価のことである。ワークショップで国立太平洋記念墓地を訪れた際，靖国訪問の経験をもつアメリカ人教師が，この墓地に示されたアメリカの公的記憶のあり方と対比し，日本人が靖国のメモリアルを公的記憶とするのは当然だとする趣旨の発言を行った。日本内外に彼女のような考えをとるものもあろう。一方，中国・韓国はもとより，日本国内にさえ靖国のメモリアルを日本の公的記憶とすることに異議を唱える人も多い。自国本意との誹りを受けない歴史記憶のあり方を模索することは不可能であろうか。

究極的には他者からの批判に耐えうる歴史認識を備えた生徒を育てたい。体験者の記憶は戦争を知る原点である。敬意を払いつつ，しかし，それへの共感をもって歴史認識のすべてとするべきではない。メモリアルで示されるようなナショナルな認識，公的な歴史認識は複数存在し，それぞれが何を意図した語りなのか，何を意図的に歴史認識から欠落させているのかを，複数の視点に触れる中から考えさせたいと思った。さらに，ナショナルな歴史認識に視点の欠落があるのであれば，それを克服する合理的な歴史の理解を示すことができる

1–2 実践「太平洋戦争をめぐる"記憶"の諸相」の概要
（1） 目標，教科等との関連，および教材観

　ここに紹介するのは「太平洋戦争をめぐる"記憶"の諸相」と題して実践した2008年度の修学旅行と，それに伴う一連の事前・事後学習である。この年，筆者は高校2年生の修学旅行の企画責任者となるとともに，授業では同学年全員，7クラス（約300名）の現代社会を担当した。10年来，修学旅行のテーマは異文化理解，国際交流[4]，平和学習の三つとされており，これらを満たすべく，旅行と事前・事後学習を提案する必要があった。また，教科担任として，事前・事後学習となる授業（教科）での学びと，旅行先での見聞，体験とが有機的に関連づけられるよう努めた。

　修学旅行自体は2009年の1月末にホノルルで4泊6日にわたって実施し，行程の1日を平和学習にあてた。事前学習は2008年の夏休みの課題図書読書，課題レポート作成，冬休みの課題レポート作成，修学旅行直前の3回の現代社会の授業で実施した。旅行中には真珠湾をはじめとするフィールドワーク，真珠湾攻撃体験者の講演会を実施した。帰国後は事後学習としてレポートを作成した。戦争をめぐる語り，記憶，記念のあり方を批判的に吟味する力を育成することを目標とした。

　現代社会では，「日本国憲法の基本原理」及び「平和主義と安全保障」の単元を設けている。教科書は，他国への侵略と，その結果としての沖縄戦，空襲，原爆被爆などを悲惨な体験として扱い，これらを再び招来しない為に，GHQの強い関与と国民的悲願により，現行憲法の「平和主義」に関する諸規定が置かれたと述べている[5]。そのような理解については日本国内において賛否が分かれる。細谷千博は，アメリカ国内の真珠湾をめぐる公的記憶に揺るぎがないのに対し，「日本の場合，近年の『教科書問題』をめぐる論争に見られるように，太平洋戦争にいたる経緯や性格の歴史的理解をめぐる見解の対立は深刻で，統合された公的記憶は未だ確立しているとはいえない」[6]という。先に触れた大芝の問題意識を共有する筆者としては，複数の歴史的記憶や，メモリアルにおける歴史的記憶のあり方，その背後にある価値意識や視点設定のあり方に対す

(2) 学習の展開と学びの実際

〈活動1〉 夏休みの課題として,『入門 ハワイ・真珠湾の記憶』[7]を読み,新しく知ったこと,印象に残ったことを整理し,疑問点を問題設定にレポートを作成する。「真珠湾とは?」「ハワイとは?」を主要な問いとして,修学旅行に向けた予備知識の整理と,平和学習への関心喚起が目的である。

生徒の疑問は,なぜ「だまし討ち」といわれるほど対米宣戦布告が遅れたのか,ローズヴェルトの裏口参戦論は本当かという二点に集中する傾向があった。インターネットのサイトの記述をなぞろうとしたレポートには,スティネット『真珠湾の真実』[8]を無批判に受容しようとするものが目立った。

〈活動2〉 課題レポート「日本における戦争博物館・記念館」を作成する。日本において太平洋戦争がどのように語り継がれているかを理解することが目標である。これまでに訪れたことのある(訪れたことのない者は冬休み中に見学し)国内の戦争に関する記念館,博物館の展示内容と,展示意図を批判的に考察するレポートを作成する。自宅から近い「ピースおおさか」を考察対象に選ぶ生徒が多かった他,小学校時代の修学旅行で広島を訪れた経験から広島平和記念資料館,家族旅行の経験と照らし合わせて沖縄県平和祈念資料館を選ぶ生徒もいた。

「ピースおおさか」を取り上げた生徒のレポートには以下のような記述が見られた。

> 「ピースおおさかの存在は見るものに平和の大切さをよく知らせて,二度と戦争をしてはならないという意識を植えさせることを目的としている。展示室の順番は"過去に受けた自国の被害→自国が他国に与えた影響→戦争による罪なき人への残虐行為→国際平和の主張"であり,この順番によって見たものに平和の大切さを強く訴えることができる。」

日本各地の記念館,資料館には,戦時中の被災を原点に,日本の加害体験も含めて,国家による市民生活の破壊を批判し,国際平和の重要性を訴えるものが多いという傾向を,このレポートを紹介することにより認識として共有した。靖国神社の遊就館のように,別の公的記憶の形成を意図する施設も存在するこ

とをあらかじめ紹介したが，これについてレポートした生徒はいなかった。

〈活動3〉 授業「太平洋戦争をめぐる"語り"の多様性」（第1時，第2時）は，日本で太平洋戦争を経験した人々が戦時中に戦争をどのように感じていたか，戦争にどのような立場で関わったかを分析する授業を行った。この際，戦争への関わり方の差違が，異なった戦争理解の根底にあり，日本国内で戦争をめぐる公的記憶が確立されない一因になっていることを紹介した。続く授業「太平洋戦争をめぐる"語り"の多様性」（第3時）は，アメリカにおいて太平洋戦争がどのように語り継がれ，それが日本とどう異なるのかを理解する為の授業である。活動②で提出されたレポートのふり返りを行う一方，アリゾナ記念碑のパンフレットを分析し，両者の比較から，日米の戦争をめぐる記念のあり方，目的の違いについて比較考察を行った。

〈活動4〉 修学旅行で真珠湾を訪問し，ホノルル周辺に点在する太平洋戦争関連の史跡をフィールドワークしてまわった。アメリカ側の太平洋戦争の公的記憶の内容とその伝達のあり方を考察するという目的のもと，アリゾナ記念碑とビジターセンター，ミズーリ号，太平洋航空博物館などをクラス単位で，パンチボウル（太平洋記念墓地），フォート・デラッシー陸軍博物館などを5～7名のグループ単位で作成した調査計画をもとに訪問し，レポートを作成した[9]。次に紹介するレポートは，アメリカにおける太平洋戦争に関する集合記憶の特徴を，生徒が捉えたことを示すものである。

「印象に残ったのは英雄たちのギャラリーです。戦争や軍の存在が身近でない私たちには，戦争で死んだら"英雄"となるという考えに少しなじみがないように感じました。」（陸軍博物館について）

「アリゾナ記念館[ママ]全体を通して思ったことは，沖縄や広島の平和記念館と比べてみると，その悲惨な被害や，生々しい写真などが少ないということです。……アリゾナ記念館[ママ]にはパンフレットに煙にまみれる戦艦や火を噴く戦闘機といった写真が出てきますが，全身焼けただれた死体の映像や写真は出てきません。アメリカは日本と違って戦争に決して否定的ではないのかと考えました。日本ではもう二度と戦争をしてはいけないという思いを背景に記念館がつくられている気がしますが，アメリカは真珠湾攻撃は二度と繰り返したくないという感じで，戦争そのものを否定しているようには感じませんでした。」（アリゾナ記念碑ビジターセンターについて）

〈活動5〉 苦難を強いられた日系人にとって太平洋戦争はどのように理解できるかを考察するため、フィールドワーク終了後、日系アメリカ人の戦争経験者イチヤマ夫妻の講演会を実施した。エド・イチヤマ氏は真珠湾攻撃後のハワイの日系人のおかれた状況、日系人部隊に志願した経緯、戦中の日系人がおかれた状況についてどのように思っているかを語った。妻コニー氏は本土の日系人強制収容の体験、終戦後の生活、連邦政府の被強制収容者に対する最近の謝罪などについて語った。講演は英語で行われ、通訳を解しての理解となったが、質問に立った生徒は英語で質問を行った。トランスナショナルな個人として、戦争をどのように解釈しているかを知って欲しかった。国家が対立するとき、市民、とりわけサバルタンがどのような困難を抱えるかを、メッセージとして汲み取った生徒は多かった。次の二つの感想はそれを示す事例である。

「日系人強制収容の話を始めて聞きましたが、とても衝撃的でした。近隣に住む人みんなが（開戦によって）別人格になるなんて……なぜそのような環境でコニーさんが生きようと思えたのかがわかりません。とても忍耐強かったのだと思います。私なら絶望して死にたいと思ったかもしれません。」

「……我々は他人の痛みについて深く考えなければなりません。お二人は戦争を最初からしたいと思う人はいないと仰っていましたが、実際に戦争は起こってしまいました。お二人の論理からすると、誰かに責任があるとはいえないのですが、とても残念に思ったことがあります。もし、日本がアメリカを刺激しなければ、日系アメリカ人は苦しまずに済んだのです。日本の人も苦しまずに済んだと思うし、アメリカ人も苦しまずに済んだと思うのです。」

〈活動6〉 帰国後、グループごと、個人のそれぞれでレポート「事前学習と修学旅行を通じて学んだこと」をまとめた。どのような理解で太平洋戦争を語ることが適切かについて、考えをまとめることが目標である。最後のレポートに現れた生徒の学びの典型を一つ示す。

「メモリアルを訪れると日本人はほぼ間違いなく『もう二度と戦争を起こしてはいけない』と思うだろう。私も当然そう思った。しかし、別の考え方を持つ人々もいると知った。アメリカ人にとってメモリアルは、『命を懸けて自国の自由を守る大切さ』を学ぶ場所であるという。……自国への誇りは各国の人々がそれぞれ持っているものではな

いのだろうか。それを互いに主張しすぎて対立し、また、争いを生む原因にもなるのかもしれない。……」

このレポートは日本における代表的な集団的歴史記憶と、アメリカの公的歴史記憶の質の違いを指摘することに成功している。同時に、ナショナルな価値意識を強調しすぎることの問題点を指摘している。レポート作成やフィールドワークなど、一連の学習の目標を一定程度達成できていると評価でき、イチヤマ夫妻の講演から、戦中・戦後の国家と個人の関係を問う視点を学んだ影響も窺える。

1–3　振り返りと今後の展望

「大切なのは、それぞれが互いの文化、民族、考え方の違いを理解し、認め合う事。楽しかった修学旅行。しかし学ぶことも多かった修学旅行。私は世界平和のためにそんなに大きいことはできないかもしれない。でも、自分とその周りの人々、という小さな範囲でも、互いに理解し合う努力をしたい。」

これは、ある生徒の感想であるが、他の生徒からも、学ぶことの多い充実した修学旅行であったという声を聴いた。

戦争をめぐる語り、記憶、記念のあり方を批判的に分析できる能力を育成するという目標はある定程度達成できた。異なる記憶やメモリアルの背後に、異なる視点や価値意識が存在することを理解した生徒が多数に上ったことを成果と考えたい。

教材の魅力が損なわれないよう、細かな発問により解釈を誘導しなかったため、認識の深まりに個人差が大きかったことは否定できない。また、祖父母や曾祖父母からまとまった戦争体験を聞いた経験をもたず、体験者の語りを初めて聞いた生徒も多かった。彼らにはイチヤマ夫妻の講演が、初めてのリアリティある戦争に関する語りとなった。十分批判的に吟味し、他の戦争体験者の見解、他の数々の史料と照らし合わせて、初めて太平洋戦争を全体として理解・評価できることにも注意を促したが、夫妻の認識こそが戦争の正しい理解の仕方だと考えた生徒もいるに違いない。日本で戦争の公的記憶が確立されていない現状についても、もう少し丁寧に扱うべきであった。

真珠湾や太平洋戦争に限らず，歴史認識はしばしば個人の思い入れや信条，特定の政治的主張と結びつく。特定の思想や価値意識と不可分な歴史認識は，対立する思想や価値意識をもつ者には受け入れがたい。異なる視点や価値意識への理解と共に，冷静で論理的な議論の尊重が必要である。価値意識の投影を自覚的に抑制し，個別の史料批判を積み重ね，それらを矛盾なく包摂する解釈を導こうとする議論を経て築かれる一定の理解に目を向けることは，多くの人々との共通認識をつくろうとするときに不可欠である。そのような歴史認識の形成には，論壇よりも歴史研究者の議論に一日の長がある。今回のような学習は，一般の認識が分かれるテーマについて，研究者がどのような史料批判や考察を経て共通理解を導いてきたか，どのような課題が残されているかを扱う歴史（日本史・世界史）の授業に関連づけることで，より有意義になるのではないだろうか。

[1] 原田智仁 (2008)「変革の時代の歴史教育実践の創造」社会系教科教育学会編『社会系教科教育学研究』20, 239–248 頁。
[2] 細谷千博・入江昭・大芝亮編 (2004)『記憶としてのパールハーバー』ミネルヴァ書房，400–420 頁。
[3] 児玉康弘 (2001)「中等歴史教育における『解釈批判学習』の意義と課題——社会科教育としての歴史教育の視点から」全国社会科教育学会編『社会科研究』55, 11–20 頁。
[4] ワークショップのスタッフ Cherylene Hidano 氏の仲介で，修学旅行において，Hawaii Baptist Academy とメール交換，学校訪問の交流プログラムが実現した。
[5] 阪上順夫他 (2006)『高等学校改訂版 現代社会』(教科書) 第一学習社，159–170 頁。
[6] 細谷他編 (2004)，前掲書，10 頁。
[7] 矢口祐人・森茂岳雄・中山京子 (2007)『入門 ハワイ・真珠湾の記憶——もうひとつのハワイガイド』明石書店。
[8] ロバート・R・スティネット／妹尾作太郎監訳 (2001)『真珠湾の真実——ルーズベルト欺瞞の日々』文藝春秋。
[9] 300 名の生徒が同じ日にアリゾナ記念碑他真珠湾を訪問できたのは，ワークショップにて日本側コーディネイターより紹介された太平洋歴史公園協会の Paul Heinz, Steve Kooiman 両氏の尽力によるところが大きい。

2 地球市民社会としてのハワイ
授業交流を通して「カマアイナ」の心を学ぶ
大滝　修

2–1　ワークショップでの学びと授業実践への視点

　グローバル化が急速に進展する現代において，世界の人々と協同し，地球市民社会の未来を形成することが重要な課題となっている。しかし，日本は中国や朝鮮半島などアジア・環太平洋諸国の植民地支配・戦争の和解および補償，旧憲法下の在日朝鮮人やアイヌ支配の検証と補償など未解決の多くの課題を抱えている。

　筆者はこのような課題意識のもと，2002年より北海道朝鮮学校の友好交換授業[1]に毎年参加し，「多民族共生の社会」を目指す授業に取り組んでいる。勤務校では，2006年からアジア・環太平洋の高校生を迎え，授業と合宿による交流ワークショップを行い[2]，2007年からカンボジア支援のためのスタディツアーを実施している。この一連の地球市民教育の目的は，対話を通じて文化理解と歴史問題に関する和解を図り，地球的課題への協力関係を探求するものである。その実践の中で，実践の目標となる「和解」モデルを模索してきた。

　こうした課題に指針を与えるものと期待し，本ワークショップに参加した。真珠湾攻撃や原爆投下などについて日米教師がどのような相互理解ができるか，国家間だけでなく在日朝鮮人・アイヌの先住民族問題について認識を深めたいと考えた。また，事前に読んだ文献でハワイ語「カマアイナ」(土地っ子)[3]に出会った。北海道にも，鎌倉・室町時代，アイヌが和人を「シサム」(隣人)と呼び暖かく援助した歴史がある[4]。相違点よりも地域を基礎としたコミュニティへの帰属意識を醸成し，多様な民族を結び付ける言葉「土地っ子」と「隣人」に共通性を感じた。これら先住民族の言葉に，将来の日本社会への示唆があると予感し，ハワイ体験への期待も高まった。

　ワークショップでは，日本人移民・日系人の歴史や文化，ハワイ開拓史や多民族共生の重要性を学んだ。プランテーションでの日本人労働者のストライキが，フィリピン系労働者ストライキへと発展し，後に民族を越えた連帯へとつながる。それが，真珠湾攻撃で社会の分断の危機に見舞われた。しかし日米開

戦時に，アメリカ本土の過酷さと比較し，ハワイ社会の日系人への対応は緩やかだったという。ハワイ社会における日系人の重要性や様々な民族との交友関係や信頼感があったことを感じる。ワークショップで証言した退役兵スターリング・ケール夫妻と昼食で同席した際，ケール夫人が日系人であることに驚いた。戦時下の敵国関係の結婚には周囲から強い反対があったが，ケール氏が「重要なことはネーションではなく愛」だと言ったと，夫人は語った。教材開発を行うワークショップでは，「和解」をテーマとするグループに参加した。憎悪の連鎖を信仰によって断ち，和解を実現した元真珠湾攻撃総隊長の淵田美津雄と東京初空襲をしたドゥーリトル爆撃隊の元爆撃手ジェイコブ・ディセイザー[5]やケール夫妻の事例，歴史対話により和解の願いを共有する日米教師の事例等を通じ，「和解から平和共生」という授業づくりの視点を得た。

ワークショップを終えた夜，ホノルルのコウガン（高岩）寺で行われたボン・ダンスの輪に日本人教師で加わった。「炭坑節」「ピカチュー音頭」，カントリーなどの世界の音楽で，多様な民族と一緒に踊りながら，多民族共生社会ハワイを実感した。翌日訪ねたハワイ・プランテーションビレッジは，その日"Korea Day"であった。各民族文化に触れる機会を提供して，相互理解を図ろうと努めるハワイの人々の努力を目にした。

帰国後，北海道朝鮮学校での「友好交換授業」では，多民族の文化を尊重し共生するハワイについて，「地球市民社会としてのハワイ」という視点から授業を行った。ハワイ社会を範例とし，民族共生の社会日本を展望することを授業の目標とした。授業の導入で用いたボン・ダンス映像の場所当てクイズでは，いきなり生徒にハワイと当てられた。ハワイの移民史と多民族社会の形成を説明，淵田美津雄のドキュメンタリー番組を視聴して真珠湾攻撃後の和解の事例を紹介した。授業後半は，事前に収集することを課題としていた「日本でカマアイナを実践する在日朝鮮人」の新聞切抜きと生徒の意見を合わせた壁新聞をグループ単位で作成した。授業の感想からは，「ハワイは将来の日本社会の希望モデル」「勇気づけられた」という声が多かった。この授業から，ハワイの歴史と社会を学ぶことが，他の地域における歴史的和解や友好のモデル提示につながると確信した。

2–2 実践「地球市民社会としてのハワイ——カマアイナのこころに学ぶ」の概要

(1) 単元目標，教科との関連，および単元観

2009年2月〜3月，茨城県立取手松陽高校2年生の「世界史A」で，近現代史のまとめと世界の未来を考える教材として，表題の学習を実施した。2010年9月には，1年生の「現代社会」で，日本国憲法「基本的人権」獲得史及び「地球市民社会」の範例としてハワイの学習を実施した。これは，ハワイ姉妹校への短期留学の事前学習でもあった。歴史と人権意識の側面から，「真珠湾攻撃とハワイ社会」について生徒の反応を追試した。

ワークショップの「和解」グループでは，「和解の障害をこえる」ため，①相違を見出す，②和解モデル（事例）を提示する，③つながりを見出す，④平和の教育，の4ステップによる授業単元を考案した。それらに対応し，①移民の文化的相違と真珠湾攻撃による様々な対立，②日米の和解の努力，③カマアイナ，ローカルというつながり，④多文化共生の平和な社会づくりの努力，という観点で授業を展開した。

(2) 単元の展開と学びの実際

① 世界史A「地球市民社会としてのハワイ——カマアイナの心に学ぶ」

多民族ハワイ社会の形成，真珠湾攻撃によるハワイ社会の動揺，和解の事例や多文化共生社会形成の歩みを学び，将来の地球市民社会を展望することを目標とした。授業は生徒に問いかけ仮説を立てさせた後，資料で検証し予想と結果の相違について考えることで，主体的な生徒の思考を促すことをめざす。

1時間目の主題は「ハワイ文化の発見」とした。ボン・ダンスのVTR映像から，生徒はその場所の地名を当てる。多様な民族音楽と融合しハワイの祭りとなった盆踊りの映像に生徒は惹きつけられた。次に，太平洋地域における民族移動の歴史を示す地図上[6]に「ハワイ先住民のルーツ」を探す。地理的理解と合わせ，日本史とハワイ史を比較する年表を完成しながらダイナミックな民族交流史を実感した。映画『フラガール』の場面から言語としてのフラ，資料からはレイの宗教的意味に気づく。「欧米人の渡来とハワイ先住民の人口激減」から，伝染病や農場労働の過酷さを理解した。

2時間目は，「世界からの移民と多民族社会の形成」を年表作図によって俯瞰した。日本人移民に関連し，カラカウア王が来日した際，「なぜ天皇家との婚姻

を願ったか」を予想し，膨張する白人勢力に対し日米均衡上に王朝維持を図ろうとした提案だと知る。資料を音読し，滅亡までのハワイ王朝と白人勢力との相克に迫った。

　3時間目は，ハワイ人口の40％に達する日系人と第一次世界大戦後の日米緊張の高まりについて考えた。「なぜ日本人移民が禁止されたか」を予想し，アメリカ国内に日本人のハワイ支配への恐怖があったことを知る。地図にハワイの米軍基地の色塗り作業をし，ハワイの基地化を確かめた。「多くの米軍基地が存在する島として連想する地域と，基地化の影響」を問う。生徒の多くが「沖縄」と答え，環境，土地返還，犯罪・事故など，沖縄修学旅行で見聞した問題を挙げた。地域住民の声として，ハワイ先住民の証言を読む。真珠湾攻撃の際の「日系人のとった行動」を予想し，二世を中心とする「アメリカ化」や，「米軍への志願と日系人部隊」について資料を読み，当事者の苦渋の選択について考える。

　4時間目は，DVD『真珠湾攻撃総隊長・淵田美津雄』[7]から，戦後キリスト者として敵国と和解に尽力した淵田が「なぜ和解できたのか」について話し合う。また戦時下のケール夫妻の結婚の事例から，国家対立を超える愛について，互いの感想に耳を傾けた。

　5時間目は，「アジア移民に開かれたドア」としてのハワイを主題とした。第二次大戦後のアジアの戦争と，ハワイに移民した新たな民族を年表に書き込む。州議会や連邦議会への日系人選出やハワイ先住民系知事誕生の事実から，ハワイ社会の発展を確認した。学習の終わりに，ハワイ語「カマアイナ」の意味を想像する。民族の相違を越える社会的紐帯として，「この土地に育つ」という帰属意識を共有する社会について考えた。「平和な地球社会のためにハワイから学んだこと」をまとめ，振り返りとする。その後，3月に来校したマレーシアの高校生ともハワイについての授業を行った。マレーシアの高校生に祖父母の体験談や学校で学んだことを聞き，将来に向けた友好と協力関係づくりについて対話した。

　② 現代社会「日本国憲法の基本的人権」

　「人類の人権獲得の努力の成果としての人権」について，ハワイから学ぶことを目標とした。

　(1)のハワイ学習の内容を人権獲得の過程という観点から，5時間の授業に

再構成した。1時間目は先住民文化と，欧米人の来航により先住民の失われた人権を考察する。2時間目は多くの国から移民した人々がハワイに求めた人権とは何だったか考える。3時間目は，プランテーションでの労働搾取や民族差別や男女格差等の人権の問題点について資料分析する。ストライキにみる労働者の権利意識や民族間の労働者の連帯の広がりを近代史の中に位置づけて考察する。ハワイ王国滅亡と基地化で先住民が被った生活問題やはく奪された権利について考える。4時間目は真珠湾攻撃や第二次世界大戦中ハワイの人々が直面した人権被害は何かを確認する。5時間目では，戦後の民族の平等の獲得と「カマアイナ」の言葉に，人々が託した人権への願いについて生徒間の対話を行う。

③ 2009年の生徒の感想による振り返り

「お互いに共存しあって生きていくことが何よりも大事だと思いました。そのためには，お互いの国の文化や歴史をちゃんと理解して分かりあい，過去のことを赦していくという努力をしていくべきだと思いました。」

この生徒のように，相手の立場・考え方を理解し，互いの違いを認め合い，赦しあう努力を継続することの大切さを指摘した声は多かった。和解のプロセスのうち，①違いの承認，②和解の努力の重要性について，受けとめる生徒が見られた。

「ハワイは，たとえ目の色や肌の色，言葉が違ってもお互いを受け入れられる広い心があるから実現された平和な島だと思う。ともに住んでいるという考えは素晴らしいと思う。その規模を大きくし，世界中の人々と，同じ地球に住んでいるからみんな仲間，みんな家族と思うことができれば戦争はなくなり，平和な世界を築けるのではないか。」

異文化を受容し合う平和モデルが地球規模へと広まることに希望を託す意見も目立った。和解のプロセス④平和の教育を推進する必要性を求める声もあった。

「ハワイのように何人だからどうでなく，この地球に生まれたということに感謝を持って生活していければ，戦争はおこらなくなると思う。ハワイのようになるには長い時間が必要かもしれないが，始めなければ変わらない。ハワイのような考えを全世界に広めて，いつか戦争のない世界ができると私は信じます。」

このように，ハワイのカマアイナという概念を地球社会にまで広げ，世界の人々の平和共存を確信する意見が見られた。和解のプロセスという視点からハワイの歴史を読み解き，地球社会の在り方を展望する生徒が見られた。この振り返りから，和解グループの授業構想は，歴史的和解と協力を考察する視点として有効であったと考える。

2-3 授業者の振り返りと展望

ハワイを事例とした学習を通じて，真珠湾攻撃を日米対立として二項的に捉えるだけではなく，多様な立場や視点から生徒と考えることが可能となった。「和解のプロセス」という視点の導入により，相手を理解し共生をめざそうとした事例を考察できた。ワークショップで同じグループになった教諭と教材交換や対話の提案があり，授業づくりのネットワークが生まれる契機となった。マレーシアの高校生との授業では，ハワイの事例学習をもとに対話ができ，今後，環太平洋・アジア地域の歴史学習や地球市民教育にもこの実践を反映できると感じた。

2008年のワークショップにはハワイからの教員参加はなく，「カマアイナ」について地元の声を聞く機会はなかった。筆者は勤務校の生徒とハワイ高校生が対話する授業を考えた。ハワイ日米協会のケルシー・ソーマ氏の尽力や勤務校同窓会など関係者の理解を得て，2010年11月にホノルル市の私立メリーノール高校へ生徒の短期留学が実現し，10名の生徒がハワイを訪問した。初日は，ハワイ・プランテーションビレッジと戦艦ミズーリを見学した。その後，メリーノール高校生徒の家庭で9日間のハワイ生活を体験した。メリーノール高校生とホノルルの日本文化センターで日本人移民の歴史を学ぶ。真珠湾のアリゾナ記念碑見学では，壁面に戦没者名を刻んだ場所で生徒代表が花束を捧げ，アリゾナ号が水面下に見える場所で海に花を撒いた。訪問中，生徒は幾つかのクラスに分れて授業に参加したため，真珠湾攻撃をテーマとする授業はできなかった。

しかし，用意した「歴史的和解と共生社会に関するアンケート」に，授業参観した3クラスの教諭の協力で，65名（男32・女33）の生徒から回答を得た。回答者の年齢は15歳31人を中心とする14から17歳で，日系11人・アジア系10人・フィリピン系4人・ハワイ先住民系4人以外は様々な民族の組み合わせ

で，民族名を七つ答えた生徒もいた。

「ハワイ真珠湾攻撃に関する和解はなされたと思うか」という質問に，「強く思う」(20%)，「そう思う」(50.8%) を合わせ7割が「和解は実現した」と回答した。「不十分」(1.5%) はわずかであった。真珠湾攻撃以来70年近くにおよぶ和解の努力により，若い世代の多数が「日米和解は果たされている」という認識を共有すると推定できる。和解の要因については回答の多い順に，「歴史から学ぶ」(43.1%)，「平和学習」(36.9%)，「謝罪」(35.4%)，「協力」(33.9%) である。

2010年12月6日　松陽高校生とメリーノール高校生によるアリゾナ記念碑での慰霊のセレモニーの模様。(撮影：大滝　修)

ハワイにおいて，歴史教育が日米和解の認識に最も重要な役割を果たし，それを「謝罪」「協力」行為が促進する。こうしたハワイの歴史，平和学習の成果に学び，実践交流の活発化を図る必要性を感ずる。

「ハワイは多民族・多文化の平和な社会だと思うか」という質問に，「強く思う」(49.2%)，「そう思う」(30.8%) を合わせ8割が「ハワイは多文化共生の平和な社会」と答える。「思わない」(7.7%) 生徒は少ない。その要因として，「民族の平等」(61.5%)，「文化」(52.3%)，「協力」(43.1%)，「人権意識」(41.5%) があがる。民族間の文化・人権の平等と協力関係の共通認識が，多文化共存の平和な社会の基礎となっている。

「カマアイナは多民族・多文化共生のために重要な共通意識だと思うか」という質問に，「強く思う」(30.3%)，「そう思う」(35.3%) と3分の2が，必要な意識だと答えた。「思わない」(4.6%) は少数である。「カマアイナから感じるイメージ」について，「大切」(5)，「良いこと」(4)，「我々が属す」(2)，「互いに，一緒」，「平和と平等」「多様な人々が一緒に」など，肯定的イメージは多いが，1名が「ハワイと他の地域を分離する」否定的なイメージを挙げた。ア

ンケートから，ハワイは文化的平等と人権保障を基礎とした多文化共生社会だという認識が広く見られた。そうした意識を象徴する言葉「カマアイナ」を重要な社会紐帯と感じる生徒は相当数に上った。この結果は，ハワイの一高校の3クラスの回答に過ぎず，一般化はできない。しかし，「カマアイナ」という地域コミュニティを尊重する言葉が，ハワイ社会における多文化共生社会の醸成に重要な意味を持つと考える。個人と民族・文化を尊重し共存を促す先住民族の言葉を再評価し，他のアジア・環太平洋地域における歴史的和解につながる範例として発信したい。

2011年に予定していたメリーノール高校生16名の来校は中止となった。来校が実現した際にはこのアンケートを資料として対話する授業を実施したい。さらに，他の地域の高校生との授業交流で，その対話事例を学び，「ともに地域で育つ」という視点で和解や共生をめざす地球市民を育む教育を探求してみたい。

[1] 札幌市清田区の北海道朝鮮学校は，毎年秋に初・中・高級学校の授業公開と日本人教師による授業，また日本人大学生と高級部生徒の対話，参加者の懇談会を行っている。同校はドキュメンタリー映画「ウリハッキョ（わたしの学校）」の舞台ともなった。

[2] APEC諸国の高校生相互訪問JENESISプログラムおよび日中高校生大交流計画に参加。毎年2～3カ国の高校生と行う2泊（合宿とホームステイ）3日の交流プログラム。

[3] 山中速人（1993）『ハワイ』岩波新書，152頁。カマ：子，アイナ：土地の，から「土地の子」の意で，ハワイに長く住む共通性を大切にする言葉。しかし，先住民運動家は，土地を奪った移民の子孫によるこの言葉の使用に違和感を抱くと指摘する。本論では，地域コミュニティへの帰属意識と住民相互の尊重を示す概念として使用する。

[4] 徳光勇（1986）「『徹哉君への手紙』――国内少数民族『問題』を考える」北海道浦河高等学校研修集録，89頁。

[5] 淵田美津雄（2007）『真珠湾攻撃総隊長の回想――淵田美津雄自叙伝』講談社。

[6] 「環太平洋――航海者，海洋民族」帝国書院（2003）『地歴高等地図』新訂版67頁。

[7] BSドキュメンタリー『伝道者になった真珠湾攻撃隊長――淵田美津雄・心の軌跡』（2005年8月15日放映）NHK。

3　真珠湾の記憶はグアムにもある
先住民チャモロと日本人の教育交流活動
中山京子

3–1　ワークショップでの学びと教育実践への視点

　日本の教師が参加するようになって5年目のワークショップでは，これまでのハワイ，日本，アメリカという視点に新たな視点が加わった。2009年には，グアムから教師2人が参加した。ワークショップ運営サイドには，アメリカ本土からのみの参加に偏ることなく，島嶼部，しかも日米戦の渦中にあったグアムからの視点を含めようという意図も背景にあった。この年は日本運営サイドも同様に，沖縄からの参加者も求めた。グアム，沖縄からの参加者によって，より多様な視点が反映され，ワークショップは一層深まったといえる。グアムや沖縄は，独自の社会や文化を築いていたにもかかわらず，グローバリズムの中で植民地化されるとともに「周辺」においやられてしまった島嶼であるが，一方で列強の覇権争いの「前線」ともなった。戦争の記憶を当地で引き継ぎ，メモリアルの在り方に考えをもち，米軍基地による土地の占領という問題を抱えたグアムや沖縄で生活する教師の声は，日本とアメリカという二国間の国家の枠組みで語られてしまいそうになる出来事を，当時者性をもった見方に引き戻す役割を果たしてくれた。そして，この戦争をめぐる記憶とそれにともなう教育活動は，過去のものではなく現在の課題であることをつきつけた。2009年のワークショップでは，こうした当時者性を代弁する声から多くを学んだ。

　近年，グアムでのフィールドワークを行ってきた筆者は，ワークショップの間に，グアムから参加したデイビッド・ネルソン氏が指導する高校生と日本の大学生とのグアムでの交流活動のワークショップを構想した。その後，グアムの高校を訪問し，ネルソン氏の社会科の授業に参加しながら，ワークショップ実現にむけて企画をつめた。グアムには国立公園局が管理する太平洋戦争歴史公園（War in the Pacific Historical Park）があり，太平洋歴史公園協会が教育支援を行っている。グアムの2人もこの関係で参加することとなった背景がある。そこでこのグアムと日本をつなぐワークショップは，太平洋歴史公園協会と連携することによって，人的支援・バス手配など物理的援助を受けることが可能

となった。大学生13人に加えて，このグアムを舞台にしたワークショップに興味をもった2009年の日本人教師参加者4人がさらに加わることになり，グアムの教師，グアムの高校生約11人と合わせて，総勢約30名のワークショップを2010年3月に行うこととなった。

　ここで課題となることは，グアムからの教師2人が本当にグアムの人々の代弁者だったのかという点である。ひとりはパラオ系グアメニアン，もうひとりはワシントン州育ちでグアムに移住した教師であった。グアムはもともとの先住民チャモロの島である。チャモロはスペイン人により大虐殺され，300年以上のスペイン統治後，スペイン―アメリカ戦争によって1898年にアメリカ領となった。真珠湾攻撃5時間後には日本軍による攻撃が行われ，約2年半にわたる日本統治の間は「大宮島」と呼ばれた。そして再び米軍上陸によって完全にアメリカ領となった。この時の人口構成比のうちチャモロ人口は約95％である。この占領の過程で英語教育，日本語教育を受け，言語文化の衰退が起こった。また，戦争の混乱によって土地所有の問題が生じた。つまり，太平洋戦争被害の当事者チャモロの視点がワークショップでは抜け落ちたまま，「グアム」の視点として参加者は受けとめていたのである。そこで3月実施のグアム・ワークショップでは，チャモロの人々の視点を含めるべく，グアム教育委員会のチャモロ学習局長ロナルド・ラガニャ氏や，チャモロ文化村（Gef Pa'go Park）のジュディス・フローレス氏との連携を通して，チャモロの人々の視点からの先住民運動や日本占領時の記憶について語ってもらう講義や体験活動をプログラムに含めることとした。

3–2　共同実践「グアム・太平洋戦争の記憶」の概要
（1）　活動目標，教科等との関連，および活動観

　本活動「グアム・太平洋戦争の記憶」は，大きな目標を「日本とグアムからの参加者が共に太平洋戦争中に起ったことを学び，戦争の記憶を継承する友人となる」こととし，日本の学生，グアムの高校生，教師らのそれぞれの目標を設定した。まず，日本の学生にとっては，「戦争中にグアムで日本軍が行ったことを文献学習やインタビューから理解し，また戦後のチャモロをとりまく環境の変化に日本が大きく関わっていること，チャモロの人々の文化保持のための

努力を理解し，自分の考えや感情をグアムの高校生や参加者と共有すること」が目標となった。グアムの高校生にとっては，「地域の戦争の歴史を深く理解し，それらの記憶をどう継承するか考え，また自分の考えや感情を日本人学生と共有すること」が目標となった。日本とグアムの教師にとっては，「日本とグアムの双方の視点から太平洋戦争を考える教材研究を行い，また生徒たちの交流の姿から教材化への視点や可能性を考え，教師同士で考えを共有すること」が目標となった。

この活動はグアムで展開し，日本の学生は自主ゼミ活動として参加し，グアムの生徒は社会科学習として位置づけられた。双方とも事前事後学習はそれぞれで行い，グアムでは2日間のフィールドワークを共に行った。日本軍に関わる史跡，真珠湾攻撃に関わる記念碑，チャモロに関わる史跡を共に見学することで，常に互いの視線や認識を意識しあうことは，真珠湾ワークショップでの教師の内面に起っていたことと同様である。しかし，真珠湾ワークショップと大きく異なるのは，そこが日米による地上戦が行われ，双方多数の死者が出たこと，巻き込まれた先住民チャモロがいたこと，当事者としての記憶を引き継いでいる子孫である高校生が参加している，といこうことである。また本活動に沖縄の基地近くの高校の教師，大阪の公立中学で教える在日中国人の教師がいたことで，視点の多様性があり，特に教師をめざす日本の学生への影響は大きかった。

(2) 活動の展開と学びの実際

3月末のグアムでの活動を前に，日本とグアムの双方で事前学習を行ったが，ここでは主に日本人学生の取り組みを紹介する。

まず，グアムのイメージを出させた上で，グアムを含むマリアナ諸島の位置や地理的環境を確認し，歴史を概観する。大学生とはいえグアムの位置や大きさについて理解している者はほとんどいない。グアムの歴史に日本が関わっていたことも先住民のことを考えたこともなかった学生は，自らの知識の無さとグアムのリゾート地としてのイメージがいかに歪曲したものであったかに気づき，本活動への意欲を高めた。次に真珠湾攻撃によってアメリカに従軍していた12名のチャモロ兵が命を落としたこと，真珠湾攻撃と同日にグアム攻撃が

あり，その後日本が統治したこと，日本軍と米軍の戦闘，戦後の様子など，歴史的事項を学習した。また，チャモロ語の衰退状況と保持運動，チャモロ文化継承，学校におけるチャモロ語，チャモロ文化継承の取り組みなどについても学んだ[1]。

グアム滞在1日目は，昼間は自由にタモン湾エリアの繁華街探索，マリンレジャーを楽しみ，夜はチャモロビレッジナイトマーケットでチャモロ料理を楽しんだ。これは，リゾート地，観光地としてのグアムの一面を知る時間である。

2日目は，ニッミッツ・ヒルにて，真珠湾攻撃時に亡くなったチャモロのメモリアルプレート，および戦没者（アメリカ兵，住民を含む）の名前が刻まれたプレート，日本軍によるチャモロ人強制収容犠牲者2万人のネームプレートを見学した。そして，アプラ軍港を眺める見晴らし台にて，グアム在住の芳賀健介氏による日本兵の視点を含めた日米対戦状況の説明を受けた。その後，沖縄の海兵隊移転により立ち入り禁止になる可能性が高いエリアの探検を行った。このエリアには，チャモロ人の遺跡，美しいパガット洞窟があり，チャモロ人ガイドによってチャモロの視点から学んだ。

3日目は，ネルソン氏率いる高校生と出会った後，歴史家トニー・ラミレズ氏の解説を受けながら，ラッテストーン公園内の防空壕跡，グアム政府庁舎裏にあるトーチカ跡などの史跡をめぐり，清掃活動を行った。ラミレズ氏の解説により，「ここで当時何がおこったのか」をチャモロの生徒と日本の生徒が共に学んだ。ラミレズ氏の生徒への姿勢は，スペイン統治・日本統治・アメリカ統治について，個人的な肯定や否定をせず，その結果としての歴史や今のグアムを見つめるように説くものであった。

午後，国立公園管理局の解説員とともに，アサンビーチなどを見学した後，再びニッミッツ・ヒルに行き話を聞いた。この解説は米兵の視点が強く，前日に同じ場所で聞いた日本兵に焦点を当てた話とは異なる見方であった。日本人学生は，同じ空間で同じ出来事を聞いても語り手や視点によって歴史が異なって感じることを実感する。そして，チャモロ人強制収容犠牲者のプレートの前で，「自分の親類の名前がある」というグアムの高校生と日本人学生が肩を並べる姿があった。この日，最も日本人学生の心を揺さぶった場面が真珠湾犠牲者のメモリアルプレートの前で起った。グアムの高校生ソフィーがこれは私の曾

12章 訪問・交流活動　269

真珠湾攻撃メモリアルにて過去の歴史を共有する日本人生徒とチャモロの生徒。「Sons of Guam-Pearl Harbor Memorial」とある。（撮影：中山京子）

祖父だ，と言った時だった。日米戦争の開戦としての真珠湾攻撃について教科書で学び，戦艦アリゾナが燃えている写真に見慣れていた日本人学生にとって，目の前にあの「真珠湾」で犠牲となった曾孫がいて，しかもそれが日米とは関係のないチャモロ人であることに愕然とする。「真珠湾」の記憶は，チャモロの人の記憶でもあった。プレートには「グアムの息子たち──真珠湾メモリアル，1941年12月7日，第二次世界大戦における最初のチャモロ人アメリカ海軍兵犠牲者の名前」[2]とある。曾祖父の名前を撫でるソフィーを見て，学生の中には歴史に直面して取り乱して泣き出す者，下を向き動けなくなるもの，他のチャモロ人生徒と抱擁し合う者，千羽鶴を置く者，などそれぞれであった。

「ソフィーの話を聞いたときは本当に涙が止まらなかったです。ソフィーがひいおじいちゃんのことを誇りに思い尊敬しているところにも感動したのですが，一番感動したのは，戦争中はアメリカ人と日本人が醜い争いをし，殺し合い，グアム・チャモロの人は日本人を恨んでいたはずなのに，今こうやってチャモロの人の死を私たちが悲しみ，世界中の人が戦争がなくなることを望んでいるのだと思うと涙が溢れて言葉になりませんでした。バスの中でも，一番辛いはずのソフィーが私の手を握ってくれた。過去に戦争があって日本兵はチャモロ人を傷つけてきた。しかし，あの時にわかり合えたというか，心がすごく熱くなりました。その時にソフィーに『おじいちゃんの話を

聞かせてくれてありがとう』と伝えました。ソフィーは『初めて日本人が好きだと感じている』と答えてくれました。にくみ合っていた人たちが，時間がすぎ，交流し，わかり合おうとしていくうちに，過去の事実が消えることはないけれど，同じ気持ちになれるのだと感じました。」

「石碑の前で何人かの生徒が自分の祖先の名前があることを教えてくれたり，ソフィーの話を聞いたりした時にさまざまな思いが込み上げてきた。彼女たちがこのツアーに込めた想いを思うと，それはとても大きなもので，それと同時に，この場を訪れて私たちに伝えたかったことは何なのだろう，と考えて，それが聞けなかったのが少し残念です。」

これらの学生の感想から，歴史に向かい合った自分への衝撃と，時間を経て子孫が歴史を共有している感覚の強さを読み取ることができる。ある種の和解の感覚が生徒たちを覆った場面であった。こうした生徒の姿をみたネルソン氏と筆者は，生きた歴史学習の重要性を改めて実感した。この日は他に，故ジョン・ガーバー氏による私設戦争博物館見学をした。

4日目は，日本軍最後の玉砕地となった場を訪れた。この場につくられた南太平洋戦没者慰霊塔は1970年に建立された。両手をあわせた形をデザインした美しく白いモニュメント塔の裏には，日本軍が建造した飲料水槽システムやグアム島最後の激戦地となった叉木山戦闘司令部壕跡がある。飲料水槽システムは，ジャングルの中で放置されているにもかかわらず戦後60年以上たっても機能していることに，地元の人は感心しているという。コンクリートで造営された壕では，アメリカ海軍による艦砲放射の中，玉砕を覚悟した小畑英良中将は「己れ身を以て，太平洋の防波堤たらん」と打電し，60名の将兵とともに自決した。ここまで来る日本人観光客は少ない。また，チャモロ人がこの場に来ることもほとんどないという。日本の学生は準備してきた「ふるさと」の歌とリコーダー演奏をした。チャモロの生徒はそれをだまって見守ったり，祈りをささげたりしていた。その後，ピティ砲台跡に行き，生い茂った草木を取り除く大規模な清掃活動を行い，関係者全員で汗をかき楽しみながら労働作業をともにしたことによって，2日間心に重くのしかかったものも整理できた時間となった。夜にはホテルでパーティを行い，心のこもった交流をした。

5日目は，島南部のゲフパゴ文化村へ行き，チャモロダンス講習にてグアム

の創世神話の踊りを習い，78歳のチャモロ人の男性へのインタビューをし，地元の芸術家フローレス氏によるイナラハン村見学をした。インタビューでは，兄は日本語教師になるための寄宿生活を求められ，自分は日本語の小学校で学び，日本軍人との通訳も手伝ったという話が語られた。戦後はアメリカ軍人として佐世保に駐留していた話等を聞き，学生は，戦後の日本についてグアムの小さな村の老人から教えてもらうという経験をした。夕方以降，イパオ公園のチャモロ式住居にて，グアム教育委員会チャモロ学習局長ラグァニャ氏から教育活動への取り組み，民族自決運動や文化保持への取り組みなどについて話を聞いた。この場では，沖縄からのアメリカ海兵隊グアム移転の話になり，沖縄から参加した教師との熱い議論が展開された。チャモロ文化継承活動を行っている人々との交流を行った。

3-3 振り返りと今後の展望

以上のように，海外機関との連携を通して，組織，個人同士の関係が深まり，豊かな教育実践が生まれ，その実践を共有する仲間同士の連帯から新たな視点や新しい活動が生まれる[3]。連携から生まれる力は教師自身や生徒の成長を支え，活動のエネルギーとなる。国，地域を超えたこうした教育に携わるもの同士の連携は，一方通行的な国際理解を図る実践から脱し，相互理解を実現するこれからの国際理解教育の基盤となるだろう。

戦争をめぐる多様な視点は学生に強い影響を与えた。グアムでの活動に参加した教師たちからも学んでいた。ある学生は次のように感想を残した。

「今回の学習で戦争って何だろうという根本的な問題を自分は考えました。ヤン先生が昨日，日本とアメリカとの戦争のことを学びながらもどこか冷静な眼で見てしまうとおっしゃっていた事がとても心にひっかかり，今日お話を聞かせて頂きました。日本兵の中には，台湾や朝鮮半島から来ている人たちもいて，グアム・サイパンなどで戦死しているということでした。日本・アメリカ・チャモロだけでない視点があったことに気づきました。なんだろう。グアムは氷山の一角にすぎなくて，第二次世界大戦の中に色々な国の人の様々な想いがあることがわかり，もっとその気持ちを知りたいと思いました。本当に知りたい。他に米田先生に沖縄県民としての気持ちも聞けました。沖縄は日本であると言いながらも琉球王国があって日本ではなかったという気持

ちがあり，昔から日本から格下に見られていたことを聞いて衝撃を受けました。人は知りたいという気持ちで主体的に動いて感じなくては学べないことをよくわかりました。」

一方，参加した教師からは，真珠湾ワークショップで学んだことに加えてグアムで起っていたことやチャモロのまなざしを知り，太平洋戦争の語りの複雑さの理解を深めたこと，日本の若者が戦争に向き合って出てくる言葉や感覚から学んだことが多かったこと，グアムの高校生の声や教師たちの取り組みを知ったことなどが，参加の意義としてあげられた。実際にこれらの教師たちは帰国後，学期末にハワイやグアムでの体験や考えたことを生徒に投げかけたという。

個人的な協力やボランティアによる支援がなければ，このワークショップ成立は難しかった[4]。また，生徒同士の双方向の学びを成立させるために必要不可欠な英語による言語コミュニケーションの限界もあった。しかし，このグアムでのワークショップは，太平洋戦争の記憶を真珠湾から広げて考える可能性を示し，またさらに多様な「記憶」を引き出し，教師だけでなく生徒が学ぶことを実現してくれたと言えよう。

[1] こうしたグアムの様相についての詳細は中山京子（2010a）を参照。
[2] ハガッニャ墓地や出身村の墓地にある墓碑がある者もある。
[3] 海外機関との連携によるワークショップについては中山京子（2010b）参照。
[4] 太平洋歴史公園協会によるバス提供，櫛間嘉代子氏・Ward Kranz 氏・岩田祐佳氏による通訳ボランティア，Guam Preservation Trust や Wendy's 支配人による食事提供，NPO 団体 TASA による交流会開催など，多くの支援を受けたことに感謝する。

引用文献
中山京子（2010a）『入門　グアム・チャモロの歴史と文化——もうひとつのグアムガイド』明石書店。
中山京子（2010b）「海外機関との連携——パールハーバーワークショップの実践」日本国際理解教育学会編『グローバル時代の国際理解教育——実践と理解をつなぐ』明石書店。

［コメント］同じ時間，同じ空間，異なる歴史認識の共有

　　佃　陽子

　大滝氏，虫本氏，中山氏の三つの報告は，ハワイやグアムへの訪問および現地の人々との交流活動を中心とした教育実践について述べている。虫本氏は高校の修学旅行でハワイを訪れ，アリゾナ記念館などの史跡を見学し，第二次世界大戦に従軍した日系アメリカ人兵士による講演会を実施した。大滝氏は短期留学という形で日本とハワイの高校生間の交流を実現した。また，中山氏はグアムにおいて，日本の大学生・教師と現地グアムの高校生・教師によるワークショップを行った。今日の日本では，海外旅行は以前よりぐっと身近になっているものの，実際に海外研修を実施するにはコスト面のみならず，研修前の綿密な学習計画や現地とのやりとりなど，なみなみならぬ努力が必要とされる。三者が見事に現地訪問や交流活動を成功することができたのは，かれらの教育に対する深い情熱があってのことである。

　太平洋戦争の「始まり」となった真珠湾を実際に目の当たりにすること，また，元兵士やその子孫から直接話を聞くことによって，はじめて得られるものがある。その意義を三者はパールハーバー教育ワークショップを通して経験的に学んだからこそ，教育実践において現地訪問や交流活動を重視したのであろう。

　私自身2010年に同様の大学教員ワークショップに参加し，アメリカ，中国，韓国，オーストラリア，マーシャル諸島，日本といった様々な国からの参加者とともに真珠湾に立ち，異なる歴史認識や視点に触れることで多くのことを学んだ。ともに同じ場所に立ち，同じもの——例えば海底に沈んだ戦艦アリゾナ——を見ていても，国によって，あるいは個人によって，その胸に去来する想いはしばしば大きく異なる。ときにはそれは驚くほど似通っていることもある。そんなしごくあたりまえのことに，私は改めて気づかされた。

　異なる歴史的視点を持つ人々と同じ時間・空間を共有し，お互いの考えについて語り合うというプロセスを通して，私は国家という枠組みがいかに個

人の歴史認識に強い影響を及ぼしているかを思い知らされた。だが同時にそれは，虫本氏が述べているように「複数の視点を踏まえた（歴史の）理解の形成」の可能性の模索にもつながる。三者の現地訪問・交流活動を中心とした教育実践では，決して日米二国間のみにとどまらない，多様な人々の視点に対する意識が非常に強く見られる。中山氏は太平洋戦争の歴史の中で周縁化されがちなグアムの先住民チャモロの視点から，また，虫本氏は強制収容を経験した日系アメリカ人の視点から太平洋戦争をとらえ，大滝氏は多民族社会ハワイの事例を日本における在日朝鮮人の問題と結びつけている。こうした戦争の歴史に対する視点の複数性への強い意識は，やはり現地の人々との対話によって培われるものである。

　さらに重要なのは，現地の人々との直接の対話によって，国家の枠組みを超えた新たな連帯感が生まれるという点である。他国の人々と戦争について語るとき，私たちは無意識のうちに自分の属する国家を背負い，国を代表しなければいけないような気持ちに駆られてはいないだろうか。しかし，実際に向き合っている他国の人々というのは，たいていの場合それぞれの国を代表する為政者ではなく，自分と同じような一般市民である。国は違うけれども，同じ一般市民であるというスタンスは，まさに大滝氏がいう「地球市民」としての連帯感の醸成につながっていく。

　また，戦争に直接かかわった現地の人々との交流を通して，生徒たちは太平洋戦争の歴史や記憶と自分自身をつなぐ糸を見つけ出している。例えば，中山氏のグアムでのワークショップでは，チャモロ人の学生が真珠湾攻撃時に犠牲になった曽祖父の名を慰霊碑の中に見つけたことに，日本人の学生がひどく衝撃を受け，泣き出してしまう者もいたという。目の前にいる自分と同じような年齢のチャモロ人学生の家族を戦争で死に至らしめたのは，自分と同じ日本人だったという事実を突きつけられ，日本人の学生にとって遠い過去でしかなかった戦争は急激に身近なものになる。現地との交流の中でふと現れる個人的な記憶は，戦争の歴史が決して自分とは無関係な遠いところにあるものではなく，すぐにたぐりよせることができるほど近くにあるということに気づかせてくれる。

　ハワイもグアムも日本人には人気のある観光地だが，三者が行った現地訪

問や交流活動は，参加した生徒たちに観光旅行では決して得られない貴重な経験を与えたであろう。太平洋戦争から半世紀以上が過ぎ，戦争を直接知る世代が消えつつある現在，私自身も含めた現代の「戦争を知らない子どもたち」の世代がどのように戦争の歴史を学び，教え，記憶していくのかという課題に対し，三者の教育実践は素晴らしい事例を示している。

あとがき

　本書では真珠湾のアリゾナ記念碑を中心に，広くアジア太平洋戦争の歴史，記憶，教育を巡る語りの考察を進めてきた。

　第1章でも触れたように，真珠湾にはアリゾナ記念碑の他にも，日本との戦いをテーマにした記念碑や博物館がある。沿岸にある記念碑のビジターセンターの西隣には，アメリカ海軍の潜水艦ボウフィンを保存した博物館がある。ボウフィンは，戦争中，「真珠湾の復讐者」として名を馳せた潜水艦で，沖縄から疎開する数多くの児童を乗せた「対馬丸」を含め，少なくとも15隻の日本船の撃沈に関与した。博物館にはこの「活躍」を描く展示があり，当時の潜水艦の内部の様子を見ることもできる。また，真珠湾に浮かぶフォード島には太平洋航空博物館があり，アメリカの戦闘機のみならず，日本のゼロ戦など，戦争中に使用された航空機が展示されている。さらにアリゾナ記念碑のすぐ南方のフォード島岸には，戦艦ミズーリが永久停泊している。ミズーリは1945年9月2日にその艦上で日本が無条件降伏に調印した船である。今日この戦艦は，太平洋戦争中の海軍兵士の日々を紹介するとともに，日本の降伏を記念する博物館となっている。

　このように，真珠湾一帯には日本との戦いの始まり（アリゾナ）から終結（ミズーリ）までを示す記念碑や博物館があり，毎日のように多くの訪問客を惹きつけている。年間100万人以上が訪れるアリゾナ記念碑を中心に，いわば「軍事ツーリズム」施設が集められ，そこではアメリカにとっての「よい戦争」であった第二次世界大戦が記憶されている。

　本書のもととなった真珠湾の教員ワークショップは，これらの施設が発するメッセージを再考し，それを学校での学びの中にいかに再構成するかを考えようとするものであった。アメリカ軍にとっての真珠湾や日米戦争の意味に止まらず，ハワイ先住民や日系アメリカ人などを中心とするマイノリティの一般市民にとって，あるいは日本人にとっての戦争，さらに戦争を記憶するという行為そのものを考える試みであった。

「過去を多角的に検討する」ということ自体は，今日では特段珍しい姿勢ではない。しかし戦争の歴史をそのように理解する意識は歴史教育ではいまだに充分と言えないし，とりわけ真珠湾攻撃を日米の外交史や軍事史以外の観点から捉える試みは，これまでほとんど行われてこなかった。アメリカでは「リメンバー・パールハーバー」という表現が，今日まで繰り返し聞かれるが，それは実際には何を意味するのだろうか。この教員ワークショップでは，実際に「リメンバー」（記憶）されてきたのは誰で，何であるのか，その結果何が周縁化され，忘却されているのか，そのような記憶の形態を私たちはいかに理解し，次代を担う子どもや若者たちに教えていくべきか等を考察した。日米双方の研究者と教員が集い，国際的な観点からの戦争理解とその教育方法を話し合ったのである。それは真珠湾攻撃の歴史を 1941 年 12 月 7 日朝のアメリカハワイ領真珠湾で起きたことに限定するのではなく，時間的にも地理的にもこれまでより柔軟で広い視座から捉えることで，狭義の軍事史や日米関係史から解放する試みであった。

本書はその成果の一部をまとめたものである。第 I 部には教員ワークショップで講演をした研究者の分析を中心に，アジア太平洋戦争の歴史と記憶に関する論考が収められている。これ以外にも教員ワークショップではピーター・ドース (Peter Duus)，ゲーリー・ムカイ (Gary Mukai)，ジョン・ロサ (John Rosa)，ジョナサン・オソリオ (Jonathan Osorio)，ウォーレン・ニシモト (Warren Nishimoto)，エミリー・ローゼンバーグ (Emily Rosenberg)，篠原初枝，吉次公介氏らによる優れた講演があった。

第 II 部は日本から出席した教員たちが，2010 年 10 月に東京で開かれた教員ワークショップの「同窓会シンポジウム」で行った発表をもとにしている。5 年間の教員ワークショップには，日本から通算で 58 名，アメリカからは 345 名の参加があり，その多くが今日，自身の教育現場でワークショップの体験を活かしている。

編者の矢口祐人，森茂岳雄，中山京子は初期の段階から教員ワークショップに関わってきた。矢口は日本からの教員の参加がまだなかった 2004 年の第 1 回ワークショップに講演者として招聘された。翌年，日本の教員を含めたワークショップが行われることが決まると，ハワイの関係者と共にその内容を検討

することになった。そこで教育学が専門で，米国理解教育を進めていた森茂に連絡をして，協力を乞うたのである。2005年のワークショップは森茂のネットワークを通して日本の教員を集めることとなり，その一人が中山であった。2006年以降はこの3名が日本側のコーディネーターとして，教員を公募し，選考するようになった。2009年には春に事前のオリエンテーションも開催した。また矢口は毎年ワークショップでアリゾナ記念碑と記憶に関する講演も行い，中山はワークショップ中の教員の学びや滞在の支援を行なった。公募から選考，旅の準備やプログラムの作成などの一連の煩雑な作業に加え，ワークショップはいつも第一学期の終わる直前に開催されたこともあり，編者はそれぞれかなりの無理と苦労を強いられることになった。しかし教員ワークショップの意義を信じて，互いに協力をして，何とか困難を乗り切ってきた。（その過程の中で，矢口祐人・森茂岳雄・中山京子編『入門　ハワイ・真珠湾の記憶——もう一つのハワイガイド』（明石書店，2007年）が生まれた。）

　むろん，教員ワークショップにおける我々の役割は，全体的には小さなものに過ぎない。日米の教員が一堂に集い，意見交換をする場を設けることを可能にするために，実に多くの組織や人びとの協力があったことは言うまでもない。教員ワークショップの運営には，ホノルルの東西センターの協力が不可欠であった。ワークショップの指揮を執ったのは，同センターの国際教育の専門家ナムジ・スタイナマン（Namji Steinemann）氏と，運営を細部に至るまで支えたシェリル・ヒダノ（Cheryl Hidano）氏である。またハワイ大学大学院の山里晃平氏と前原絹子氏は，ワークショップでの意見交換がスムーズに行われるよう，日々細やかな配慮をしてくれた。

　アリゾナ記念碑を中心テーマとするこの教員ワークショップは，記念碑を運営する国立公園局（National Park Service）と，それを支える太平歴史協会（Pacific Historical Parks）の支援なしに成立しなかったのはすでに述べた通りである。なお太平洋歴史協会は上記の日本で開催された同窓会シンポジウムと本書の出版をも助成してくれた。またこのワークショップには，全米人文学基金，フリーマン財団，ハワイ米日協会，在ホノルル日本国総領事館からの支援もあった。ここではダニエル・マルティネス（Daniel Martinez），ジョージ・サリバン（George Sullivan），トム・ショー（Tom Shaw），ポール・ハインツ

(Paul Heintz），ティム・ドナヒュー（Tim Donahue），エド・ホーキンズ（Ed Hawkins），ケルシー・ソウマ（Kelsey Soma）氏の協力を特記したい。

　日本からの参加者にとって，教員ワークショップのハイライトは，真珠湾を体験した退役兵をはじめとする第二次世界大戦の体験者との出会いであった。日本軍に攻撃され，仲間を殺害され，日本人を憎んだこともある「サバイバー」の旧兵士らが，日本からの参加者と講演者を暖かく迎え，「過去を語ることで豊かな未来の関係を築いていこう」と淡々と述べる姿勢には心動かされるものがあった。本書ではなかでもエヴェレット・ハイランド（Everett Hyland）氏とその妻である美代子氏に感謝と敬意の意を表したい。戦艦ペンシルバニアの乗組員として，日本軍による真珠湾攻撃で重傷を負い，生死の境をさ迷ったこともあるハイランド氏は，日米教員の交流を深めるためにあらゆる協力を惜しまなかった。ハイランド夫妻が切実に望む日米間の相互理解に，本書が多少なりとも貢献できれば幸いである。

　最後に，困難なスケジュールにもかかわらず，真珠湾攻撃70周年に合わせて本書を刊行するよう尽力して下さった東京大学出版会の後藤健介氏と笹形佑子氏に心より感謝を申し上げたい。

　　2011年12月　真珠湾攻撃70周年の年に

矢口祐人
森茂岳雄
中山京子

執筆者紹介

[編者]

矢口祐人（やぐち・ゆうじん）
東京大学大学院総合文化研究科准教授。主要著書に，『ハワイの歴史と文化──悲劇と誇りのモザイクの中で』（中公新書，2002），『入門　ハワイ・真珠湾の記憶──もうひとつのハワイガイド』（森茂岳雄・中山京子と共著，明石書店，2007），『憧れのハワイ──日本人のハワイ観』（中央公論新社，2011）ほか。

森茂岳雄（もりも・たけお）
中央大学文学部教授。主要著書に，『日系移民学習の理論と実践──グローバル教育と多文化教育をつなぐ』（中山京子と共編著，明石書店，2008），『学校と博物館でつくる国際理解教育──新しい学びをデザインする』（共編著，明石書店，2009），『「多文化共生」は可能か──教育における挑戦』（共著，勁草書房，2011）ほか。

中山京子（なかやま・きょうこ）
帝京大学文学部准教授。主要著書に，『日系移民学習の理論と実践──グローバル教育と多文化教育をつなぐ』（森茂岳雄と共編著，明石書店，2008），『入門　グアム・チャモロの歴史と文化──もうひとつのグアムガイド』（共著，明石書店，2010），『移民研究と多文化共生』（共著，御茶の水書房，2011）ほか。

[Ⅰ部]（執筆順）

油井大三郎（ゆい・だいざぶろう）
東京女子大学現代教養学部教授。主要著書に，『なぜ戦争観は衝突するか──日本とアメリカ』（岩波現代文庫，2007），『好戦の共和国アメリカ──戦争の記憶をたどる』（岩波新書，2008）ほか。

ジェフリー・ホワイト（Geoffrey White）
ハワイ大学教授。主要著書に，*Perilous Memories: The Asia Pacific War*(s)（Duke University Press, 2001）edited with Takashi Fujitani & Lisa Yoneyama; *The Pacific Theater: Island Memories of World War II*（University of Hawai'i Press, 1989）。

米山リサ（よねやま・りさ）
トロント大学教授。主要著書・論文に，『暴力・戦争・リドレス──多文化主義のポリティクス』（岩波書店，2003），「批判的フェミニズムの系譜からみる日本占領」（『思想』955号，2003），『広島記憶のポリティクス』（岩波書店，2005）ほか。

テッサ・モーリス・スズキ（Tessa Morris-Suzuki）
オーストラリア国立大学教授。主要著書に，『愛国心を考える』（伊藤茂訳，岩波ブックレット，2007），『北朝鮮へのエクソダス──「帰国事業」の影をたどる』（田代泰子訳，

朝日文庫，2011）ほか。

キース・L・カマチョ（Keith L. Camacho）
カリフォルニア大学ロサンゼルス校准教授。主要著書に，*Cultures of Commemoration: The Politics of War, Memory, and History in the Mariana Islands*（University of Hawai'i Press, 2011）；*Militarized Currents: Towards a Decolonized Future in Asia and the Pacific*（Duke University Press, 2010）edited with Setsu Shigematsu。

戸谷由麻（とたに・ゆま）
ハワイ大学歴史学部准教授。主要著書に，*The Tokyo War Crimes Trial: The Pursuit of Justice in the Wake of World War II*（Cambridge, Mass.: Harvard University Asia Center, 2008），同書改訂・日本語訳『東京裁判――第二次大戦後の法と正義の追求』（みすず書房，2008）ほか。

[II 部]（執筆順）
神垣しおり（かみがき・しおり）　ノートルダム清心中・高等学校
藤本文昭（ふじもと・ふみあき）　今治明徳高等学校矢田分校
松井克行（まつい・かつゆき）　大阪府立旭高等学校
西村　明（にしむら・あきら）　鹿児島大学法文学部
織田雪江（おだ・ゆきえ）　同志社中学校・高等学校
居城勝彦（いしろ・かつひこ）　東京学芸大学附属世田谷小学校
松澤　徹（まつざわ・とおる）　東京都立国立高等学校
豊田真穂（とよだ・まほ）　関西大学文学部
荒川裕紀（あらかわ・ひろのり）　国立北九州工業高等専門学校
金山顕子（かなやま・あきこ）　京都府立桃山高等学校
金田修治（かねだ・しゅうじ）　大阪府立三島高等学校
蓑口一哲（みのぐち・かずのり）　北海道帯広農業高等学校
飯髙伸五（いいたか・しんご）　高知県立大学文化学部
虫本隆一（むしもと・りゅういち）　同志社香里中学校・高等学校
大滝　修（おおたき・おさむ）　茨城県立取手松陽高等学校
佃　陽子（つくだ・ようこ）　成城大学法学部

[訳者]
髙良育代（たから・いくよ）　東京大学大学院総合文化研究科博士課程
畠山　望（はたけやま・のぞみ）　東京大学大学院総合文化研究科博士課程

真珠湾を語る
歴史・記憶・教育

2011年12月8日　初　版

［検印廃止］

編　者　矢口祐人・森茂岳雄・中山京子

発行所　財団法人　東京大学出版会
代表者　渡辺　浩
113-8654　東京都文京区本郷 7-3-1 東大構内
http://www.utp.or.jp/
電話　03-3811-8814　Fax 03-3812-6958
振替　00160-6-59964

印刷所　研究社印刷株式会社
製本所　矢嶋製本株式会社

©2011 Yujin YAGUCHI, Takeo MORIMO,
　and Kyoko NAKAYAMA, Editors
ISBN 978-4-13-020300-5　Printed in Japan

Ⓡ〈日本複写権センター委託出版物〉
本書の全部または一部を無断で複写複製(コピー)することは，著作権法上での例外を除き，禁じられています．本書からの複写を希望される場合は，日本複写権センター(03-3401-2382)にご連絡ください．

油井大三郎 編 遠藤泰生	多文化主義のアメリカ 揺らぐナショナル・アイデンティティ	A5	3800円
今野日出晴 著	歴史学と歴史教育の構図	A5	7200円
劉傑 三谷博 編 楊大慶	国境を越える歴史認識 日中対話の試み	A5	2800円
劉傑 編 川島真	１９４５年の歴史認識 〈終戦〉をめぐる日中対話の試み	A5	3200円
鈴木多聞 著	「終戦」の政治史 1943–1945	A5	3800円
黒沢文貴 編 イアン・ニッシュ	歴 史 と 和 解	A5	5700円
ひろたまさき 監修 キャロル・グラック	歴 史 の 描 き 方〈全3巻〉 1　ナショナル・ヒストリーを学び捨てる 2　戦後という地政学 3　記憶が語りはじめる	46	各2500円

ここに表示された価格は本体価格です．御購入の際には消費税が加算されますので御了承下さい．